U0517785

本书受“西北民族大学省级重点学科中国语言文学”著作出版项目资助.

莎士比亚的女人们

[美] 弗兰克·哈里斯（Frank Harris）著
罗文敏 译

中国社会科学出版社

图书在版编目（CIP）数据

莎士比亚的女人们/（美）弗兰克·哈里斯著；罗文敏译.
—北京：中国社会科学出版社，2018.10
ISBN 978-7-5203-3454-9

Ⅰ.①莎… Ⅱ.①弗… ②罗… Ⅲ.①莎士比亚（Shakespeare，William 1564—1616）—人物研究 Ⅳ.①K835.615.6

中国版本图书馆 CIP 数据核字（2018）第 250746 号

出 版 人 赵剑英
责任编辑 宋燕鹏
责任校对 杨 林
责任印制 李寡寡

出 版 中国社会科学出版社
社 址 北京鼓楼西大街甲 158 号
邮 编 100720
网 址 http://www.csspw.cn
发 行 部 010-84083685
门 市 部 010-84029450
经 销 新华书店及其他书店

印 刷 北京明恒达印务有限公司
装 订 廊坊市广阳区广增装订厂
版 次 2018 年 10 月第 1 版
印 次 2018 年 10 月第 1 次印刷

开 本 710×1000 1/16
印 张 14
字 数 232 千字
定 价 60.00 元

目　　录

引　言

批评是先知的布道：是保罗向漫不经心的市场群众和异教侨民的宣告行为，“一个不为人知的上帝”。在这种精神引领下，我称我的第一部批评著作为《男人莎士比亚》——你瞧！人！

文学批评是一种礼拜行为，是把爱的精神进献的行为，也是把神圣予以诠释的行为，更是灵魂知己的恳谈结果。基于此种理解，我给此书命名为《莎士比亚的女人们》。

我曾经考虑要给它命名为《女人莎士比亚》，因为一个男人所爱的女人就是男人自己的理想；因为她是符合他本性中全部有意识与无意识之欲望的隐藏女神，恰如打开他本性之锁的钥匙，点亮他眼睛的光芒。他们之间是相互作用、相互影响、相互完成的。所以，找一个男人所爱的女人之缺点，无疑就是谴责该男人本身。他没能赢得她的芳心，他也就没法掌控自己——如果他能成为自己想要的样子，那她一开始就是他的——在这里，失败，在某种程度上就意味着悲剧。

这里有必要再次忠实地描绘出莎士比亚曾为他所钟爱的女人描画的肖像，如此而为，是便于描述生活中的他，从而让大家有目共见。正如我设想的，这本书有必要补充一个名字叫《男人莎士比亚》。在这儿，莎士比亚将再一次揭开他自己的神秘面纱，展现出一个文雅的、优柔寡断的诗人—思考者—情人形象，我们学会理解奥西诺－哈姆雷特－安东尼这种有着最纤弱情感与极富同情心的幽默的贵族，他们主要的缺陷是势利和难以抗拒的感官享受欲，事实上，后一种品性不被看作一个艺术家或至少作为一个有天资的人应有的美德。但公众可能会误解《女人莎士比亚》这个标题，从而变为《女人莎士比亚》序列，提及并描述所有曾有着显而易见地进入了诗人生活的迹象，或者至少曾影响了其艺术创作的女性。这样的女性有四个：他的母亲，他的妻子，他的情人和他的女儿。

他那比他年长八岁的爱妒忌、喜责骂的悍妇型妻子，显得黯然失色，因为我们会全面审视他整个的早期成年生活，以及他绝大部分早期创作中这些女性留下的苦涩印记。

我们有一个关于她的极其生动的精神—照片—图片，可以这么说，正如阿德里安娜在《错误的喜剧》中的表现：她的愤怒脾气迫使情绪本身再次变得出离愤怒、狂暴突发，《约翰王》里的康士坦茨的疯狂，又在《驯悍记》中的凯瑟琳身上表现出来。

他那痛苦唠叨的妻子的阴影，在1596—1597年的基督降临节前夕被驱散，“美貌皇后”为莎士比亚改变了世界，我相信，她就是未婚侍女玛丽·费顿。

在《罗密欧与朱丽叶》中的罗瑟琳身上，我们看到了该女人的一个真实抓拍照片，并且又一次在《爱的徒劳》中的罗瑟琳身上看到同样的精彩照片；她的这种理想主义的快乐印象在朱利娅、朱丽叶、鲍西娅、贝阿特丽斯和罗瑟琳的身上都可以见到。她充满激情的全身照片在十四行诗里出现，而且又一次以“假的克瑞西达（Cressida）”出现，该女人最后是一个成功的、鲜活的、逼真的肖像，是克莉奥佩特拉——一个世界杰作。麦克白夫人只不过是她那专横的力量和自我意志的一个速写；高纳里尔只不过是麦克白夫人轻度复制而已，只不过加上欲望成分。

这个女人主导了莎士比亚从1597年到1608年整个的成熟过程。正如我在其他地方说过的一样，从一个轻松的喜剧、历史剧和抒情诗作家，转变为最伟大的男人，这个男人在世界文学史上留下了自己的独特记录，他是六部杰作的创造者，他的名字已经成为人类意识中悲剧的象征。

1608年，玛丽·菲顿第二次结婚，永远离开了宫廷和莎士比亚。你可以这么想，她的出走，以及为她激情奉献的那12年粗俗服务，着实败坏了莎士比亚的健康。1608年，莎士比亚的母亲也离世了，他回到斯特拉福村镇。在那里待了一年左右的时间，这让他在一定程度上恢复了健康和生活希望。

他在科利奥兰纳斯的母亲伏伦妮娅身上给我们画了一幅他母亲的画像。她在剧中告诉我们，她是他年轻时的知己；他欠她的比别的男人欠他母亲的还多；对他而言，她一直是“这世上最高贵的母亲”。

莎士比亚在斯特拉福度过了他生命中余下的六到七年的大部分时光：他被悉心照料，摆脱了虚弱与绝望，乃至被他心目中的“天使”——小女儿朱蒂丝调养到变得“坚韧”起来。朱蒂丝的稳重、纯洁和温柔，在他这位激情耗竭的诗人身上留下了深刻的印象。

他在玛丽娜、潘狄塔和米兰达的描述中给我们留下了女儿朱蒂丝的肖像——灵魂素描，该素描中展现了他的理想化倾向和他精美的诗歌天赋，同时也能看出这几位女性身形的纤瘦和精神的空灵，以及他自己惊人的身体虚弱。

他告诉我们，越来越虚弱的身体状况诱使他赶在一年内完成《暴风雨》的创作。正如他的意愿，对英国人来说，《暴风雨》是他的遗嘱和遗产：它是一部囊括了最神圣的诗歌和语言中一些最高贵教导的杰作。

对我来说，莎士比亚生命的不朽意义在于，他的灵魂的历史，就是他对傲慢的吉卜赛荡妇玛丽·菲顿倾心相爱的故事。直到32岁遇见她时，他仍旧对生活与女人都懂得太少：通过她，他才变得对此二者有了认识，并建构了自我知识。在所有文学中，没有比莎士比亚的灵魂沉浸在火苗样窜起的“激情疯狂燃烧”状态更迷人、更有教育性了。

激情被当作天才的福地，这种理解在文学中是全新的，对英国人来说也是全新的。它很可能是第一次出现在这里，然而，莎士比亚本人就是这一真理的最佳范例之一。当他第一次见到他的情人时，他对她的性占有欲强过对其情感成分，他要的比他能给的多，自然就遭受了殉道的痛苦。但在他身上却有一种爱的不竭源泉，他很热情地度过了12年，如今，他却只能升至快乐天堂的第七层，而坠入嫉妒、愤怒与屈辱之地狱的最底层。所有欢乐与悲伤的经历使他学会了灵魂趋利的思维：辛苦教会他怜悯，欢乐教会他慈爱与善意，痛苦教会他同情。如果他有稍多一点信赖，信赖自己或信赖自己的爱，他就会战胜自己内心的欲望，书写现代世界的第一首情歌。

可这是不可能的：他看清自己失败了，跌落在缺乏最高体验的阶段，在这种狂乱的悔恨情绪中，他借《亨利八世》中沃尔西之口说出了他自己的墓志铭。

……就因为这一个女人，

我把我所有的光荣都输了出去，再也赢不回来了。
太阳升起，但它永远也迎接不到我的荣誉了，
它再也不会给那一大批等候我
向他们微笑的贵族们镀上一层金了①……

但这还并非关于莎士比亚的所有真相之全貌，甚至不是真相的最好部分。他一次又一次地，尤其是在《哈姆雷特》和《十四行诗》中，表现出他惊人地关注墓志铭；关注他自己在离开舞台、归于沉寂后，人们会怎么说他。

他需要的不是焦虑，这位可怜的沦落人把《暴风雨》奉献给我们，《安东尼与克莉奥佩特拉》中他自己胜利的话语将留给我们对他永远的记忆：

珍贵的精神从来都不能
导航人类

因为据所有推论来看，这位莎士比亚比任何人都更有成就，比其他凡人都更深坠一层地狱，却又更升高一层天堂。他是谁，他是如何遭受痛苦又是如何享受欢乐的，这些，他都在他描画的伟大图景中告诉了我们，这些图景永远闪烁在土牢的黑墙上，他生活的快乐及其“时光的地狱”呈现给我们的是白天的一朵云抑或夜晚的一堆火，来提醒和指引我们。

我曾试图用“爱的聪明才智”来解读这个引人入胜的故事，并以深情的关怀把它全部安顿下来，只是感动于阳光一样真理之精神的揭示与重申。

就像植物学家一样，我把待细究的植物所有部位都置于观察下：花、果、叶、茎和根。一些常见的黏土仍附着在白色神经纤维上，散发着微弱的衰亡气息。但是，它绽放了花朵，散发了香气，其果实是无与伦比的，是生命树上最好的。

---

① 译者注：这是《亨利八世》第三幕第二场亨利王的首相伍尔习红衣主教与自己的亲信克伦威尔的对话，见［英］莎士比亚《莎士比亚全集》（四），朱生豪等译，人民文学出版社 1994 年版，第 204—205 页。（本书翻译过程中引用的莎士比亚中译均出自该版本，后文不再详注，只列卷数与页码）

这本书不仅围绕我的莎士比亚研究，而且它第一次确立了作者这样一个权利：所有知名或不知名的评论者，都把他的六部或数部剧作归于别人名下，而其真实作者，原本就是他。人们会注意到，在许多情况下，这是我对他性格和生活的解读，而这使我能够确信无疑地识别出大师的手迹。我解读莎士比亚的这种新证据的主要正确性，必定是确凿无疑的、决定性的。

有这样一个我不会回避的问题和可能会有的诘责：我在书中一定程度上批评了我自己的批评；我煞费苦心地将所谓的“我的时间的最佳知识”放在我的照片的黑暗背景下。我的朋友们想知道这对我来说是否明智的：“为何要让出不重要、重要的位置，给那些短暂而有限的日子呢?”他们问。另外，我的敌人模拟着欢乐的嘲笑——“他哭了，因此他受伤了。”他们笑着说。

这些争论几乎没有影响到这个话题。在我看来，在这个问题上有两大传统，矛盾的传统：一个来自但丁，另一个来自莎士比亚，甚至可能来自更崇高的源头。但丁认真地把自己的敌人分归在地狱的这个或那个圈层里，就像布朗宁的措辞一样抓着他们的头发，把他们真实名字的字母永远刻写在他们额头上。

莎士比亚被设想是不用一个词就能超越他的批评者们，他把自己抬到远高于诽谤和侮辱的庄严层阶上。这个关于莎士比亚的观点是错误的。我认为他在关于查普曼的《十四行诗》里说了实话：赞美“他那伟大的诗篇满鼓自豪之帆”，同时暗示他沉重的学习负担需要更强有力的翅膀来将其带离地面。当他谈到阿贾克斯如同“痛风的百手巨人布里亚柔斯……一个半瞎的百眼巨人阿古斯长有百只眼睛却无视力”，我确信他是在描绘本·琼生，从而回答琼生的不公正和嫉妒的吹毛求疵，这里更多的是真诚而非同情。

莎士比亚比但丁更仁慈和智慧，他没有追击自己的敌人；也没有把他们像害人贼一样钉死在遭人永远唾弃的一些重大记录簿中；但现在及随后，他确实升起了黑暗的时间幕帘，把它们展示给我们这些在世的人。

正如他们对这个事情最好的现代观点一样，评论者的习惯比但丁和莎士比亚要高超。奇怪的是，它接近基督教的立场：“继续生产”，一个人说，“像地球一样，收割庄稼，让你的果实为你说话”。不要浪费时间和脾气来回答愚人和嫉妒者：所有这些都是私人的和短暂的，艺术家应该专注于持久的。

这无疑是心灵的正确性情，但对傻瓜和嫉妒者来说，这几乎是不公平的：他们也有自己的生活空间，他们也为丑陋和无知——图片中的黑影——提供了一些必要的现实细节。

它们应被使用的程度取决于图片的性质，且必须留待艺术家处理。然而，有一条普遍规律对于赞誉者和挑剔者都是有必要性的，就程度而言，强光下的物体阴影就暗深些。

的确，如果艺术家是上帝的间谍之一，他给了自己所有的尊严，对柯勒律治所称的揭开事物神秘性的“可怕任务”——用一种充满激情的决心，不惜一切代价去发现和揭示真相——至少，他定然期待这种公开呈现：在人群的愉快笑声中，他将成为记者和教授们的骄傲。如果他从迂腐的烂白菜或嫉妒的臭鸡蛋中受到伤害，他就应该用这样的知识安慰自己：他的痛苦与他自己的无知和恶意是相称的。人类不会伤害不朽的人。

弗兰克·哈里斯

第一章　塔莫拉；玛格利特；圣女贞德

在他著名的《人间喜剧》的引言中，巴尔扎克指出英国文学最薄弱的 1
地方。巴尔扎克惊讶于斯科特把男人描绘得如此勇敢，留下了如巴尔福的波利（Balfour of Burleigh）这样出色的肖像；同时，迦勒·巴尔德斯通（Caleb Balderstone）应把女性描绘得软弱到——就好像她们是人类的脱脂牛奶一样，但他没能做到这样。

他将这一事实归因为清教主义意识上升，他将清教主义的缺点与天主教义相比对。有人会幻想，巴尔扎克可能已经走了更远的一步，并追踪了信条的特性到种族特征。塔西佗首先注意到日耳曼民族的非凡的贞节；他对他们在这种美德上的价值感到惊讶。正是德国人性格中固有的这种不喜欢顺从"苦恋"的严苛，我猜想，这才是德国和英国文学中女性肖像的稀
少与匮乏之主因。最具代表性的英文小说，同时也是最伟大的小说之一的 2
《鲁滨孙漂流记》里面干脆没有爱。它是冒险的大胆与实用的细节紧密结合，而且很难想象，我们那些典型的英国女主角们，诸如清白的、没精神的伊芙们（Eves）、阿米莉亚们（Amelias）、苏菲们（Sophies）、艾米们（Amys）以及玛吉们（Maggies），她们没有微笑。蓓基·夏波甚至奉献了作者的清教主义；绿眼的交际花被描述为没有灵魂，于是便只留了一幅高超的讽刺画。再没有其他文学，能像弥尔顿、拜伦、华兹华斯和柯勒律治这样的诗人在历经生活洗礼，却没有留下哪怕一个值得记住的女人的肖像。

同样令人好奇的是，在德国文学中，只有那个最伟大的作品才描绘出了一名有些许可亲密理解的女性：歌德的《格雷琴》（*Gretchen*）是一部杰

作，而他的《米格农》（*Miignon*）至少是为了实现一个更高理想而做出的努力。考虑莎士比亚在这一领域所做的事情，并判断他的女性肖像是否可入下列排序：曼侬·莱斯科（Manon Lescaut）和包法利（Mrs. Bovary）夫人、格雷琴（Gretchen）和弗朗西斯卡（Francesca），这将是一件有趣的事。当然，我们国内的批评家们把他放在了较高的地方，他们会噼里啪啦地用一大堆诸如罗瑟琳、帕尔迪达和伊莫金（Rosalinds，Perditas and Imo-
3 gens）这类名字，并缀以无数串的赞美雅号。但美丽的名字不能总是代表肖像，也不能赞扬批评的鉴赏力，而且，一旦对此事严谨检测，发现它可能是值当的，因为对它的研究肯定会清晰可见莎士比亚的心灵和成长。

在这些文章的撰写过程中，将会看到我在我的《男人莎士比亚》一书中提出的莎士比亚的自然观，是被证实了，还是被削弱了。被我当作事实所接受的他生活中的事件是进一步的确立还是被怀疑，而最重要的是，现在必须弄清楚我是否想要将坚实的事实折弯，以适应一个奇妙的推测，或正如我的对手所主张的，当我瞥见了真相，或几乎是不知不觉地从一千个事实中推断出来的时候，我才发现，在进一步的调查中，还有数以百计的其他事实，如雨后春笋般遍地涌现出来，支持并证实了这一点。

如果我们能在他的第一部作品《维纳斯和阿多尼斯》中对莎士比亚进行评价的话，则必须承认，他以一种感官的最慷慨享受开始了人生，如果我们要相信传统说法，那么所有传统说法在这一点上都一致，他就是他自
4 己，不仅相貌英俊、身材优美，而且举止优雅、礼貌谦恭，有着极其吸引人的风度，因此，很有可能去爱女人，也被女人们所爱。因为我在别处陈述过此观点，著名的英文期刊上我也被亵渎和诋毁。就好像莎士比亚的好色纵欲是我所见之全部，是我病态想象的一个虚构一样。

有人揉揉眼睛，想知道这些批评家是否读过《维纳斯和阿多尼斯》。这是语言中最热烈的情歌，甚至比马洛（Marlowe）的《英雄和利安德》（*Hero and Leander*）更强烈，比史文朋（Swinburne）最性感的诗还性感。其中赤裸的性欲描写比其他任何一首英文诗都更详尽、更具快感。

我们选取以下段落来看：

此刻，骤急的欲望紧攫降服的猎物。
她供奉馋嘴的贪吃者，可他却从不餍足；

她的唇肆虐征服，他的唇屈从摆布。
何以交赎，才得慰蹂躏者心愿；
　　秃鹫贪欲，天价难攀，
　　甚而至于，要把他唇上丰美珍品砸干：
品尝到战利品的甜蜜
她带着盲目的狂怒开始搜寻；
她脸生雾气，心急冒烟，她的血液开始沸腾。
粗率的性欲激发起一种冲破一切的豪情[1]。……

《维纳斯与阿多尼斯》立即流行起来：该作的接连再版，奠定了莎士 5
比亚作为诗人的名位。它的惊人成功足以描述那个时代。“这是年轻情侣们的欢乐”，在我们被告知：“《高贵的陌生人》（*The Noble Stranger*）里的普皮拉斯（Pupillus）想要用它来讨好他的情人。”[2] 然而，一种更严厉的批评却让人听到了：人们希望看到莎士比亚的甜蜜诗篇及其“情人生活”被应用于“一个更严肃的主题”。另外，就像加布里埃尔·哈维（Gabriel Harvey）从《维纳斯与阿多尼斯》（*Venus and Adonis*）这种年轻人从中得到诸多愉悦的作品，转向《鲁克丽丝》（*Lucrece*）。

奇怪的是莎士比亚的下一首诗《鲁克丽丝的强奸》（*The Rape of Lucrece*）于第二年（1594 年）首次出版，尽管当时被赞为“既甜蜜又贞洁”，但该诗的每一个细微点和《维纳斯与阿多尼斯》（*Venus and Adonis*）一样，都是充满激情的构思。在贞洁的诗中，强奸被构想为赤裸裸的，而在情歌中，维纳斯的求爱也表现出同样的缠绵悱恻。英国的批评家们会对此加以解释；但他们更倾向于相信一个人能够超脱到这样的境界：毫无性感冲动地描摹好色纵欲的画面。这是我的“假设”，他们坚持认为，绘画中所看

---

① 译者注：关于本书的脚注集中形式，特此强调：第一种，直接就引文出处脚注为朱生豪译本（人民文学出版社 1994 年版），未改动；第二种，本书译者借鉴并自译的莎士比亚作品引文，会在脚注中说明，本书译者完全自译内容，则不注释；第三种，本书译者针对内容的有关情况（包括引文）的补充说明，以“译者注”形式注明；第四种，直接注释，这是本书著者自己的注释，它跟前三种脚注区别明显，无任何提示语，譬如本页前后有关“霍勒斯（Horace）”的注释。

② 作者注：就像霍勒斯（Horace）所说的，《维纳斯和阿多尼斯》就是那种在罗马妇女的丝绸垫子下发现的书籍：

这里是我的家，
朋友常来此一聚。

到的内容特性一定是储存于画家心中的。

6 莎士比亚称《维纳斯与阿多尼斯》（*Venus and Adonism*）是“我创造的第一个子嗣”。编辑了我当时手头上拥有的埃弗斯利（Eversley）版本的赫尔福德教授宣称，他“很可能意指这是他第一首抒情诗或叙事诗，而不是意在说明该诗先于他所有的剧作”。我喜欢选取莎士比亚朴素无华的语言并坚信它们。《维纳斯与阿多尼斯》（*Venus and Adonism*）于1593年首次出版，但它可能是几年前就写成的。现实主义画面中的兔子和马匹能够唤起非常生动的英国乡间生活场景，如果我没有足够的信息储备来支持柯勒律治的观点，则莎士比亚在来伦敦之前就已写了“在乡下”，那么这个推测本身就很值得阐发。1590年，《精灵女王》（*The Faerie Queen*）的第一部出现了，洛奇（Lodge）的《格劳科斯与西拉》（*Glaucus and Silla*）也以与《维纳斯与阿多尼斯》（*Venus and Adonism*）一样的每诗节六行的诗歌样式写成，改变了四行诗和对句格式。在我看来，很可能莎士比亚至少是采用了洛奇的诗歌样式。押韵诗是一种吟诗风尚，莎士比亚采用了它；但他从
7 未或多或少地自由行动起来，像大师那样注重其隐含的音乐性和强调点。尽管如此，柯勒律治还是有理由提醒我们：《维纳斯与阿多尼斯》（*Venus and Adonism*）满含莎士比亚对早期在斯特拉福的生活记忆。

我在《男人莎士比亚》中认为，这幅描绘一位年长女性爱恋并诱惑“奶油小生”的激情图景，包含着的不只是暗示莎士比亚被迫与一位年长女性成婚那么简单。在我看来可能是：年轻的莎士比亚并非不愿用他那被误导的青春图景来激起他在伦敦的出身高贵的朋友们的同情或怜悯。它诠释了他那不合时宜的婚姻，也说明了他把妻子留在斯特拉福而未带她到伦敦的事实。

我必须要注解的是，在莎士比亚的诗篇中，无论是好色的爱情女王，还是贞洁的主妇鲁克丽丝，都没有任何个人的生活。这些诗是激情伴侣的照片，而不是女人的肖像。

为了从一开始就追踪莎士比亚的成长，我不得不关注他最早的作品《泰特斯·安德罗尼克斯》（*Titus Andronicus*）和《亨利六世》（上）（*First Part of King Henry VI*），我再次发现自己与教授们的观点有分歧。我已经给
8 出了一些理由，认为《泰特斯·安德罗尼克斯》（*Titus Andronicus*）的大多数内容都是莎士比亚写的。教授们不同意我的观点，这一点在这里也不值得进一步讨论，因为我希望能有足够长的时间或其他办法来处理这个问

题，而以我现在的意图而言，有充分的理由认为：塔莫拉只是个恶魔，而拉维尼娅不具女人气质，甚至不如其名字有女人味。

我也阐述过《亨利六世》（上）（*First Part of King Henry VI*）的大部分内容当然是莎士比亚创作的；事实上，那句“他写得比我们多，人们惯于把脑海里的成熟作品都归于他名下”我现在必须努力证明，因为这部剧作标志着莎士比亚成长过程中的一个时刻，因此我的论证是有必要的，而所有的保守派教授们都在这儿协同反对我。因此，在我走得更远之前，我必须先清理一下道路。

没有其他理由把《亨利六世》（上）归于莎士比亚，我应该倾向于追随首版编辑海明和康德尔（Hemyng and Condell）二人，他们在1623年的第一个部分中加入了《泰特斯·安特洛尼克斯》（*Titus Andronicus*），因为我乐意相信这两个与莎士比亚在同一舞台上表演了很多年的人，一定深切熟知他的作品。他们也很诚实，甚至像英国人所习惯的那种小心谨慎，进
而在正确的思路上犯错，也许会拒绝在第一部分加入并不确信是他的东 9
西。他们至少留下了一部戏，而且他肯定接触并完善过那部戏《两名高贵家族的男人》（*The Two Noble Kins – men*），但他们并未出版任何不属于他的东西。因此，在怀疑的情况下，服从他们的权威是很好的。

稍微考虑一下《亨利六世》（上），将会精确地展示教授们的步骤及其价值所在。赫福德教授所说，认为“《亨利六世》（上）完全是莎士比亚的作品”这一观点“在英国可能现在已经灭绝了”尽管“在德国仍然是正统的”。他接着说：“第一部分明显地与另外两部分不相干……它包含了更大的一整块完全非莎士比亚的作品。”教授极其大胆的声明源自这样一个事实：柯勒律治断言，《亨利六世》（上）的第一幕第一场不是莎士比亚写的，因此教授在他们拒绝该剧作的“伟大部分”时所用的改善后的提示，也都是轻蔑的。

他们说，现在我们可以踢德国人，然后再继续踢。但所有优秀的读者
都被迫接受了莎士比亚的至少两个场景：寺庙花园中关于玫瑰的争论；萨 10
福克对玛格丽特的追求。史文朋先生（Mr. Swinburne）坚持说，塔尔伯特的最后一场战役和死去则确实正如莎士比亚的作品一样。然而，他继续就萨福克对玛格丽特的求爱表示怀疑：“这是后者。事实上，这是一种自然而生动的优雅，也许在他的（莎士比亚的）初期作品的竞争对手中，也许不会超过一两个。”

现在，教授们除了登记这些权威的观点，没别的事可做。他们中没有一个人在任何一个像这样有争议的观点上投过一束光。他们在那里把此问题上最好的即人所共知的东西教给学生；但几乎不可能期望他们为人类增加新的知识。这需要比给书虫提供养料更高的其他品质。但是，人们会问：当他们的权威意见发生分歧的时候，他们又该如何应对有疑点的文章？他们应该只会记载分歧并把问题搁置在那里。但他们会冲破自己的局限性。他们试图出风头，但通常归于悲伤。例如，陷于此困境的赫福德（Herford）教授在看到玛格丽特的求爱是“如此奇怪地在最后
11 一幕琼的言行之后切换了……”于是他判定“它极少有权利被认为是莎士比亚的作品。”在多次经历了这种超越权威地位之断言后，有人会倾向于说：“非常咆哮的断语，触底之言”，于是不再进一步关注研究进展。因为教授回应教授就好比浅滩聆听浅滩的吟唱一样。但必须注意到史文朋的观点。在这一点上，史文朋或柯勒律治的一个字，是配得上自大洪水以来的所有教授发表的所有声明的。对于诗人来说，有富有想象力的同情来引导他们，而教授们则缺乏这样的光明。然而，在这个例子中，教授们机械地模仿史文朋，尽管史文朋弄错了，而误导史文朋的动机就在手边。如果他接受萨福克向玛格丽特的求爱，求爱情节是优先于一切情节的，它是紧跟着圣女贞德被诽谤的那一场出现的，这就好像女性此前从未被诽谤过一样，或者自从一位诗人如此做以来才会有。史文朋几乎是不得不把诽谤女人的罪责归于莎士比亚，这于他（对英国）的爱国心来说太过分了。“那该死的最后一场”，他说，“在这种情况下，肠胃甚至都会冲上来替大脑记住它，这是在执行的过程中，不像莎士比亚风格最原始的阶段，不像其精神最闲散的出现”。这是他气势汹汹的陈述。但彻底夸张的陈述几乎没什么信服力。让我们把这件事证明出来，首先让我们考虑一下求爱环节。

12 当萨福克看到玛格丽特时，他喊道：

> 呀，美人儿，不用害怕，不要逃跑。
> 我除了向你施礼，决不碰你一下。
> 我吻你的纤指，是为了预祝永久和平，
> 你看，我又温存地把它们放到你的轻盈的腰肢那边了。

你是谁家的闺秀？告诉我我才好馨香供养呀①。

当然这是莎士比亚。年轻的莎士比亚正处于他的最佳状态。片刻之后萨福克惊呼：

不要冒犯，自然的奇迹。

所有的怀疑都消失了。这正是莎士比亚的声音，在他之前没人如此抒写，这一整场都盖上了这同一个印戳。

后来（第五场）当萨福克向国王继续赞美玛格丽特时，人们只能听到莎士比亚的特有口音，他最喜欢的词，他书呆子气的插图解释及其一切特征：

萨福克：喏，我的好王上，我的拙口笨腮，
还不能将她的高贵品德形容于万一呢。
如果我长于文采，能将这位绝代佳人的幽姿淑质尽情描述，
简直可以写成一部动人心弦的诗歌，
就是一个缺乏想象的人听了，
也不免神魂颠倒。
还有一层，尽管她是尽善尽美，
多才多艺，但她却是谦恭克己，
对陛下一定能够惟命是从。
惟命是从，
我的意思是说，在礼法的范围以内，
她对陛下一定是敬爱备至的②。

我把这两种具有最私人、最持久特征的台词用斜体标出，就是为提醒 13
教授们和那些了解莎士比亚不太多的人注意，尽管有史文朋的看法，但这一整场无疑都是莎士比亚写的。

在这一《亨利六世》（上）里面，莎士比亚的创作部分，并不局限于

① 译者注：《莎士比亚全集》（三），第550—551页。

② 译者注：同上书，第561—562页。

上述已经提到的场景。在《莎士比亚其人》中我陈述道：“很容易证明，摩提默临终前所说的大部分话与史文朋提到的任何一段话一样，都当然证明了莎士比亚的作品。”现在来证明一下。

> 第二幕第五场。*两狱卒用椅子抬摩提默上场。*
> 摩提默：看守我这衰弱的老头子的好人们，
> 让垂死的摩提默在这儿歇一歇吧。
> 我由于长期监禁，肢体痛楚不堪，
> 好像刚从刑架上拖下来的人一般。
> 我这满头白发，
> 是在苦难的岁月中折磨出来的，
> 它预示着摩提默的死期不远了。
> 我的眼睛，好比灯油耗尽的油灯，
> 愈来愈模糊，快到尽头了[①]……

人们听到了莎士比亚说的每一词汇。但是，如果有人相信最后两行是出自另一个人的手，他便错过了我的帮助[②]。

14 我如同确定地再次听到主人的声音。摩提默谈死亡时就好像“绝望仲裁者”一样，我们继续看：

> 公正的死亡，人类苦难的仁慈裁判。
> 甜美扩展开来，不理会我，因此……

就是这些文字提醒我注意波塞摩斯（Posthumus）和他谈到的“无疑身体死亡……离世而朝往自由”。

稍晚些时候，摩提默告诉他的外甥说：

> ……你舅舅快要离开人世了，

① 译者注：《莎士比亚全集》（三），第506页。

② 作者注：我可能被要求证明其鲜明性，因此求任何潜在的评论家注意到近二十年后，莎士比亚让垂死的安东尼表达“渴求”（《安东尼与克莉奥佩特拉》第四幕第12场），也是在摩提默的下一次讲话中，克莉奥佩特拉就在下一场描述安东尼的死时说：“我们的灯盏已经耗尽，它下台了。”

> 好像王爷们在一个地方住得太久了，感到腻烦，
> 就将宫廷迁往别处一般①。

整个这一场不只是莎士比亚的，但莎士比亚最具自身特色。一个垂死的人②肯定会博得他如情人样的同情，而他也很高兴用自己的少许感触来表达自己的情感。第一部分读得越仔细，我就越经常发现莎士比亚在其中。史文朋看似为描述“塔尔博（Talbot）的最末战役和死亡”而下判断，实际是在为莎士比亚辩护。

实际上，塔尔博的整个性格都是他的杰作。 15

在第二幕第三场里，塔尔博告诉伯爵夫人，她想骗他已属徒劳：

> 这却不然，其实我也不过是我自己的影子罢了。
> 您是上了当了，我的身子并不在这里。
> 您所看到的只不过是我这人的极小的一个部分，
> 一个最不重要的部分③……

这当然是莎士比亚思想的巧妙之处，具有特征性的语句。

塔尔博彬彬有礼的宽容同样也是莎士比亚的温柔和慷慨：

> 您刚才的举动，我并不见怪。
> 我对您也没有其他的要求，
> 我只请求您，如蒙慨允的话，
> 拿出您的佳肴美酒，让我们尝一尝，
> 因为军人的胃口对于这些东西，总是来者不拒的④。

简而言之，在第一幕的很多内容里我并没听出莎士比亚。但几乎从塔尔博在第二幕登上舞台的那一刻起以至于整个剧本的结束，我就几乎在每

---

① 译者注：《莎士比亚全集》（三），第 509 页。

② 作者注：既然如上所写，我就突然想起这一场不合史实的一个事实：埃德蒙·莫蒂默（Edmund Mortimer）并没有被监禁，而是死在了高级办公室里。莎士比亚是从他的想象采撷了整个场景；因此，对于我们来说，这个事件比他所描述的事件更有特点、更重要。

③ 译者注：《莎士比亚全集》（三），第 500 页。

④ 译者注：同上书，第 501 页。

页都找到了莎士比亚作品的一个接一个明证。事实上，他的手迹在（一）的最后四幕中的出现，就如同在（二）或（三）中所看到的那样。

16 塔尔博和摩提默、玛格丽特和萨福克都是他的画作，就像文雅的圣亨利六世的伟大画像一样。

在描绘玛格丽特的过程中，莎士比亚似乎在 12 个不同的场景中密切关注着历史。毫无疑问，她的自豪、勇敢和高尚的精神是一个明显的传统，这些是莎士比亚赋予她自始至终的品质，所以她在莎士比亚的笔下显得有点儿严厉、唠叨又呆板，尽管他有机会做得更好。当她年幼的儿子爱德华被谋杀的时候，她可以被描画为崩溃了，可以通过一些绝望的悲伤来为我们创造新人物；但她没有这样！她一场接一场、一个出场接一个出场地以犀利的唠叨进行责备，直到她永远从舞台上消失，我们才松了一口气。

但若莎士比亚在描画玛格丽特时很贴近历史，那圣女贞德呢？他是否也以同样的方式对待她呢？还是我们必须接受他那残暴的对她的诽谤？恐怕我们必须这样做，因为这不仅嵌进他那些确信无疑的作品中，而且最糟糕的部分只是他这样一种发明。这里的诗人都反对我，所以我必须给出我的理由，一定要仔细考虑整幅圣女贞德的画像，也许真的该叫画像。

17 给伟大人物形象所作的描画有这样的优势，或者说也有不利的情况，那就是人物肖像将会揭露出画家的每一个缺点；镜子不能包含或扭曲物体，它的局限和缺陷必须打动每一个人。莎士比亚在第 121 首十四行诗中评价自己说：

> ……他们对我的诋毁
> 只能够宣扬他们自己的卑鄙：①

这很可能适用于所有伟大的人物，最适合不过的是这位女侠。

莎士比亚可能在画传统的玛格丽特时，把传统的霍林斯赫德（Holinshed）的圣女贞德画了出来，没人能从他的谄媚中推理出除年轻之外的其他东西。他开始就这样做，后来是出于爱国心而继续把塔尔博理想化，继

① 译者注：《莎士比亚全集》（六），第 645 页。

而几乎是不得不削弱了贞德的胜利气势；他让她用诡计带走鲁昂（鲁昂从未被带走，但在她死后 17 年，它的门被打开），因为他想要给塔尔博以纯粹的英国勇气来重新获得荣耀。他把她所有的成功都归功于她的巫术和魔术，正如霍林斯赫德（Holinshed）所做的，当她被捕时，他不仅重复了他对她一贯的诽谤，让她为了延长自己生命而通过这个或那个贵族假装和孩 18
子在一起，但他在第一幕中提出了一个建议，抹黑了这一诋毁。当多费（Dauphin）向她求婚时，莎士比亚让她一半承诺对方以顺从他，并谈论给她的“报酬”，而这一半承诺和对奖励的渴望加深了她在最后一幕中假装忏悔的坏印象。但莎士比亚并不满足于证明这位法国贵族姑娘是轻飘的、普通的、利欲熏心的，他彻底狠心地营造了一个场次，让她在这一场否认了她的羊倌父亲，并毫无理由地声称她是“高贵血统”，甚至蔑视提供理由。因为他已经遵循了传统，在第一幕中让贞德坦率承认了她的父母。这里有令人震惊的诽谤，以及自相矛盾。在第一幕中，像传统的圣女那样说话，贞德说：

> 太子殿下，我的出身是个牧人的女儿，
> 我没有受过什么教育。
> 可是上帝和仁慈的圣母对我垂青，
> 用他们的荣光照耀在我的卑微的身世之上。
> 有一天，我正在照料着我的温柔的羊群，
> 我的双颊曝晒在烈日之下，
> 圣母忽然向我显灵，显出庄严法象，
> 命令我离开我的低微职业，
> 去挽救我们国家的灾难①。

这都足够自然了，如果不是很精彩，即便是在这里，我也设想我可以 19
区分出莎士比亚的特定声音，尤其是在第二、第三和第四行。在最后一幕，当她的父亲召唤她时，贞德与他说话的方式便是：

> 衰老的吝啬鬼！卑贱的可怜虫！

---

① 译者注：《莎士比亚全集》（三），第 479 页。

我生于一个有着高贵血统的家庭；
你不是我的父亲，也不是我的朋友①。

而她一次又一次地重复着这种否认和这种愚蠢的自夸。

在莎士比亚的作品中，这个发明并不让我感到惊讶：这是所有莎士比亚性格里的东西，忘记了之前的供认，而让贞德自吹自擂，说她有着“高贵的出身”，而且是“传自国王的子孙”；我再说一遍，这一切都继续保持着，而且这种吹嘘就容易首次让人想起莎士比亚的势利。但史文朋坚持认为，这不仅实践了比莎士比亚风格更重要的天然纯朴，更是“不同于其精神最轻松诞生的概念”。

现在我不会把这个场景归于莎士比亚名下，甚至都不会归在一个能帮人或独立的年轻人名下。但并不如此。十几年后，他在讲述奥赛罗的故事时，也犯了同样的错误，尽管极其微小。这位摩尔人穿着“闪耀着阳光里的暗影的制服”，肤色昏暗或者说黝黑，所以逊色于威尼斯的上流贵族苔丝狄蒙娜，正如莎士比亚觉得自己配不上他所爱的那位尊贵女郎。

20 但是，当他开始写《奥赛罗》时，他非但没有让我们带着这种自卑感的痛苦，反而让他夸耀自己的“王室”血统。莎士比亚的势利给他的艺术带来了一次又一次的巨大的破坏，尽管史文朋是英国人，但他并没有注意到莎士比亚的这种浮躁。

多年来，我一直试图相信诗人：这种对最高贵女性的邪恶诽谤，并非出自莎士比亚之手。但从一开始，我就很清楚：他一定是看到了也认可了，并逐渐明白他自己写了一些自己最糟糕的台词。最终不得不屈服于证据。我恐怕从头到尾都是这样。如果有人想知道莎士比亚是从哪里开始的，那么这里是他的最低起步点。这是他在1590年的时候，或者在他二十六岁前后。这就是英国的爱国心和英国的势利感对他的影响——可以说，这是他的最低点。他是何以摆脱困境的，多大的影响范围，以及他达到何种高度——这就是他的故事，世界的奇迹。

---

① 译者注：这是《亨利六世》（上）第五幕第四场里的贞德对牧人父亲说的话，英文原文是“Decrepit miser! base ignoble wretch ! /I am descended of a gentler blood; /Thou art no father nor no friend of mine.”朱生豪先生的译文是“老朽的守财奴！可怜的下贱虫！我出身高贵，哪有你这父亲，哪有你这朋友！”［《莎士比亚全集》（三），第479页］

第二章　他的妻子：责骂、凶悍、好争吵 21

关于这些早期戏剧最明显的评论是，莎士比亚从一开始就认为自己是温和、圣洁、不幸的人物，所以才把这些特征转手给我们。垂死的摩提默的形象被他诗歌的光辉所照亮；神圣的亨利六世就像一幅弗朗·安吉里科（Fra Angelico）的画像在为我们活，当他描画了一个像塔尔博一样十足的战斗者时，他忍不住把自己有雅量的慷慨赋予他。甚至在年轻的时候，莎士比亚比其他伟大的诗人拥有更多的人类的仁慈之心。正因如此，圣女贞德的非常邪恶的讽刺画才成为其作品的一个污点。他更像马可·奥里利乌斯（Marcus Aurelius），而不是歌德（Goethe）或塞万提斯（Cervantes）；但即便是马可·奥里利乌斯（Marcus Aurelius），也没有他的全怜悯的灵魂、他取之不尽的同情。

在这里，你也必须注意到，他的幽默使他免于被人怀疑的伤感。他的杰 22
克·凯德（Jack Cade）是他那些无可仿效的喜剧创造中的第一个，福斯塔夫是这些逗笑人物中的小丑和国王。奇怪的是，在最早的戏剧中，莎士比亚似乎对女性知之甚少或一无所知；至少他不能给他们有美感的生活。他的女性主人公是最好的历史人物或传统人物之模特，如维纳斯（Venus）、卢克丽丝（Lucrece）、玛格丽特（Margaret），最差也是像《泰特斯·安德洛尼库斯》（*Titus Andronicus*）里的塔莫拉（Tamora）和圣女贞德（Joan of Arc）这样只是人性的面具或控诉书一类的人，而不是所有的生物。

突然，在一群死气沉沉的木偶中，我们看到了一个愤怒女人的热切眼睛。她被描绘成明智的法国人，主要是由阴影或缺点构成，这些形象被一再重复，带着强烈而过度的夸张，画家的个人感情在每一笔触中显示出来。当然，我说的是《错误的喜剧》（*The Comedy of Errors*）和嫉妒妻子阿德里安娜（Adriana）的肖像。此时此刻，我并不关心评判，《错误的喜剧》（*The Comedy of Errors*）到底是比《亨利六世》（上）（*First Part of King Henry VI*）或《爱的徒劳》（*Love's Labour's Lost*）要早一些还是晚一些。它后来没有被修订和完善，《爱的徒劳》（*Love's Labour's Lost*）也是如此。它可能是1589年之后不久写的，而且肯定是莎士比亚最早的作品之一。

23 对阿德里安娜的素描粗朴而鲜活。这个女人生活在我们的生活中，很大程度就像《第二任妻子谭克丽》（*The Second Mrs. Tanqueray*），大多活在火爆脾气冲击下，她是谁呢？人们会自然地问：谁是这个现实中那个嫉妒心很强的怨妇，她给年轻的莎士比亚留下了如此深刻的印象，以至于他只能用他的仇恨来描绘她给我们展现的生活。我说这是他的妻子，他被迫娶了她，而这个说法会让挑剔者们都耻笑。对这些好事者来说，再没比这更可笑的了。事实上，接下来呢？

我可以继续证明那个嫉妒心强的爱骂人者阿德里安娜就是莎士比亚的妻子的照片，是他深思熟虑地意在为她画个肖像，但在此之前，请让我说：甚至，这也并非他首次提到自己被迫的婚姻极其不幸的后果。我已经呈现了他在《亨利六世》（上）（*First Part of King Henry VI*）中把自己认同为恋人萨克福，尤其是表现在对玛格丽特的求爱中。

当元老们反对选择玛格丽特为王后时，萨福克宣称：

> 谈什么嫁妆，大人们！不要把咱们的国王说得这样难堪，
> 难道他是那样的无聊、那样的卑贱、那样的贫穷，
> 24 以至于必须为金钱而结婚，而不是为爱情而结婚吗？
> 咱们的王上有的是钱，只有他送钱给王后，
> 他哪会向王后要钱？
> 下流的乡下人才拿婚姻当买卖，
> 好像在集市上交易牛羊驴马一般。
> 　*婚姻意义重大，*
> 　*不应由人包办；*
> 不能决定于我们要谁，而应决定于他爱的是谁，
> 愿意让谁做他卧榻上的伴侣：

既然王上最爱的是玛格丽特，那么，大人们
在一切理由之中，这一点就最为重要，
它支使我们非选中她不可。
因为被迫婚姻只是个地狱，
一辈子吵闹争斗，不得安生？
而与此相反，若能找到如意佳偶，则幸福甜蜜、快乐陶醉，
那是一种天赐的和睦图案[①]。

我用斜体字标示的第一个两行是迫切需要的解释。他们必须以令人惊讶的方式打动任何读者，因为他们不符合语境；他们完全摧毁萨福克自己的论点；因为，奇怪的是，萨福克自己在处理这个问题时就像个“律师”，而更奇怪的是，在同一幕第三场的早些时候，他正是把“律师”这个词用在自己身上：

然而，我认为，我在该案中做自己的律师
能够让自己很满意。

如何解释这种困惑？就我所能看到的，只有一种方式。在青年时期，即使是莎士比亚，也未曾充分观察生活以丰富其笔下人物。

他几乎被迫引用自己的经历，更不用说他的经历和他们的生动的情 25
感，以话语的形式表达出来。但即便在他最初的作品中，莎士比亚也不乐于将他的恋人作为代言人，为了无法抵抗的个人原因而与他自己争辩；我们知道，他自己的婚姻是由安妮·海瑟薇（Anne Hathaway）的父亲的两个朋友富尔克·桑德斯（Fulk Sandells）和约翰·理查森（John Richardson）以代理人的身份强加给他的，他不能原谅这种干涉。这也就是为什么他表述为婚姻不得被“包办”；为什么萨福克无意间发现自己权利无效。

上述引文中第二次被标记为斜体的诗行，证明我的这个“假设”是正确的：萨福克谈到“包办婚姻”“唯如地狱”，尽管没有其他人而只是他自己在试图给亨利强加新娘。事实是，莎士比亚一下子认同了恋爱者萨福克，并把自己的经历硬扯进来，尽管此处比不合时宜更糟：因为它让萨福

① 译者注：这是《亨利六世》（上）第五幕的第五场。本书译者结合朱生豪先生的译文而有局部改动，参见《莎士比亚全集》（三），第563页。

克人谴责萨福克的行为。显然，莎士比亚在这里想着的是他自己的“包办婚姻”，他发现那是“因为被迫婚姻只是个地狱，一辈子吵闹争斗，不得安生?”

26 现在让我们来看看这些推论是否被《错误的喜剧》（*The Comedy of Errors*）里的阿德里安娜（Adriana）形象所证实。我注意到的第一件事是，嫉妒的、“爱责骂的”、尖刻的妻子在身份误认的同性恋喜剧中，显得格格不入；如果阿德里安娜是一个非常有爱心又深情的人，那就能更好地与该剧的精神相一致，因为此后在她误把假的安提弗拉斯（Antipholus）错当成了自己的丈夫时，会惹人发笑，而且她把爱抚发挥在错误的人身上。然而，这个吹毛求疵的人仍旧冰冷固执。他们不能从剧作家的拙劣作品中演绎出任何东西。但对公正的读者来说，我的推理（仅是解释了有瑕疵的事实）定会生出至少一个疑点。现在我来进一步提供证据。关于莎士比亚的妻子，我们几乎唯一知道的就是她比他大八岁。这种特殊的特质与阿德里安娜无关；此外，正是这个嫉妒的爱责骂的女人会讲述自己的最后一件事；这在剧中削弱了她的吸引力。然而，莎士比亚让阿德里安娜讲述了它。尽管如此，一些英国评论家对我的“假设”嗤之以鼻。莎士比亚的妻子患斜视眼，而阿德里安娜则承认她的眼睛有点斜视且并对此实情深感遗憾，即便我们知道这一点，这些贵族仍然会说简单的特征识别是偶然的巧合。

27 冒着显而易见的解释风险，我将在证据之上叠加证据，同时向我的对手预告，在我的军械库中还有更多的武器尚未使用。因为真理有一种奇怪的力量召唤我提供证据来支持它，而且在这个领域里，即使一百年后，也有可能被认为是一种权威，因此论资排辈变成了可怕的思想！教授的资料！

我将转录有阿德里安娜形象的几个场景，让我的读者首先注意到莎士比亚给阿德里安娜和她妹妹所描肖像之异。阿德里安娜的丈夫没回家，她因此烦躁不安，她是这样被介绍给我们的，她的妹妹劝她耐心。

阿德里安娜：我丈夫到现在还没有回来，
而且着急派去找他的奴才也没有了踪影！
露西安娜，现在已经是两点钟了。
露西安娜：也许是某个商人邀请他

从集市或什么地方直接就去吃晚饭了。
好姐姐，让我们一起用餐，不要烦躁：
男人是他自由的主人：
而时间是他们的主人，当他们看到时间的时候
他们会前去或返回；如果是这样，要有耐心，姐姐。
阿德里安娜：为什么他们的自由比我们多？
露西安娜：因为男人家总是要在外面奔波。
阿德里安娜：等着瞧，要是我这样待他，他准会受不了。
露西安娜：哦，做妻子的得服从丈夫的命令。 28
阿德里安娜：除了驴，没人愿受如此约束。
露西安娜：哎呀，任性的自由是一种伴着灾难的鞭笞。
你看地面上，海洋里，广袤的天空中，
哪一样东西能够不受约束限制？
无论走兽，游鱼，还是振翅的飞鸟。
只见雌的低头，哪有雄的伏小？
男人，更神圣，是所有这些的主人。
他们拥掌广阔陆地与狂野海洋，
凭着理智的感觉和聪明的灵魂。
男人远比游鱼和飞禽卓越杰出，
女人必须服从男人是天经地义，
你应该温恭谦顺侍候他的旨意。
阿德里安娜：正因为怕这种服从，你才不结婚。
露西安娜：不是怕这个，而是怕其他的纠纷。
阿德里安娜：但是，若你结婚，你就会经受某种统治。
露西安娜：在我学会爱之前，我要练习服从。
阿德里安娜：要是你的丈夫变了心把别人眷爱？
露西安娜：只等他回心转意，我会克制忍耐……

如此等等。

我认为，这个非凡的场景应该有其特有的教训。首先，一个未婚的妹妹几乎不可能像一个已婚妇女那样如此有耐心；其次，一个没有结婚的妹妹不太可能站在丈夫的角度说话；最后，还未曾有像露西安娜这样的未婚妹妹如此替男人说话，发表这样激情澎湃的长篇演说来反对自由，她本应该对那个出轨的丈夫说话，而不是对忠实的妻子说话。显然，莎士比亚是在让妹妹露西安娜不顾可能性地劝告并责备他的妻子，因为他希望这个女人被劝诫和被谴责。

29 阿德里安娜的嫉妒和急躁是自然的，因为露西安娜（Luciana）是不自然的。阿德里安娜在接下来的一场里与以弗所（Ephesus）的德罗米奥（Dromio）在一起时，又一次次地表现出同样的脾气和急躁。的确，在这里，她把自己的坏脾气带到了这样一个地方，她要痛打仆人，并且她的不像妹妹的妹妹再次责备她。

然后，在这个令人难以置信的场景中，阿德里安娜立即承认了自己的年龄，更糟糕的是，她还承认了它的毁坏效果：

> **露西安娜：**哎哟！瞧你满脸的怒气！
> **阿德里安娜：**他和那些娼妇贱婢们朝朝厮伴，
> 我在家里盼不到他的笑脸相看。
> *平凡岁月从我可怜的脸颊上带走*
> *迷人美貌*，从而他任我荒芜。
> 是我言谈无趣？还是才智贫瘠？
> 如果健谈和敏捷的话语能获好报
> 但他的冷酷无情把我的聪明磨损。
> 难道浓妆艳抹勾走了他的灵魂？
> 谁教他不给我裁剪入时的衣裙？
> 我这憔悴朱艳虽然逗不起怜惜，
> 剩粉残脂都留着他薄情的痕迹。
> 只要他投掷我一瞥和煦的春光，
> 这朵枯萎的花儿也会重吐芬芳；
> 可是他是一头不受羁束的野鹿，
> 他爱露餐野宿，怎念我伤心孤独！

冒着让我的对手发狂的危险，我必须指出，这个奇怪的演讲中的每一个词都能说明莎士比亚的婚姻生活。

30 首先要注意的是：没有一个嫉妒的女人会提到自己的年龄，如果她在

愤怒中提到它，那就说明它没有影响到她的美貌。但这个阿德里安娜承认她的年龄，也承认它剥夺了她的“诱人之美”，她基于事实而唠叨，实际上，她是一个“腐朽的美人”。莎士比亚对可怜的安妮·海瑟薇（Anne Hathaway）很残忍。

现在来听她演讲的第一行，“他的仆从”，阿德里安娜并不如女人易于嫉妒另一个女人那样，但我们很快就会发现很多，莎士比亚承认他对艳遇伴侣和一个观众的爱。我们来看第二行：她在家里急着等“一个愉快的表情”——当然，女人会说“一个爱的眼神”，这是莎士比亚又一次描画自己。没有人会认为这是过于微妙难懂的；它实际是很明显的，莎士比亚在几行后又进一步重复这个格调——阳光灿烂的外表：他在描述自己。那么，哪个女人会认为他会原谅她“无聊的话语”？以及她那“贫瘠的智慧”？这是莎士比亚对他妻子的指控，而且是再次指控。恐怕没有其他女人会如此承认：她所嫉妒的其他人都有“浓妆艳抹”，而她却没有。她宁愿把这作为向她妹妹解释为何她丈夫忽视她的主要原因，并非因为她的美貌消逝。

这其中的每一个词汇都是无意识的，是年轻莎士比亚本人的表白。令 31
人难以置信的妹妹继续说：

露西安娜：自我伤害的嫉妒！姐姐，徒然自苦！
阿德里安娜：人非木石，谁能忍受这样的欺侮？
我知道他已经爱上了浪柳淫花，
贪恋着温柔滋味才会忘记回家。
他曾经答应我打一条项链相赠，
看他对床头人说话有没有定准。
这样他才会适当亲近他的卧榻。
……
既然我的容貌不能愉悦他的眼睛，
我要悲悼我的残春，哭泣着死去。
露西安娜：真有痴情人愿作嫉妒的俘虏！①

① 译者注：此处的莎士比亚作品译文，部分是译者自译，部分借鉴了《莎士比亚全集》（一），第396—397页。

莎士比亚对他妻子的指责太缺乏判断力而与自己个性不符了，以至于证明他罪责明确，把他们的关系甚至在斜体标示的语句中描绘成肉欲接触。

后来，阿德里安娜说还有一件一定能释然的事，因为它阐明了莎士比亚自己：

> **阿德里安娜：**丈夫，今天我要在楼上陪你吃饭，
> 听你忏悔你种种对不起人的地方……

可以肯定的是，这些关于嫉妒心强、爱责骂的阿德里安娜的快照，与快乐的、充满阳光的、有着“种种对不起人的地方”的浪子莎士比亚的快照，可能会被完全接受。

但即使是这一系列的私人照片，在戏剧中出现时都是不相称的，也没有用尽所有的证据来证明：莎士比亚在这里把他与妻子的关系给我们做了一个完整的描述。

32 为他公平的思想和仁慈的脾气说了很多，意思是他不太满意自己把阿德里安娜描绘成一个嫉妒的责骂者，而责骂者却并未承认自己有些嫉妒的基础：带着真正的戏剧性的洞察力，他甚至还继续以她合理的论辩来丰富她的“贫瘠智慧”：

> **阿德里安娜：**好，好，安提福勒斯，你尽管皱着眉头，假装不认识我：
> 你是要在你相好的面前，才会满面春风的；
> 我不是阿德里安娜，我也不是你妻子。
> 想起从前的时候，你会自动向我发誓，
> 说只有我说的话才是你耳中的音乐，
> 说我才是你眼中最可爱的事物，
> 说只有握着你的手你才感到快慰，
> 说只有我亲手切下的肉你才感到可口。
> 除非我为你说话，为你看，为你触摸，为你切肉。
> 现在怎么了？我的丈夫，哦！
> 你怎么这样魂不守舍，忘记了你自己？

我是说你本人，我感觉好陌生。
我们两人已结合一体，无可分离，
你这样把我遗弃不顾，就是遗弃你自己。
啊，我的爱人，不要把自己从我身上扯掉！
要知道，我的爱，你洒入海洋的一滴水
要想再不增不减地原样收回，
那是不可能的了，
因为这滴水已然融入对方而无法区分，
怎么可能把你从我身上拿走，而不带走我的一部分呢？
若听到我有不端行为，奉献你的身子已被淫邪玷污，
那时的你将会多么愤怒①……

在这种情况下，她继续论争且恳求文字有好几页。 33

我现在必须把其他的段落留给我的读者，在这些段落里，阿德里安娜的特点一再重复且总是过分强调，我很高兴能抄录该剧结尾的惊人场面，在这里，莎士比亚最终完全泄露了自己的秘密，在这个场景中，住持尼引导阿德里安娜承认她嫉妒的唠叨，然后羞辱她。这个场景根本与剧情不协调，它不能推进发展，反而会拖延行动；这是一个只能解释为由莎士比亚个人痛苦所带来的污点和大错：

住持尼：这个人狂躁有多久了？
安德里安娜：这一周他一直心事重重，悲哀忧伤。
与从前的他完全不同：
但直到今天下午他才冲动
愤怒发作到极点。
住持尼：他没有船只失事、损失很多财富吧？
还是最近死葬了亲朋好友？该不是看中谁家女人
而游荡在苟且私情中吧？
因为年轻人爱犯这种毛病，

① 译者注：此处的莎士比亚作品译文，部分是译者自译，部分借鉴了《莎士比亚全集》（一），第402页。

谁把他的目光吸引，如此专注？
这些悲伤中的哪一个，才是他所遭受的呢？
安德里安娜：不为别的，只为最后那个原因；
也就是说，他生爱于外，无心恋家。
住持尼：那你应该申斥他。
安德里安娜：是啊，我是责备申斥他了。
住持尼：喔，但是程度还不够狠。
安德里安娜：谦虚允许的，我都用尽了。
住持尼：或许你只是私下数落而已。
34 **安德里安娜：**当着众人面，我也斥责过他。
住持尼：哦，但这还不够让他有羞辱感。
安德里安娜：这是我们日常的内容：
在床上，他被我催促地不能入睡；
吃饭时，他被我敦促地不能下咽；
没有旁人的时候，申斥说教便是我的主题；
当着别人指桑骂槐地警诫他；
我总是对他说那是一件干不得的坏事。
住持尼：所以，他才疯了。
妒妇吵闹，释放毒液
其毒性远比疯狗的牙齿厉害①……

如果有人在面对这样精心创设、表面不偏不倚，实际又毒辣深透的谴责时，还坚持认为阿德里安娜并非指涉莎士比亚的妻子？那他至少应该考虑以其他方式在该故事的几百个惊人事实中去寻找，它们确实可以为我的“假设”做完美而轻松简明的解释。

莎士比亚甚至没有让我们怀疑他作为丈夫对妻子的态度。从一开始，

---

① 译者注：其英文原文为“Abb. And therefore came it that the man was mad；/The venom clamours of a jealous woman/Poisons more deadly than a mad dog's tooth...”这样三行，朱生豪先生对这三行的对应译文是“所以他才疯了。妒妇的长舌比疯狗的牙齿更毒”。[《莎士比亚全集》（一），第438页] 也就是说，朱生豪先生忽略（删略）了原文的“妒妇吵闹，释放毒液”这句话的意涵，而这话对于理解莎士比亚的隐含表达意图是很重要的。这里连续的诗行引文主要出自朱生豪译本上述页码。

正如我在其他地方所证明的，他就已经挑明了自己的真实身份是以锡拉丘兹（Syracuse）的安提福勒斯（Antipholus）出现的，这是安提福勒斯－莎士比亚（Antipholus－Shakespeare）在给安德里安娜（Adrliana）说话：

> 她那样叫我丈夫，实际是我的灵魂
> 遭妻子厌恶的替身……

现在再没必要谈论剧中对妻子的这个厌恶了。相反，安提福勒斯得到了阿德里安娜的善待。

她带他去吃晚饭，对他很好。我们如何解释这种无理的、过分强调的 35
谴责？我们怎么能解释，除非你注意到一个事实：可怜的莎士比亚正在考虑他自己的被迫婚姻和他嫉妒、责骂、暴力的妻子？

我们很快就会看到莎士比亚的包办婚姻的情形，以及他与妻子不愉快的关系，正如我的书《男人莎士比亚》中所叙述的那样，一次次地在这些早期作品中浮现。我们在最不可能的地方发现了隐晦的光，以此作为参考资料。

现在该把《爱的徒劳》（*Love's Labour's Lost*）纳入考虑了，但以我现在的观点来看，如此彻底修正1597年，此处不好处理，除非说，公主和她的任何一个除罗瑟琳外的小姐，压根儿就没存在过。她们都仅是一个人物形象，介绍进来是为了展示莎士比亚的智慧的。的确，罗瑟琳从头到脚都是鲜活的，但她的性格，完全由于后来的修订，必须在以后被考虑。

我可以更简略地驳斥《理查二世》，它里面没有值得一提的女性肖像。

我可以尽快忽略作为《亨利六世》（下）之续篇的《理查三世》，若 36
非第一幕中的伟大场景——葛罗斯特（Gloucester）向安妮（Anne）的求爱，则柯勒律治宣布《理查三世》不是莎士比亚作品的话题就可以考虑了。可柯勒律治并没告诉我们，那还有谁可以构思这个美妙的场景。他对自己这一赤裸的否定很满意，当然教授们也跟着他掉进阴沟。可怜而乏力的柯勒律治没法对这一美妙情节中的精湛生活产生共鸣，驼背的胆大妄为使他反感，所以他拒绝把这一幕归因于他的偶像。

理查德与他谋杀的那个人的遗孀的婚姻，是由霍林斯赫德（Holinshed）不作评论地记录的。这是生活中几乎难以置信的事实之一，但唯有天才尝试在艺术中使用或予以解释，而不是轻松地度过困难，或者忽略莎士比亚热切表达的所有提说。他的困难在于找到立足点与有利论据，这使他能表达他年轻时对女人的蔑视，以及他对男人成功大脑与熟练机巧的钦佩。这个事件变成了他最伟大的场景之一，成为一个令人难忘的画面。

37 这一精彩情节延缓了行动，但理查德带着这样的紧张生活于其中，他的求爱是如此精湛，他的无视他人的勇敢表达令人震惊，以至于我们后来再没看清他，而只有这种刺眼的强光。整个场景无疑属于大师；没有人能做这样的工作。

在开始的时候，理查德展示了一只野猫的动作柔软的凶猛。他先是命令，然后威胁，然后谄媚奉承地转向安妮：

甜美的圣徒，发发慈悲吧，别那样不情不愿，

下一页上，他祷告说：

请您屈尊赐爱于我吧，圣洁的、完美无缺的女人……

消除了所有的疑问：这都是莎士比亚的，也是最具特色的。理查德继续谈论“美丽的遗迹……你那神圣的脸，把我放在……”把爱德华描画为“大自然的慷慨赏赐”——每一次触摸，都是纯粹的莎士比亚。他甚至用一声“呸”［我们已经在典型的莎士比亚风格的、给《亨利六世》（上）里的萨福克身上见到］让我们在罗密欧身上再次见到他的风格。场景中的每一个词都是莎士比亚写的；令人惊奇的是，正如理查的肖像一样，安妮的肖像一点也不清晰。

38 她一开始就咒骂，有点像玛格丽特的扰人啰唆；但这仅仅暗示了个人的生活。当理查德告诉她，他会杀了自己，安妮受到触动，于是她出现了性格描绘式的话：

我想知道你的朋友们，

一次好的冲击，没别的。她变得欢欣而有人情味，这太突然了；她是

一个阴晴不定的女人，仅此而已。

这幅描述安妮的粗略肖像，以及莎士比亚明显的蔑视，为我们真实解释了这一场景。他的虚荣心伤害了他的不幸婚姻；他与妻子邪恶混战并被打得遍体鳞伤，被迫逃离；但他仍然坚信男人是主人：他反复重复这一思想以强化自己的信念：

> 她是一个女人，因此可以去爱；
> 她是一个女人，因此可以不败。
>
> ——《泰特斯安特洛尼克斯》

还有：

> 她是个美人，所以值得去爱；
> 她是个女人，所以定能不败。
>
> ——《亨利六世》（上）

还有一处： 39

> 我说，有舌头的人不是人。
> 如果他不能用舌头赢得一个女人的话。
>
> ——《维洛那二绅士》（*The Two Gentlemen of Verona*）

最后，理查自己喊道：

> 这种脾气的女人，有人爱吗？
> 这种脾气的女人，还能赢吗？

显然，莎士比亚的意思是通过理查的胜利向我们展示，用奉承话语来征服和赢得一个女人是多么容易，甚至一个女人会因为悲伤和怨恨而发狂。这是年轻诗人对其受伤之自豪的慰藉。

在我试图从另一部剧作引证该观点之前，我想评说的是，《理查三世》里的其他女性人物没有比安妮更吸引人的了。约克公爵夫人和伊丽莎白·拉芙王后都悲叹道：他们中的任何一个人都没有单独的生命。

《驯悍记》（*The Taming of the Shrew*）中的女性角色几乎不值得考虑。凯瑟琳娜和布兰卡也都不值得被称为女性肖像；我们只知涉及她们的一两点，寡妇甚至都没有轮廓。

40 但是该剧本身还有另一个更深入的趣味，它能吸引我们看清莎士比亚的生活和性格。尽管它在舞台上取得了巨大的成功，而且事实是它已经在大众喜爱乃至我们的时代中占据了一席之地，这是一个不幸的可怜闹剧，而该主题完全不与其主人配称。有些剧本台词读起来不像他的，但他的手法痕迹却在凯瑟琳娜和彼特鲁乔两者间的场景中显露出来；事实上，《驯悍记》就是他的作品。人们不禁要问，为什么莎士比亚总是把手法痕迹放置在这样一个微不足道的问题上？对这个问题的回答，使用于那些相信如下观点的人：莎士比亚自己娶了一个爱嫉妒、暴脾气的谩骂者，不愉快的婚姻令他倍感挫败。别的他都看不到，只能看到这个：在这个剧本中，他将通过展示如何驾驭一个泼妇来安慰自己的骄傲；暴力如何能被暴力压制。从这个视角来看这部戏的那一刻，其潜意识中的目的性便会在你脑海里清晰起来，而其错误也都被解释通了。当凯瑟琳娜听从她的丈夫时，霍坦西奥问：

……我好奇它预示着什么？

而彼特鲁乔回答说：

婚姻，和平，以及爱情与平静的生活，
可怕的统治和权利至上；
不，简而言之，那该是叫甜蜜与幸福吧？

41 没有别的办法，但作为对受伤的虚荣心的一种慰藉，你可以此解释一下凯瑟琳娜对其他夫人演讲时令人惊愕的愚蠢，这一点使该剧在第五幕第二场达到了高潮：

呸，呸！把那充满威胁的无情的蹙眉舒展开来。
也不要两眼轻蔑、恶狠狠地看人。
只为杀伤你的主人，你的国王，你的统治者……
* * * *　* * * *

若一个女人的状态，像一眼出了故障的喷泉。
泥泞黏糊，晦暗病容，粗笨呆板，毫无美感；
面对如此观感，任谁也不会饥渴难耐
愿意屈尊啜饮或触摸一滴……

即便头脑中有了解释，人们也会惊奇地发现，莎士比亚会怎样严肃地写下这般胡言乱语；可他又继续胡言乱语了30行：

履行这种义务如同王子受限
即便此种女人，对丈夫也是如此。
当她刚愎固执时，暴躁易怒，阴沉不语，乖戾难测。
不愿遵从丈夫的诚实意愿。
她，就是个邪恶而难缠的反叛者
不就是个粗野的、逃离爱情主帅的叛徒吗？……
＊＊＊＊　＊＊＊＊
来吧，来吧，你这刚愎顽固、徒劳无益的可怜虫！……
＊＊＊＊　＊＊＊＊
然后把你的胃倒出来，因为它不是臭靴子。
把你的手放在丈夫的脚下……

任何一个知道莎士比亚的人，都会在这个愚蠢的长篇大论的每一行，找到一种个人情感的强调。

为证明我的解释是正确的，可能得进到微小细节上。莎士比亚写 42
完这篇凯瑟琳娜的惊人演讲后，他把笔扔在一边了；这部戏的最后十行，或大多数剧行似乎是由另一只手写的。当凯瑟琳娜足够低声下气地被降服时，他的兴趣消失，就把闹剧抛到一边了。他就是希望借此摆脱妻子的坏脾气、嫉妒和泼妇行为在他身上滋养出的那种愤怒的怨恨与愤怒本身。但在他的一生中，她印刻在他脑海中的憎恨已经多得装不下了。

我必须在这里考虑他两三年后写的一部剧本，因为尽管该作品属于快乐时光，属于他在伦敦真正的成功潮头，但他再次涉及家乡斯特拉福

(Stratford)，再次提到酸涩记忆中的妻子，显示出这位诗人的生活与他的艺术交织得多么紧密。

基本可以确定《约翰王》(*King John*) 的写作时间约是1596年。就在1596年，莎士比亚第一次回访他阔别了八九年的斯特拉福：他很可能是被他儿子哈姆奈特 (Hamnet) 病重的消息召回的。儿子的死在莎士比亚脑海里刻下了极深的烙印。

43 莎士比亚的《约翰王》不再是我们依旧着迷的旧戏《约翰王的烦恼统治》(*The Troublesome Reign of King John*)。在该旧戏中，康斯丹丝 (Constance) 被认为是一个脾气暴躁的人，而亚瑟 (Arthur) 则是一个十八九岁的大胆青年。但莎士比亚把亚瑟变成了一个年轻的男孩，其所有喜好与柔情都像女孩，同时又把康斯丹丝强硬化为一个“疯子”。展现在我们面前的康斯丹丝是一个脾气很坏的人，这样一个狂暴的、爱唠叨的悍妇，不得不让我相信莎士比亚又想起了他自己的妻子。因为在使康斯丹丝成为一个泼妇的过程中，并无发泄对象；随后，莎士比亚把她描画为一个哀悼独生子的母亲，显然是试图把她所有痛苦的悲怆都释放出来，所以，他本可以做得更好：不要一开始就把该女人塑造为一个无法忍受的责骂者而无人同情。但他在斯特拉福时，妻子就在他眼前，他禁不住描绘了她发怒的狂野冲动。康斯丹丝与安德里安娜的脾气一样坏，这是一个很好的交易。

44 从艺术的角度来看，康斯丹丝的坏脾气要更意味深长。毕竟阿德里安娜自己的坏脾气有一些原因。她热情地爱着，疯狂地嫉妒着，而她的丈夫却忽视了她；但这个康斯丹丝是并无此种任何理由的狂暴泼妇。因此，我们不能理解她的坏脾气；我们只是不喜欢她，因此在她痛苦时并不怎么同情她。

康斯丹丝在第二幕开始时上场。起初，她非常感谢菲利普王 (King Philip) 和奥地利对她的帮助，并建议保持克制与和平。过了一会儿，她开始激昂地演说并愤怒起来；即使是她温柔的儿子亚瑟也不得不责备她：

> 我的好妈妈，别说了吧！
> 我但愿自己躺在坟墓里；

我是不值得你们为我闹起这一场纠纷来的。[1]

但什么也阻挡不了康斯丹丝的舌头。她的咆哮甚至比玛格丽特的咆哮更恶劣，直到最后约翰王阻止她说：

疯妇，闭嘴！

她回答约翰王：

我只有这一句要说……

然后，满含愤怒地继续说。她确实像艾莉诺（Elinor）所说的那样，是一个“率性的谩骂者”……奥地利责备她，最后菲利普王（King Philip） 45
喊道：

静下来，夫人！停止你的吵闹，安静点儿吧；

在第三幕的开端，她再次出现。她从萨立斯伯雷伯爵（Salisbury）那里知道了法英之间已达成和平共识，她的脾气又暴露了出来：

去结婚啦！去缔结和平的盟约啦！
虚伪的血和虚伪的血结合！去做起朋友来啦！
路易将要得到白兰琦，白兰琦将要得到这几州的领土吗？
不会有这样的事；你一定说错了，听错了。……

在持续了一页左右之后，在该应变中，她开始攻击带来信息的萨立斯伯雷伯爵（Salisbury），因为他带来了这个消息：

家伙，去吧！我见了你的脸就生气；
这消息已使你成为一个最丑陋的人。

① 译者注：《莎士比亚全集》（二），第632—633页。

萨立斯伯雷：好夫人，我不过告诉您别人所干的坏事，
我自己可没有做错什么呀。
康斯丹丝：那坏事的本身是那样的罪大恶极，
谁要是说起了它，也会变成一个坏人。
亚瑟：母亲，请您宽心点儿吧。……

但什么也不能让她满足。她唠叨了一页又一页，一会儿反对菲利普，一会儿反对奥地利，直至有人想知道王子的立场。当教皇使臣潘杜尔夫主教（Pandulph）走进来的时候，她告辞去诅咒：

啊！让我的咒诅也成为合法吧！
让我陪着罗马发出我的咒诅！……

46 除了是一个愤怒的、咆哮的咒骂者，她不是别的。

突然，那声音洪亮的声调平静了：亚瑟（Arthur）一被捕，她就立刻断定他已经死了；早在赫伯特（Hubert）和亚瑟之间发生那著名的一幕之前，她就已经为失去孩子而悲伤了。她的悲伤痛苦真切可感，引人动容，从而由一个愤怒责骂者变成了我们文学中的一个伟大的悲剧人物。

起初，她并没有真正注意到这一点。当菲利普王劝她克制和安心时，她就咆哮：

不，我蔑视一切的劝告，一切的援助；
我只欢迎那终结一切劝告的真正的援助者，
死，死；啊，和蔼可爱的死！
你芬芳的恶臭！健全的腐败！
从那永恒之夜的卧榻上起来吧。
你幸运的憎恨和恐怖![1] ……

如此等等，诗人讲得很质朴，可仍并非那个精神。但一当康斯丹丝想到她的儿子，她的声音就立刻沉湎于悲哀与忧伤，显出那种个性化的遗憾：

---

① 译者注：《莎士比亚全集》（二），第662页。

……我是吉弗雷（Geffrey）的妻子；
小亚瑟是我儿子，他不见了①。
我没有疯；我巴不得祈祷上天，让我真的疯了！
因为那时候，我多半会忘了我自己； 47
啊！要是我能够忘了我自己，我将要忘记多少悲哀！
教诲我一些使我疯狂的哲理，主教，
你将因此而被封为圣徒，红衣主教；
* * * * * * * * * * * * * * * * * *
每一次灾祸的不同的痛苦，
我都感觉得太清楚、太清楚了。

菲利普国王请她把头发扎起来，她又开始说了。

是的，我要把它们束起来；为什么我要把它们束起来呢？
当我扯去它们的束缚的时候，我曾经高声呼喊，
"啊！但愿我这一双手也能救出我的儿子，
正像它们使这些头发得到自由一样！"
可现在我却妒恨它们的自由。
我要把它们重新束缚起来，

---

① 译者注：这是第三幕第四场里的话。此处译文参考了朱生豪先生的译文，见《莎士比亚全集》（二），第663页。此处朱生豪先生对原文"Young Arthur is my son, and he is lost."的译文是"小亚瑟是我的儿子，他已经失去了！"译者认为："他已经失去了"不太顺畅，不是"他失去"而是"我失去了他"，结合原剧本的上下文来看，这里"lost"的实质性含义，应当是：被带离母亲而去向不明，很可能是囚禁关押（何况下文有"Because my poor childis a prisoner."这样的确定表述）。所以此处若译为"他已经失去了"有两个方面的不足：其一，"失去了"有"我已经失去了小儿子"即"我的小儿子已经死了"之意，与下文的"他被关押囚禁"（人还活着）的自我表述不符；其二，"lost"翻译为"失去"若侧重在"离开母亲"这个意涵，那么应该是"我失去了他"（主要是目前他被带离了"我"而去向不明，暗指母亲担心儿子可能再也不会生还），所以本书译者以为"他不见了"足以表达此时母亲的心情，故改译此句。本书很多莎翁作品的译文都直接引用朱生豪先生的译文，此处郑重表达谢意和敬意。但本书译者在尽量借鉴引用的过程中，每句英文的对应译文都是仔细思考斟酌过后的引用，但不排除少量句子的酌情改译。

因为我那可怜的孩子遭人囚禁限制①。……

此时，在冗长的斥责中呈现出截然不同的个性，而这种冗赘的责骂，甚至是在描述她自己的悲伤。但当她再次谈到孩子时，她心灵被触动了：

世间从未诞生过如此高尚的人物。②
可是现在悲哀的蛀虫将要侵蚀我的娇蕊，
逐去他脸上天然的美丽
他将要形销骨立，像一个幽魂
或像个发抖的疟疾病患一样脸色苍白、身体虚弱。③
他将要这样死去；当他从坟墓中起来。
我在天堂里会见他的时候
我再也不会认识他；所以我永远、永远
不能再看见我的可爱的亚瑟了！……

在我看来，这是莎士比亚自己的情感。那精彩的第一行：

世间从未诞生过如此高尚的人物。

毫无疑问，他会再次给我们呈现“高尚的”这一用词的。

48 当康斯丹丝的那种“母亲悲伤”仍旧趋高以至灵魂的哀伤时，我觉

---

① 译者注：《莎士比亚全集》(二)，第664页。朱生豪先生对原文“Because my poor childis a prisoner.”的译文是“因为我那可怜的孩子是一个囚人”。本书译者认为：“囚人”这一表述似太生涩，原文的“主系表”结构是可稍作调整翻译的，此处微调为“因为我那可怜的孩子遭人囚禁限制”。这样“限制”与上文的“束缚”所暗含的表意意图吻合；“囚禁”也与原文的“prisoner”原意吻合。重要的是，尽管康斯丹丝用了一个名词作表语，但其表意重心显然是在儿子的“被束缚”“被限制”“遭囚禁”与“被羁押”等这种被动的危险出境紧密相关，她的心理忧伤、行为反复及语言夸张，都与此有关，故本书译者认为：译为动态化的句子，更吻合语境和句意。

② 译者注：《莎士比亚全集》(二)，第664页。“世上从来不曾生下过这样一个美好的人物”，本书译者微调为“世间从未诞生过如此高尚的人物”。

③ 译者注：《莎士比亚全集》(二)，第664页。原文是“As dim and meagre as an ague's fit.”朱生豪先生译作“或是一个患虐病的人”。本书译者认为：其一，“虐病”一词不常见或是个生僻表达，不能被一般读者理解其为“疟疾病”；其二，译文中丢失了原作喻体中“dim and meagre”这个描述词汇，应当补译出来以凸显原作表达之意图（形象具体）——脸色苍白、身体虚弱；其三，“fit”这个词跟在“ague”（疟疾）后，应在其义项“发作”和“痉挛”之间选用，综上所述，整句话应译为“或像疟疾发作一样脸色苍白、身体虚弱”。

得，那就是莎士比亚再次发言，莎士比亚为自己痛失爱子而哀叹，至少在那最初的六行里是如此：

> 悲哀代替了不在我眼前的孩子的地位。
> 它躺在他的床上，陪着我到东到西。
> 装扮出他美妙的神情，复述他的言语。
> 提醒我他一切可爱的美点。
> 使我看见他的遗蜕的衣服，就像看见他的形体一样；
> 那么，我有喜欢悲哀的理由吗？[①]
> 再会吧；要是你们也遭到像我这样的损失，
> 我可以用更动听的言语安慰你们。
> 我不愿梳理我头上的乱发。
> 因为我的脑海里是这样的紊乱混杂。
> 主啊！我的孩子，我的亚瑟，我的可爱的儿！
> 我的生命，我的欢乐，我的粮食，我的整个的世界！
> 我的寡居的安慰，我的销愁的药饵！[②]

最后的七行是可怜可叹的话语，最后的四个词不合时宜，无法忍受；但前面那几行都是完美的，直到诗人试图把自己想象成康斯丹丝的性格。因为这个康斯丹丝生活在一种疯狂状态中，正如诗人负责告诉我们的那样，她也在狂怒中死去。多年来，莎士比亚经受着他那惯于怒骂的妻子的煎熬。

但通过这些书页中悸动的强烈情感，是莎士比亚自己的情感——他的 49
悲伤，他的丧亲之痛——戴着斥责人的面具而说出来的话。

他的小儿子肯定很可爱，因为他说了这样一句话：

> 世间从未诞生过如此高尚的人物。

---

① 译者注：这行原文是“Then, have I reason to be fond of grief?”朱生豪先生的译文是“所以我是有理由喜欢悲哀的”。本书译者认为：其一，原文的问句应当考虑保留；其二，原句应当译为“那么，我有喜欢悲哀的理由吗？”这样也与她正在接菲利普王的话（“你喜欢悲哀，就像喜欢你的孩子一样。”）相呼应。参见《莎士比亚全集》（二），第664页。

② 译者注：《莎士比亚全集》（二），第665页。

痛失爱子——年轻的哈姆奈特（Hamnet）的悲伤，伴随了温和的莎士比亚的余生。十四五年后，我们又在《冬天的故事》（*The Winter's Tale*）中见到了这种悲伤，在该剧中，剧作家描述了年轻的迈密勒斯（Mamillius），迈密勒斯以童稚魅力讲述童话故事从而迷住了每一个人，他凋谢于“思想高深而人太稚嫩”。

我只能把《约翰王》里的其他女性角色当作历史上的世俗人物：艾莉诺（Elinor）极尽木讷之能事，而白兰绮也好不到哪里去。

读者们会注意到，在这篇文章中，我和莎士比亚一起反对他的妻子。那儿有十多个能让我接受其观点的理由，进而认为她是最坏的一个泼妇；有这么一个也就够了。从琼生（Jonson）和切特（Chettle）那里我们知道，莎士比亚非常文雅且性情和蔼，他在描述自己的时候确实也是有理由的，因为他允许《错误的喜剧》里的仆人把他描绘成“易怒”的反面。

50 莎士比亚的这种温和是被其他事实证明了的。例如，他一次次地被板着面孔的琼生（Jonson）批评，有时有理由，有时干脆没理由；然而，他却一直拿琼生当朋友。他一生中也一直在把宽恕当作一种责任来宣扬，然而正如我在《男人莎士比亚》里所呈现的，他却把对妻子的厌恶，一直铭记到死。她是他永远不会原谅的人。我确信苏格拉底的赞西佩（Xanthippe）并不比安妮·海瑟薇（Anne Hathaway）更暴力。

第三章 《仲夏夜之梦》《维洛那二绅士》《终成眷属》 51

安慰虚荣：女人好有魅力！

我想，前两章针对莎士比亚最早试图刻画女性的话题我已说得够多了，没有其他大师能比他把女人描画得更糟糕。尽管他极富感性天资和无与伦比的演讲天才，他的首张素描要多糟糕有多糟糕。不用说糟糕的圣女贞德（Joan of Arc），一个大人物在二十六七岁时，能够满足于把像泰摩拉（Tamora）或一个典型的性伙伴形象如玛格丽特王后（Queen Margaret）这样的人仅是当作普通朋友来对待，这让人很难理解。《爱的徒劳》里健谈的王妃及其侍女，无数贵族妇女及早期历史剧中的重要女士，都只是像牵线木偶一样呆板。

他那以安德里安娜形象出现的好嫉妒、爱责骂的妻子肖像，是其中蕴含其个人生活的第一张草图。他不幸的婚姻使他早期的工作黯然失色。我们已经在《亨利六世》（上）（*First Part of King Henry VI.*）里萨福克向玛格丽特的求爱中觅到踪影。

它主导了整个《错误的喜剧》（*The Comedy of Errors*）；它激发了《理 52
查三世》（*Richard* Ⅲ.）里驼背和安妮之间的重要场景；它提供了《驯悍
记》（*The Taming of the Shrew*）的主题，并解释了该剧其他令人费解的长
篇大论——强调妻子不要只做丈夫快感的屈从物。

甚至凯瑟琳娜（Katharina）的卑屈与安妮（Anne）的顺从也不能让莎士比亚满意。他接下来会一部接一部地在剧中给我们呈现女士是怎么追求

男士的。我禁不住考虑到，一面是驯服女性、胜过她们，另一面是诸多照片上一个接一个的女孩在追求英雄、忠诚地奉献对方。这不只是对莎士比亚那受伤的虚荣心的安慰，更可能是青年莎士比亚早年在伦敦征服女人的结果。

莎士比亚在各个领域的成功都令人震惊。他二十二三岁时来到泰晤士河南岸区，是个无名的乡下小子，可在五六年内，他一跃成为当时首屈一指的诗人和剧院之主。

53 他不仅感性、俊美、彬彬有礼，而且拥有天才的光环；他也很有钱，可以邀请女士们去剧院看他写的戏。可以肯定有来自各方面的女人向他示爱。他身上仍有一种古老创伤的小酸痛阵阵发作，这使他渴望着沉湎于胜利，因此，他在《仲夏夜之梦》（*Midsummer Nights Dream*）中，在《终成眷属》（*All's Well that Ends Well*）和《维洛那二绅士》（*The Two Gentlemen of Verona*）的第一幅画中，为我们画出这些女人的肖像，在所有这些戏剧中，男英雄受女主角献殷勤、追求。

这组剧作显示了莎士比亚艺术知识的增长是可观的。他与妻子的生活使他蒙羞而被激怒；但毫无疑问，他的眼界被打开，受教而明白：所有的女人都不像他想象中的那样。在伦敦的早期快乐时光，当他开始成功地锻炼他的技艺并披荆斩棘地走向表演一线时，他的经验就更丰富了。他艰苦地花费很多日子改造格林（Greene）等人的旧戏；他曾写过数千首激情诗篇，最重要的是，他曾就《亨利六世》（Henry Ⅵ.）问题与马洛（Marlowe）在同一张桌子上工作过。他曾与巴道夫（Bardolph）、皮斯托（Pistol）和福斯塔夫（Falstaff）在丹木·葵可立（Dame Quickly's）度过了多个狂野之夜。

54 他遇到了生活的主人，他面见了英国的掌权者，以及南安普顿市和埃塞克斯郡的头面人物，幸会了他们那些迷人的、容易相处的朋友们，如今正处于第七轮成功的顶峰。南岸区的风流女生为能博他一笑而深感骄傲，他的到访令富裕的城市贵妇心旌摇荡，即便是崇高宫廷的女士们也对这位年轻英俊的诗人有亲切的问候。阳光明媚的幸福日子催熟了果实，但它需要一场风暴把它摇落树下。这对莎士比亚和我们来说都是好的，因为他的自负和满足都已到了秋天。1596 年或 1597 年的晚些时候，他第一次见到了那个将改变他的世界的女人。我们可以结合其作品中来讲述他见到该女人时的那一刻。一见到她，他就试着描画她，并立刻放弃了他原来一直错

用给女主角的那类模型。从此时起，他的精神成长是惊人的——一种持续旺盛的火焰般的努力热情节节攀升。再没什么比莎士比亚的灵魂在激情的狂热中如此离奇地成长与发展而使其文学创作受益满满的事了，也少见比它更有趣的乐子。我猜想《仲夏夜之梦》的创作时间是自 1594 年起的，我愿意把它看作莎士比亚三十岁时的创作。

这出戏有它自己的浪漫个性。这是一个迷人的童话故事，剧作家的妙 55
手开始在描画女士肖像中显露自己的本领。起初，事实上她们与自己的后来并无区别：在初期场景中，赫米娅（Hermia）可能就是海丽娜（Helena），而海丽娜（Helena）可能就是赫米娅（Hermia）；因为她们在恋爱中都是绝望的，这是我们所知道的全部。赫米娅对拉山德（Lysander）的感情很满意，而海丽娜则很伤心——因为狄米特律斯（Demetrius）对她不屑一顾。

但这些都是环境的不同，而不是性格的差异。赫米娅开始谈论她的稳重与贞洁，因为莎士比亚所有的英雄式女孩都能说会道、轻视可能性；海丽娜也把赫米娅恋着拉山德的事告诉给狄米特律斯，因此导致她爱的男人与她的对手之间蔑视对方人格的碰面。

在所有这些情节中，没有任何性格描画的迹象。但当赫米娅和海丽娜在第三幕第二场中争吵时，他们在这一刻明显有了区别，奇怪的是，莎士比亚试图通过对比这两个女孩的形象和脾气来区分她们。赫米娅显示为娇小的、热烈而勇敢的，而海丽娜则是高挑的、温柔而懦弱的。

> **海丽娜：**先生们，虽然你们都在嘲弄我。 56
> 但我求你们别让她伤害我；我从来不曾使过性子；
> 我也从来不懂得跟人家闹架儿；
> 我是一个胆小怕事的女子。
> 不要让她打我。
> 也许因为她比我矮些，
> 你们就以为我打得过她吧。①

过了一会儿，她再次回顾了这一差异，并强调了同样的特点：

① 译者注：《莎士比亚全集》（一），第 713 页。

海丽娜：啊，她一发起怒来，真是又凶又狠！
在学校里她就是出名的雌老虎；
很小的时候便那么凶了。①

这是在剧中唯一能找到的人物性格描画。然而，这足以达到它的目的。对比素描能完美保留迷人的蠢笨，而且除此之外，还向我们展示出莎士比亚开始意识到把女人作为个体来刻画的必要性。就在那一刻，这两个满载爱的女孩，海丽娜和赫米娅，为我们而活——争吵、求爱、接吻——然后我们就在一片绿色森林的林间空地上看不见她们了；因为当仙后提泰妮娅（Titania）带着她的那些穿着金色外衣的花仙子走过时，她的目光移走了。我们努力去窥一眼迫克（Puck）的快乐败退，而织工波顿（Bottom）作为哑剧演员的领头人，则像狮子一样吼叫，仙女们在月光映照下的空地上飞舞，地上盛开着挂满露珠的花朵。

57 就像《仲夏夜之梦》一样，《维洛那二绅士》以害相思病的少女及其对所选择的男人进行厚脸皮的追求而著称。教授们说，这写于《仲夏夜之梦》之前，但我不认为如此。赫福德（Herford）教授说："它与《仲夏夜之梦》的措辞和形式在某种程度上有着惊人的相似，与《罗密欧与朱丽叶》也如此。"就对相关女性的性格描画而言，我们将会看到，《维洛那二绅士》与《威尼斯商人》的联系要紧密得多。这位教授接着断言，尽管"《爱的徒劳》有着出众的戏剧结构，但可以肯定的是，它只具有莎士比亚手笔之微弱印记。"这只不过是一派胡言。《维洛那二绅士》从头到尾都纯粹是莎士比亚的，年轻的莎士比亚最具他自己的特色。我应该把该剧《维洛那二绅士》放到比《仲夏夜之梦》晚一些，最后一幕的后半段似乎在1598年就被修改了。从目前的形式看，这是一个比《仲夏夜之梦》更成熟的作品，至少在人物塑造方面是这样。

58 这两部作品的建构都是幼稚的，但从整个事实中，找不到关于构思该作之日期的确切信息：因为莎士比亚在结构方面总是粗心大意，也不擅长人们常说的舞台上的木工匠心。《维洛那二绅士》的内部建构就如同《仲夏夜之梦》一样不熟练。朱利娅爱上了普洛丢斯（Proteus），西尔维娅（Sylvia）爱上了瓦伦丁（Valentine），正如赫米娅爱上了拉山德，

① 译者注：《莎士比亚全集》（一），第714页。

海丽娜爱上了狄米特律斯一样。这部戏最大的困难是在幼稚的架构与成熟的女主角性格两者间形成统一，而海丽娜和赫米娅最初仅是艺名，而且从来没有被深入的研究过，《维洛那二绅士》里的朱利娅（Julia）被以惊人的现实主义与决心描画出来，她一出现就与我们生活在一起。让我们仔细研究一下这幅画里的朱利娅肖像，我们大概有了第一张女性素描（远景素描），莎士比亚一生都很喜爱。所有这一切的证明以后将会呈现；在此，人们必须对这种非凡的、无法估量的性格描画方面的进步，表达满意评价。

在第一幕第二场中，朱利娅上台来对自己的侍女露西塔（Lucetta）讲，正如鲍西娅（Portia）与尼莉莎（ Nerissa）在稍后谈到鲍西娅所爱的人一样，朱利娅（Julia）希望知道她侍女的意见，这涉及绅士中最有价值者：

每天我都会讨论……

当这些绅士被一一提及，露西塔一一否定，直到普洛丢斯的名字被点 59
到时，露西塔不仅否定了自己对这个人的爱，而且也否定了她对他的兴趣，露西塔（Lucetta）显然是拒斥主人从她口中得知自己对普洛丢斯的爱，露西塔赞美了普洛丢斯：

朱利娅： 可是他比其余的任何人都更冷冰冰的，从来不向我追求。

露西塔： 可是我想他比其余的任何人都更要爱您。

朱利娅： 他不多说话，这表明他的爱情是有限的。

露西塔： 火关得越紧，烧起来越猛烈。[1]

莎士比亚想要说服他的这位小姐，他那张口结舌的胆怯是其真诚的最好明证；虽然他肯定从未面对一个姑娘而自卑于自己的地位。接下来是我们已经注意到的一次接触，也是在《理查三世》里对安妮性格唯一一次现实性触及。莎士比亚不得不重复他在人物刻画方面的小“发现”，因为他

① 译者注：《莎士比亚全集》（一），第97页。

还没有太多的掌控：

> **朱利娅：**我希望我能知道她的心思①。……

安夫人向葛罗斯特说：

> 我希望我能明白你的心②。……

60 随后，朱利娅拒绝阅读普洛丢斯的书信，并以她的“端庄”来发誓此心已决，表现出传统的莎士比亚式女孩的举止。可当女仆相信她的话而离开后，这位朱利娅变了语调：

> **朱利娅：**可是我希望我曾经窥见这信的内容。
> 我把她这样责骂过了，
> 现在又不好意思叫她回来，反过来恳求她。
> 这傻丫头明知我是一个闺女，
> 偏不把信塞给我看。
> * * * * *
> 现在我必须引咎自责，
> 叫露西塔回来，请她原谅我刚才的愚蠢。
> 喂，露西塔！③

以此出色的笔致，书写朱利娅呈现给我们的焦躁本性，而这是莎士比亚笔下的女性角色们都未曾表露过的。剧作家在创造场景的过程中表现出了相当的独创性，在这些场景中，她可能会呈现出性格的新特质。他显然

---

① 译者注：《莎士比亚全集》（一），第97页。译者注：这是属于《维洛那二绅士》第一幕第二场开头部分的话语。

② 译者注：请注意，这句话出现在《理查三世》的第一幕第二场中后部分，其英文原文是“I would I knew thy heart.”从其措辞意思以及上文对《维洛那二绅士》的相同用语（“I would I knew his mind.”）来看，其意思应当是“我希望我能明白你的心。”但朱生豪先生在《理查三世》里的译文却是“我倒很想看看你这颗心。”[[英]莎士比亚：《莎士比亚全集》（四），朱生豪等译，人民文学出版社1994年版，第17页]简言之，区别在于对“knew”这个词的翻译，是译作“懂得、知道”还是译作“看看”，本书译者坚持认为：应当译作“明白、懂得、知道”中的“明白”一词较好。

③ 译者注：《莎士比亚全集》（一），第98页。

是在用恋爱的精妙智慧来研究这个姑娘，当露西塔回来的时候，朱利娅问她关于晚餐的事，而不是关于这封信的事，当她在迂回曲折一番后，终于接到了那封信，她把信撕掉，把碎片扔到一边，女孩的羞怯使她非常不愿把热情透露给侍女。

露西塔刚走出房间，朱利娅就一把捡起那封信，凝神盯视，亲吻着每 61
一条信纸片以表赔罪，这种幻想如此自然又可爱，以致我们能原谅它的暗示性，她叠好纸片以便诸如“可怜的被遗弃的普洛丢斯……激情四射的普洛丢斯”这样的表达，可以折磨“甜蜜的朱利娅”：

我就这样把他们叠在一起：
现在，亲吻，拥抱，为之奋斗，做你想做的。

在这个朱利娅的身上有很多充满激情的人性，她是不朽的朱丽叶的孪生姐妹，她也让我想起了鲍西娅的十几个特点。

当她的情人普洛丢斯到法庭时，朱利娅决定跟随他，现在她向她的女仆坦白，正如鲍西娅将向尼莉莎承认她对巴萨尼奥的爱。朱利娅为她的热情找到了一个美丽的短语：

你可知道爱的亲密接触。……

这个“亲密的”对我来说是令人愉快的。

当然，正如鲍西娅也要伪装成一个男人一样，朱利娅必须打扮成男人的样子，而莎士比亚第一次以更多细节来刻画这一形象。露西塔说朱利娅必须剪掉头发，可朱利娅不许这样；她愿意把自己的头发扎成“真爱结”。那么她就必须穿马裤了。女仆在这里很猥亵；但是朱利娅马上把她带了起来。

朱利娅：露西塔，就像你最爱我一样，请让我保持 62
你所认为最适宜的样子，这是最有仪态的。

正如《威尼斯商人》里鲍西娅把葛莱西安诺带起来一样，整个画面是令人震惊的，至少如鲍西娅的肖像一样复杂详尽，尽管并非在纸面上以同样生动、同等轻松的笔触来书写朱利娅的成功掌控。

在第四幕的第四场，当朱利娅发现她的普洛丢斯爱上了西尔维娅，她又一次找到了正确的词：

> 这桩可怜的爱是如此地倒错；

她叹了口气，立即把她的感情与普罗丢斯的感情做了对比，于是这位女子又为我们把自己的性格描画了一遍：

> 因为他爱她，他就藐视我；
> 因为我爱他，我必须同情他。

随后，这两个竞争对手朱利娅和西尔维娅相遇了，这是一个令人震惊的场面。西尔维娅问朱利娅：

> 她好看吗？

朱利娅回答：

> 小姐，她从前是比现在好看多了。
> 当她以为我的主人很爱她的时候，
> 在我看来她跟您一样美的[1]。
> ……
> 63 **西尔维娅：** 她有多高？
> **朱利娅：** 跟我一般高。[2]

当西尔维娅离开后，朱利娅在自己的独白里对此人进行了总结：

> 她是一位贤淑美丽的贵家女子。
> 她这样关切着朱利娅，

---

① 译者注：《莎士比亚全集》（一），第160页。

② 译者注：这里朱生豪先生把“How tall was she?”和“About my stature.”这两句翻译为“她的身材怎样?”和“跟我差不多高。”［《莎士比亚全集》（一），第160页］本书译者认为不妥，“tall”是身“高”，而且结合下文也是如此，而非其译文中的身“材”。

看来我的主人向她求爱是没有多大希望的。……

朱利娅同时也描画了自己：

我想，我要是也有这样一顶帽子，我这面庞
和她的比起来也是一样可爱；
可是画师似乎把她的美貌格外润色了几分，
否则就是我自己太顾影自怜。
她的头发是赭色的，我的是纯粹的金黄；
他如果就是为了这一点差别而爱她，
那么我愿意装上一头假发。
她的灰色的眼睛像水晶一样清澈，我的眼睛也是一样；
可是我的额角比她的高些。①

然后，她拿起情敌的照片并对她十分自然地说话，莎士比亚笔下的女主人公们还没有一个是这么交谈的：

看在你所爱的人的面上，我要善待你。
何况你也待我友善；否则，我会对天起誓
定将剜下你那双视而不见的眼睛，
好让我的主人不再爱你。②

这里对朱利娅的脾气触及是很出色的。朱利娅的性格一直保持着，即使她以男孩子装扮的最后一幕的表演中，尽管其性格略有修改，她仍然充满活力、富于机智，她对她所爱的人说：

普洛丢斯啊，你看见我这样装束，也该脸红了吧！ 64

① 译者注：《莎士比亚全集》（一），第161页。

② 译者注：朱生豪先生对原文为“I'll use thee kindly for thy mistress'sake. /That used me so; or else, by Jove vow/should have scratch'd out your unseeing eyes. /To make my master out of love with thee!”的翻译是“可是因为她没有错待我，所以我也要爱惜你、珍重你；不然的话，我要发誓剜下你那双视而不见的眼睛，好让我的主人不再爱你。”［《莎士比亚全集》（一），第161页］本文译者认为朱生豪先生明显地忽略了原文中“ for thy mistress'sake”这个意涵，朱利娅是因为太爱普洛丢斯了，进而对其所爱的女人西尔维娅也高抬贵手。

> 我的衣著是这样的不成体统，如果为了爱而伪装是可羞的事，你的确应该害羞！
>
> 可是比起男人的变换心肠来，
>
> 女人的变换装束是不算一回事的。①

剧中的这个朱利娅从头到尾都是为我们生活的——作者为她画了一幅非常细致的全身像，这让我一次又一次地回想起鲍西娅，以致让我乐于相信，这两个女人就是同一个女人。当我研究鲍西娅时，这一相似性的全部意义就不得不被抽提出来。在这里我只能提请大家注意这样一个事实：朱利娅，是莎士比亚在这一领域的第一个成就，他的第一个女性肖像，不涉任何个人生活。想想看，这幅肖像应该与后来那种修正类型同属一类，除非这一整部戏②的日期比以往见到标注的任何日期都要晚，甚至在第一次出现的版面整理活动之后。

除了最后一场戏外，对朱利娅的描画一直比该戏的其余部分都要出色，最后一场是后来修改的。另外，西尔维娅完全没有个性：她稳重、温和、可爱、忠诚，仅此而已。

65 现在我们来看一出很特别的戏，《终成眷属》。这是女主人公以她的爱恋追随男主角并最终赢得了他的最新一出戏，除非我们确实把《第十二夜》作为同一主题的另一种变体，可我无意这样做。就像《维洛那二绅士》一样，《终成眷属》是一部经过了大幅度修改的早期戏剧，但与《维洛那二绅士》不同的是，修订版并不成功，我想部分是因为它修订得不太彻底；部分是因为该修订比早期素描要晚得多，所以矛盾偏差形成对比。当莎士比亚在《维洛那二绅士》里修订朱利娅时，他把她所有的特点凝成一条，他的眼前已有模型。但当他修改《终成眷属》中的海丽娜（Helena）时，他把他带有愚蠢自负的早期素描的很多成分留存了下来。这些早期素描，受语词机巧与字母押韵的影响，这些怪癖特质，不只与后来的笔触不协调，且致使后来的人物肖像完全难以辨认。由于这些以及其他原因，我更倾向于后来推迟对《终成眷属》的批评，直到我能考虑到修改它

---

① 译者注：《莎士比亚全集》（一），第169页。

② 译者注：这部戏就是指《维洛那二绅士》。

的适当地方。但在确实正在修改中的第一张速写草图中，海丽娜[1]被描述为厚着脸皮执着追求勃特拉姆（Bertram）伯爵的一个女性，正如萧伯纳先生（Mr. Bernard Shaw）笔下的女主人公所表现的那样。在莎士比亚的人物样例中，至少这一过程可被看作是对受伤的虚荣心的一种安慰。

对我而言，在我们所有读到的莎士比亚作品中，莎士比亚不是别的， 66
是超人；没有别的，只是一种无可言喻的才能使其美名超越别人的名字：朱利娅（Julia）以非常诚实与细致工作而醒目；理查德（Richard）令人惊讶的求爱；泰坦妮亚（Titania）与博特姆（Bottom）的欢快；康斯丹丝（Constance）令人难忘的悲伤；年轻的亚瑟王子美貌超绝。但这些都是独立的特征与角色，而且，也许其中没有一样能超出其他诗人的能力。可这种角色与人物特质的范围之宽广程度，已然仅莎士比亚所独享了。现在，在《罗密欧与朱丽叶》中，我们将第一次踏上通往莎士比亚王国的愉悦路途。

---

① 译者注：海丽娜这个名字在《终成眷属》与《仲夏夜之梦》中都有。但角色区别明显：《终成眷属》里的海丽娜，是寄养于罗西昂伯爵夫人（勃特拉姆之母）府中的少女；《仲夏夜之梦》里的海丽娜，是恋着狄米特律斯的那个姑娘，但是她所爱的人狄米特律斯却恋着伊吉斯之女赫米娅。

67

第四章　朱丽叶、鲍西娅、比阿特丽斯、罗瑟琳、薇奥拉

从理想主义视角研究他的爱情。

我一直认为《罗密欧与朱丽叶》就像伦勃朗被称作《夜巡》[1] 的那部作品，它满是微瑕，可这些瑕疵却都被神圣的美德所赎偿。像伦勃朗一样，莎士比亚也做过其他一些更伟大的事情，但他从来没有做过任何一件比该作品里的仁慈更令人愉快的事，那是一种无法超越的亲近与更能感染人的吸引力。

在第100次通读《罗密欧与朱丽叶》之后，我想说的是，莎士比亚给朱丽叶的画像比任何其他诗人所画的任何女性画像都要精细。索福克勒斯的《安提戈涅》受到过极大的赞扬，但毕竟，我们知道安提戈涅的什么呢？我们知道她是高尚的、勇敢的，知道即使她的生命支付了惩罚，她也将埋葬她的兄弟，知道她即使面对愤怒的克瑞翁（Creon）与死亡的威胁，她还是那样有着大理石般的坚定决心。但我们还知道她的其他什么呢？当我们看到与这栩栩如生的、呼吸着的、悸动着的朱丽叶并肩比照时，安提戈涅只留一个无情的轮廓。

---

① 译者注：伦勃朗·哈尔曼松·凡·莱因（Rembrandt Harmenszoon van Rijn，1606—1669）是欧洲17世纪最伟大的画家之一，也是荷兰历史上最伟大的画家。他出生于莱顿市，代表作是《木匠家庭》《夜巡》《三棵树》《浪子回头》等。

相比而言，甚至歌德（Goethe）的格雷琴①（Gretchen）也只是一个简 68
单的素描。是的，格雷琴是钟情的、迷信的，她轻信且易被自己喜欢的人感动，但是爱恋是她的全部性格。爱的疑惑，令她痛苦；爱的失去，令她绝望。若非歌德以其精湛的诗歌技艺（更高的诗歌技艺尚未被文学史发现）为她穿戴华衣，格雷琴很难配得上她的美名，她是那么简单，那么微不足道。但这位朱丽叶却是一个有机生命体，她极其复杂又充满智慧，因此远比格雷琴和弗兰西斯卡更有趣。

女仆，是与福斯塔夫相对应的女主人公，我们应该对这位曾经有名的女仆说些什么呢②？除莎士比亚的作品外，没有哪部戏剧能像罗密欧、朱丽叶、茂丘西奥和女仆这四个人物性格能引以为荣。我不会去仔细检查这部戏，一场接一场地检查，如同我曾经剖析朱利娅那样再次仔细剖析朱丽叶，就像我要剖析鲍西娅和其他迷人的女主角一样，因为朱丽叶的魅力并不在于她的性格。但事实上，尽管她的性格脉络清晰，但也可以说，她的性格是在春心初萌的激情熔炉里很好地熔铸成典型的。让我们现在来看看莎士比亚是如何写出这篇令人惊叹的杰作的。

这个故事的散文版本是由意大利小说家班戴洛（Bandello）于 1554 年 69
出版的。我们已经有了罗密欧的良师益友班伏里奥，他会把理性的冷水泼向激情冲动，我们还有女仆，主要的事件也都在这儿。第一眼看到的是爱情，绳梯，以及朱丽叶对墓穴幻象的恐惧。

1562 年，该故事由亚瑟·布鲁克（Arthur Brooke）翻译成英语版诗歌体。而该故事的英语散文体翻译的出现，是派特（Painter）于 1567 年译出的《宫廷乐事》。我们被告知，莎士比亚对这两个版本都很熟悉；但布鲁克的诗实际上是莎士比亚该剧作的唯一来源。布鲁克（Brooke）改进了班戴洛（Bandello）的故事，他通过把一系列的本土英国人的现实特征添加到活跃于意大利的故事主要人物身上：例如，他把卖毒药的人变成绝望的药剂师；罗密欧听到他将被放逐，他摔躺地面、撕扯头发。布鲁克的诗歌体仍更为重要，布鲁克为女仆描画了充满活力的现实图像，尤其是他注重女仆对朱丽叶童年的多嘴叙述；他注重描画女仆对罗密欧赠礼的接受，而

---

① 译者注：格雷琴是 18 世纪末期 19 世纪初期的德国著名诗人歌德（1749—1832）的代表作《浮士德》这部诗剧里的女性主人公。

② 作者注：我把快嘴丹姆（Dame Quickly）看作几乎是女仆与玩偶样张的复制品，而多·提希特（Doll Tearsheet）只是说名字时便利的具象。没人试图描绘这两个女人的灵魂。

当罗密欧被放逐时，她立刻把他的托付弃之一旁。

70 女仆活在布鲁克的诗中，就好比鲁莽的人活在英国历史与传统中一样，也正如那个混蛋生活在《烦恼统治》（*The Troublesome Reign*）里一样。莎士比亚附加的现实主义特征，强化了表达效果，并把他那神圣的单纯诗情的魔力覆盖在他们身上。但现实主义的笔触是给他的，而不是他发明的——所有这些都证实并巩固了我对他理想主义诗歌气质的看法。另外，茂丘西奥则属于莎士比亚自己，此人确实有莎士比亚自己的某个侧面或某种情绪，他也如同亲兄弟一样将这一特质交给《爱的徒劳》里快嘴的、机智的俾隆（Biron），交给《威尼斯商人》里多嘴快舌的葛莱西诺（Gratiano）。

但没什么能让我们的眼睛远离朱丽叶：她是画面的中心，她的形象比罗密欧的更重要。在意大利版本的故事里，她十八岁了，但是布鲁克让她十六岁，莎士比亚以他那可怕的激情性感把这个十六岁减到了十四岁。那些否认莎士比亚有过分性欲的人，几乎不能否认这一最严重的过失，也许他在刻画朱丽叶这一人物时唯一的严重过失，是他让朱丽叶比女仆的谈话更性感：

71 让罗密欧悄悄地投入我的怀里，不被人家看见也不被人家谈论！
恋人们可以在他们自身美貌的光辉里互相缱绻；即使恋爱是盲目的，
那也正好和黑夜相称。来吧，温文的夜。
你朴素的黑衣妇人。
教会我怎样在一场全胜的赌博中失败，
把各人纯洁的童贞互为赌注。[①] ……

这些话语罪恶以他们的性感与大胆来违抗人性。少年女孩们几乎从不说这二人所想所感的那些话；但是，这位朱丽叶就像一位小伙子一样大胆直言：

啊！我已经买下了一座恋爱的华厦。

① 译者注：《莎士比亚全集》（四），第665页。

可是它还不曾属我所有；虽然我已经把自己出卖，
可是还没有被买主领去。这日子长得真叫人厌烦，
正像一个做好了新衣服的小孩，在节日的前夜焦躁地等着天明一样。[1] ……

然而，这种热情的放纵，给情歌增添了强烈的色彩，加深了它的恐怖和悲剧的效果。而且在其他各方面，朱丽叶的天赋异禀足以达诗歌表情传意之目的。

奇怪的是，尽管她在自己激情的促使下更热烈地为我们而生活，但她并未如朱利娅在《维洛那二绅士》中那样被细致地个人化。这两个人物的形象图出自同一个原型；朱丽叶没有明显的特征，朱利娅也没有。但是，莎士比亚并不是有意要给我们塑造一个像朱丽叶一样的活生生的女孩肖像，正如他曾经为他理想中所有可爱、充满激情的女孩描画肖像一样。

但他是如何将这种品质带入人物塑造的想象画面呢？——这种悸动的 72
激情，这种优雅，这种温柔，这种骄傲，甚至因为朱丽叶为她的忠诚而骄傲；当女仆背信于罗密欧时，她无情地谴责女仆。当她被迫与所爱的人分离时，她对生活的轻蔑的厌烦，也在一定程度上赎偿了她此前的性感冲动之瑕疵。我不禁想到，莎士比亚从那个幸福机缘中得到该剧创作的魔力，也就是说，就在莎士比亚写作该剧本之前，他遇到了那个命中注定要成为他人生激情的女人。我不得不叫她玛丽·菲顿，尽管任何一个出身高贵的女人的名字也适于我这么叫。所有的可能性似乎都在支持一个假设，那就是这颗明星就是他崇拜的偶像，他十四行诗中的“黑暗女王”玛丽·菲顿，一个在1596年才十六岁的女孩，成为伊丽莎白女王的未婚侍女[2]。毫无疑问，她参观过剧院，她肯定知道莎士比亚剧院的小丑——肯普

---

[1] 译者注：朱生豪先生的翻译才华横溢，这是毋庸置疑的。有些时候，朱先生有着创造性的意译，加强（加深、拓宽）了原文的词汇所带来的魅力，使得表意更为形象、更为妥帖。一定程度而言，是一种创造性翻译，或者说“改译”。譬如此处的“这日子长得真叫人厌烦，/正像一个做好了新衣服的小孩，在节日的前夜焦躁地等着天明一样。”的英文原文是“so tedious is this day/As is the night before some festival.”该句的直译很简明：“今天如此漫长，/正如盛大节庆的前夜。”但朱先生能够突破“译”而至“释”，把原文的“隐”意“显”化、“透彻”化。这种“显”，不是“稀释”，而是“同比展开”，意味有增无减。

[2] 作者注：为求证这一点，你可阅读泰勒先生（Mr. Tyler）在莎士比亚十四行诗方面的著作，也可从我的书《男人莎士比亚》里得到确认。

（Kemp），因为他大胆地把一本书略带亲密地献给了她。莎士比亚大概在
73 1596 年见过她，第一眼就爱上了她；1597 年，他对她很了解。她投射在他心田的吸引魔力，使她对女性气质有了全新的认识。起初，他从远处研究她，但是带着爱的洞察和愉悦。仅凭着对她的印象，赋予他给朱利娅的素描以生命；他再次像描画鲍西娅那样为我们描画朱利娅，可这一次他表现得非常出色，但仍停留在外表，他还不懂朱利娅的心。它是什么样子的？一开始，正如我们很快就会看到的，她似乎对他很不在意，很高傲；因为她远远地站在那里，很少留意他。我们有她的照片，很像《罗密欧与朱丽叶》中的罗瑟琳。但诗人禁不住相信，她的心整个都是他所热望的，以及她完美的身躯。于是他依照他想象出来的温柔、自豪、充满激情的朱丽叶，为我们描绘了她的心。他把朱丽叶描绘成一个纯真勇敢的孩子，一个献身于温柔的女性。她所有的特质都被年轻人的急脾气和爱情的愉悦给加速了，他的自杀让她变得不朽，对我们如此，对罗密欧也是如此：

……你的嘴唇上、面庞上，
依然显着红润的美艳。①

莎士比亚甚至发现能够让她的激情正直善良：

……相信我，先生，我将会证明，
我比那些陌生人更可爱、更真实。

74 仿佛这还不能说他找到了那个字眼，那个能描画这个女孩的那颗颤抖之心的妙词：

哦，天啊，我有一颗几乎不能占卜的灵魂！

由于他对玛丽·菲顿的热情，以及他抒情诗的魅力，单一个朱丽叶的名字已经为十几代男人带来了关于初恋的不朽的意义、新鲜以及甜蜜的审美体验。

现在就该我把朱丽叶的关系展示给莎士比亚的情人了。对玛丽·菲顿

---

① 译者注：《莎士比亚全集》（四），第 707 页。

的外表模样与身体形态的描述，不是经由朱丽叶而是在罗瑟琳身上展现给我们的。

第一次提到罗瑟琳是在《罗密欧与朱丽叶》的第一幕，那是罗密欧给班伏里奥谈他的爱情。这是谈论经过：

> 你这一箭就射岔了。
> 爱神丘比特的金箭不能射中她的心；她有狄安娜女神的圣洁，
> 不让爱情软弱的弓矢
> 损害她的坚不可破的贞操。
> 她不愿听任深怜密爱的词句把她包围，
> 也不愿让灼灼逼人的眼光向她进攻，
> 更不愿接受可以使圣人动心的黄金的诱惑；
> 啊！美貌便是她巨大的财富，
> 只可惜她一死之后，她的美貌也要化为黄土！①

最后两句让人想起《维纳斯和阿多尼斯》以及早期的十四行诗。我发现这篇文章的每一个字都有特色。

由此来看，他所爱的人，喜欢被比作骄傲的女猎手戴安娜，用冰冷的漠 75
不关心折磨着莎士比亚-罗密欧。“爱神丘比特的金箭不能射中她的心”，他说。“她已经发誓放弃恋爱”；但我们知道，她的冷漠高傲是有限度的：

> 她是个太美丽、太聪明的人儿，
> 不应该剥夺她自身的幸福，使我抱恨终天。②

在接下来与班伏里奥的谈话出现了一两场之后，我们得到了更多的信息。班伏里奥说：

> 在这一个凯普莱特家里照旧例举行的宴会中间，
> 你所热爱的美人罗瑟琳也要
> 跟着维罗纳城里所有的绝色名媛一同去赴宴。

---

① 译者注：《莎士比亚全集》（四），第614页。
② 译者注：同上。

你也到那儿去吧，用着不带成见的眼光，
把她的容貌跟别人比较比较，
你就可以。知道你的天鹅不过是一只乌鸦罢了。①

在这个“乌鸦”中，我们第一次得到了玛丽·菲顿的黑头发和黑眼睛的初始暗示。班伏里奥稍后说：

嘿！你看见她的时候，因为没有别人在旁边……②

但是当茂丘西奥（Mercutio）和罗密欧见面时，我们会看到罗瑟琳的照片，一个快照，可以说：

凭着罗瑟琳的光明的眼睛，
凭着她的高额角，她的红嘴唇，
她的玲珑的脚，挺直的小腿……③

76 如此等等。茂丘西奥稍后完成了第一个素描草图：

嗳吆！那个白面孔狠心肠的女人，那个罗瑟琳，
一定把他虐待得要发疯了。④

还有一次：

唉！可怜的罗密欧！他已经死了，
一个白女人的黑眼睛⑤……

在这出戏里我们没得到更多的东西，但正如我在其他地方所展示的那样，这张照片本身就是惊人的。莎士比亚很少沉溺于对女人或男人体貌肖

① 译者注：《莎士比亚全集》（四），第618页。
② 译者注：同上。
③ 译者注：同上书，第634页。
④ 译者注：同上书，第645页。
⑤ 译者注：同上书，第645页。

像的描述。关于福斯塔夫（Falstaff）的外貌，我们只看到一两个短语的描述，我们也只见到他用一两个模糊的词来描摹哈姆雷特；我们也只见到一个词语来描述朱利娅的黄头发和“高”额头，但是没有任何东西像这张莎士比亚的“黑暗女王”的快照一样，完整地描述了她的高额角，红嘴唇，玲珑的脚，白皙的皮肤和黑色的眼睛。然而，被描画为这一非凡特质的罗瑟琳，与这出戏无关，也从未出现在舞台上，而且是由次要人物来描述她的。对这些奇怪事实的解释就是，我们在这里看到了莎士比亚的情人玛丽·费顿的第一幅真实画像。

但有人会问：他怎么会只给所爱的人罗瑟琳差不多一个捎带提及，就 77
转到了对朱丽叶的描画？在我看来很明显的是，他是以罗瑟琳来描画情人菲顿的外在样貌的，但是当他写《罗密欧与朱丽叶》时，他只略知她一二而已，并仍能说服自己：那是一个可爱的、温柔的灵魂住在她美丽的身体里。他把他认为存在于玛丽·菲顿身上的精神品质给了他的朱丽叶。我无法用其他方式来解释朱丽叶的奢华性感，我们也注意到这种奢华性感在朱利娅身上也有，并且从这次开始，几乎莎士比亚笔下所有的女主人公身上都烙有这一品质的印记。在他们相识的早期，他注意到玛丽·菲顿的非凡的性感并被其吸引，就像我们从朱丽叶身上看到的那样，毫无疑问地，你可以想象，这种性感就是一个人的固执忠贞。如果我的猜测是正确的，这将解释朱丽叶毫无节制的肉欲主义，正如我们很快会看到的那样，它与玛丽·菲顿的不忠相关联，就正如实际上它经常发生一样。如果我们不接受这个猜想，我们就会发现很难解释这个事实：莎士比亚没有把这种过度的性感与他早期的其他作品联系起来。

但所有这一切的证据还有待补充提出，不过，这总比从罗瑟琳的现实主义画像，或从朱利娅与朱丽叶这本属同一女性的两幅理想画像的实际身份得出的推论，要更有一千倍的说服力。

从莎士比亚三十二三岁到他去世的那一天，他所有的作品都烙有他对 78
黑暗情人之热情的印记。人们会认为：如此说，是我把他的生活异常简单化了。但是，对一个诗人而言，他的情感生活就是他生活的心脏，它总是非常简单的——一点虚荣，一点努力，一点爱恋、快乐和嫉妒——我们任何人的生活中还有什么比这更重要的吗？

对我们来说，莎士比亚把她的爱——罗瑟琳描画为一个非常骄傲、清高而冷漠的女子。所以说，照片里的她同时具有高额头、白皮肤、黑头发和黑眼睛。

从一开始，他就注意到她冰冷的高傲，也许是出于自豪，也许是出于狡猾；过了一会儿，她的放荡刺痛了他，他立刻给了我们两类她的肖像。一开始，当他高兴的时候，我们有一些理想主义的画像，如朱利娅、朱丽叶、鲍西娅、比阿特丽斯和罗瑟琳；当她的轻盈伤害了他并令他嫉妒时，我们就有了现实主义的真实人像，比如《罗密欧与朱丽叶》里的罗瑟琳的快照，以及《爱的徒劳》里再次出现的华丽的罗瑟琳，但用的一直还是同一个原型。

79 对该女人进行理想主义描画时，他仅略去情人的不忠和淫荡，把她描画得温柔、真实、可爱。而当进行现实主义肖像描画时，那只是他收回了针对她的性感的思想漫游，且我们有《罗密欧和朱丽叶》里铁石心肠的罗瑟琳，还有《爱的徒劳》里更残酷的同一个罗瑟琳，尽管后者的肖像更为完善。但这些都明显是同一个女人的照片。

考虑到主要时序时，我也许应该先研究一下《爱的徒劳》里的罗瑟琳，然后是鲍西娅，比阿特丽斯，罗瑟琳和薇奥拉。但对时序问题的热情，让我放上了稍后更详细的肖像。

首先，让我们把这个鲍西娅放在我们的头脑里，因为这是玛丽·菲顿在他们相识的早期是如何看待莎士比亚的，否则，他几乎不会画出朱利娅的一个更精致的复制品。

莎士比亚对鲍西娅是很快出现的一个聪明又仔细的研究，如此仔细的研究，实际上表明诗人对自己富有想象力的肖像画的技巧还不太确定，但该肖像却重现了他的原型的每一个姿态与词汇。情人费顿显然是来过剧院
80 的，而且他见过她；他注视她的欢笑，观察她屈尊给小丑肯普（Kemp）说话，或者和一些年轻的贵族俏皮地开玩笑，她的骄傲，她惯用的方式，她的慷慨，她的精神和脾气，这一切都深深镌刻在他的心上。他会自然而然地相信，或者至少会试着说服自己：她也很温柔，真实。这就是他所做的。

在我的所有这些尝试中，我想展示的是，剧作者是如何工作的，尤其就给我们留下印象的女性来说，是如何给我们创造六个不同角色的，而事实上，他多方面把几个不同特征用在同一个人上。我一半困难来自这样一个事实：大多数读者和几乎所有我的批评者们，都不懂创造性天赋是什么。他们被名字蒙上了眼睛。把一个人叫作麦克白（Macbeth），让他接连

谋杀，他对他们来说是一个残忍、野心勃勃的谋杀者。又把同一个人叫哈姆雷特（Hamlet），他是一个仁慈、自我究问、忧郁的学生—王子。他们不愿意承认他们所憎恶的麦克白，与他们所崇拜和喜爱的哈姆雷特这两个人，其实就是同一人，尽管这二者显然就是同一个人。

也必须承认，演员总是按照他们做了什么来区分人物角色，而不是按 81
照他们说了什么来区分。人物角色的站位与动作这些外部的东西对哑剧演员来说，是比他们说什么或他们是什么更重要的。而公众常常被蒙骗去承认男演员或女演员的个性性格，因为他或她应该承担这样的角色。

尽管有这些欺骗性的情形，任何优秀的读者都应该相信自己的判断：鲍西娅、朱利娅和朱丽叶是同一个人，同一个人物角色。鲍西娅是这三人中最复杂的一个，她后来成为研究对象。莎士比亚继续用他的原型不断衍生人物角色。然而，如果有人把鲍西娅的所有特征都记下来，那么总共只有大约12个。我已经展示了她是朱利娅的两个特点：鲍西娅和朱利娅都和她们的女仆谈论追求她们的人，并坦率地表明她们选择的男人是谁。朱利娅责备她的女仆说话毛糙，鲍西娅也以同样的理由责备了葛莱西安诺。现在，让我们给这些特征再增补一些。两人都拼命地恋爱，都很快就嫉妒了；都喜欢音乐；两人无论怎么说都是慷慨的，尤其是，两人也都心地善良而友好。这一特点在鲍西娅身上更为显著，她说她从未对自己做过的任何一件好事后悔。莎士比亚用他神圣的诗歌天赋使鲍西娅的善良吸引了我们。蜡烛在黑暗中发光，她说：

> 就像在一个调皮世界里做一件好事。

但鲍西娅的所有这些特点都在朱利娅身上体现出来。朱利娅甚至认识 82
到她情敌的优秀品质（不是任何一种普通女性的特质），而且为她并不忠贞的爱人效劳。那么，两人有何不同呢？不适合朱利娅性格的品质，没有一样给鲍西娅，但在我们谈论二人性格差异之前，应该有六种相矛盾的性格特质。我能想到的唯一差异，就是鲍西娅第一次富有暗示性地给她的女仆说话，而朱利娅不允许女仆给她富有暗示性地说话。当莎士比亚了解看他的原型时，他发现她的演讲比他认为的更大胆。但这仅是他认识上的不同，而非女孩的本质不同，因为足以令人好奇的是，朱利娅展现出比鲍西娅更多的性感。当然，我暗指的是那场戏里的情景，她看完信后，把普洛丢斯（Proteus）的名字写在朱利娅的名字上，并告诉他们去：

……亲吻，拥抱，拼争，做你想做的。

83 很明显，这两个女孩是同一个人，或正如我所说，一个女孩是两幅肖像画的原型，两者中，鲍西娅的是更好和更晚的肖像。

我在这里也可以注解：鲍西娅的一些特质，在《终成眷属》里描述海丽娜时又一次用到，而海丽娜也与《爱的徒劳》里的罗瑟琳有相同特质。

一个好的驳斥者可能会敦促我仍然不能说服他。他可能会说，莎士比亚所爱的人，就像十四行诗里“黑暗女王”的罗瑟琳，是白皮肤、黑头发和黑眼睛，而这位朱利娅描述自己是黄头发和灰蓝色眼睛，而鲍西娅也是金色头发。那如何解释这些差异呢？每一个戏剧作家都知道，这种形体上的差异并不减损其性情气质上的相似性。正如莱昂纳多·达·芬奇（Leonardo da vinci）所言：“就躯壳而言，我们走进自然，用它体察；就灵魂而言，我们用它注视我们自己的内心。”莎士比亚也许不希望每场戏一开始就被探查出他又在描画他所爱的人。因此，当他描摹朱利娅和鲍西娅的实质并理想化她们时，他给了她现在的黄头发和灰蓝色眼睛，而现在又是金色头发代替了黑色头发。

84 但当他不得不表明她是什么、她如何说话时，他又禁不住露出心迹而继续描绘他所热爱的女人。

多个女主角的这种特征一致性，只能用无知或狂热的痴迷来解释。人人都见过长得很像的姐妹。只要你不认识他们，你就把他们当成双胞胎；但一旦你熟知他们，你就开始对你以前的盲目无视感到吃惊：她们原来有上百个不同点。甚至会在某段时间，你发现她们甚至彼此不像。不嫌麻烦的话，你能列举出上百个差异方面和形式，同样的观察也适用于对精神更强效的估测。不懂的人才只看到一致性。没有两片橡树叶子是相似的，更不用说两个姐妹的精神世界了：用心观察，她们每一方面都不同。让我们诚实地面对自己：鲍西娅甚至是一个非常初级又简单的研究对象，与查尔斯·里德的玛格丽特①相比，她并不是一个复杂的人。鲍西娅的美貌和神

① 译者注：玛格丽特是英国19世纪知名小说家查尔斯·里德（Charles Reade，1814—1884）《患难与真诚》里的女主角，历经苦难、独自抚养不知其父死活的幼子且受人迫害多年，是一位命运多舛的爱情故事女主角。

奇性是在莎士比亚的诗歌中，而不是在他对她性格的揭示中，她拥有的，是朱利娅和朱丽叶的特质。

需要记住的重要事情是：尽管对鲍西娅肖像描绘成功，但莎士比亚还是没有把她情人的心装给鲍西娅。他一个特质接着一个特质地标注，但是没有缺点特质；这个人物形象没有暗影，所以最后还是不真实。我们以为自己懂她，但其实从来没真懂，这就好比我们对《罗密欧与朱丽叶》里的女仆[1]实际知之甚少一样。

当然，事实是鲍西娅只是半个女人；玛丽·菲顿的纵欲淫荡、朝三暮 85
四的脾性，只是鲍西娅激情性感的自然补充，她挑逗式谈话里的爱意不仅被忽略，而且被转化为温柔的忠贞与倾身的奉献。鲍西娅也很稳重，她想结婚的愿望只不过是一般的少女心性，这并非借鉴自莎士比亚的情人费顿的特质，因此，这幅灵魂画不只肤浅，且有点不均衡，不能令人满意。

当莎士比亚接着把这个人物原型用到比阿特丽斯[2]（Beatrice）这个人物身上时，他已经熟悉并贴近它，并使其更接近生活；他赋予比阿特丽斯的特质要比他积累在鲍西娅身上的少，可艺术更精湛。这是一个深度雕琢、价值翻倍的形象——比阿特丽斯，感谢起初那些对她轻蔑、戏弄其自信的人，感谢后来对她的激情予以捍卫的英雄，感谢克劳迪奥（Claudio）对她的尖刻谴责，感谢她给培尼狄克（Benedick）显示的迫切情绪（“杀了克劳迪奥!”她朝他喊）——她比鲍西娅本人为我们活得更清晰、更重要。

人物比阿特丽斯的心灵中已被注入了玛丽·菲顿的绝望与易怒的脾性 86
（“我能在集市上吃掉他的心”，这是她的话），那是玛丽·菲顿骄傲的自我中心意识，而非鲍西娅的稳重以及想结婚的低廉欲望，还有从情人之大原型撷取的现实主义的自然特征，带给本尼迪克的情人以血脉偾张：她是一个比朱丽叶和鲍西娅更好、更真实的玛丽·菲顿的照片。

比阿特丽斯的肖像要比罗瑟琳好得多。因为莎士比亚所创造的比阿特丽斯具有鲍西娅的智慧与活泼，还增加了放纵骄傲与脾气的深刻暗影。因此他让罗瑟琳带有鲍西娅的爱与淘气的温柔，但温柔太甜蜜而近乎腻味。莎士比亚想要区分他的女主角，甚至想从这些女主角中的任何一个人身上找到一个

---

① 译者注：实际就是指《罗密欧与朱丽叶》里朱丽叶的奶妈。

② 作者注：柯勒律治注意到比阿特丽斯和朱利娅非常相像。

单独的特质（并非借自他的情人）都是多么困难的事，但在这个罗瑟琳身上是可以看到的。她很可爱，很慷慨，也像朱利娅、朱丽叶和鲍西娅一样很不耐烦。尽管罗瑟琳也认为，“从她订婚直到结婚那天，时间会跟着一位年轻的少女艰难地小跑”。但没有暗示性话语的本质，都是一样的。

87 她在第三幕的著名谈情说爱，背离了莎士比亚的方法。他让培尼狄克（Benedick）和唐·彼德罗（Don Pedro）在《无事生非》里谈论爱情，唐·彼德罗说他会看到培尼狄克因为爱恋而脸色苍白。

培尼狄克回答：

> 殿下，我可以因为发怒，因为害病，因为挨饿而脸色惨白，可是决不会因为爱情而憔悴；您要是能够证明有一天我因为爱情而消耗的血液在喝了酒后不能把它恢复
>
> 过来，就请您用编造歌谣的人的那支笔挖去我的眼睛，把我当作一个瞎眼的丘比特，挂在妓院门口做招牌①。

罗瑟琳说：

> 爱情不过是一种疯狂；我对你说，有了爱情的人，是应该像对待一个疯子一样，把他关在黑屋子里用鞭子抽一顿的。那么为什么他们不用这种处罚的方法来医治爱情呢？因为那种疯病是极其平常的，就是拿鞭子的人也在恋爱哩。可是我有医治它的法子②。

这就是莎士比亚把自己的思想随机交给培尼狄克，随机交给罗瑟琳。但是，他笔下的女性人物的生活、悸动和灼烧的话语，总是来自于他的“黑暗女王”，他自己的激情一次又一次地表达出来。例如，罗瑟琳责骂菲比（Phebe），而菲比又嘲笑西尔维厄斯（Silvius）——她就是这样做的。每一个词都是鲜活的，因为每一个词都真的是莎士比亚在跟他那轻蔑的情人说话：

> ……你生的不漂亮——

---

① 译者注：《莎士比亚全集》（一），第463页。
② 译者注：《莎士比亚全集》（二），第157页。

老实说，我看你还是
晚上不用点蜡烛就钻到被窝里去的好——
难道就该这样骄傲而无情吗？① ……

用“骄傲又无情”来称呼那个轻蔑的未婚侍女——十四行诗中“黑暗女王”是恰当的；但用在对牧羊女身上，却近乎可笑。然后，我们也得到了未婚侍女的画像。罗瑟琳继续说： 88

凭着你的墨水一样的眉毛，你的乌丝一样的头发，
你的黑玻璃球一样的眼睛，或是你的乳脂一样的脸庞
可不能叫我为你倾倒呀。②

毫无疑问，这就是罗瑟琳再次出现，就是茂丘西奥说她是长着“黑眼睛”的“白皙的乡下姑娘”。罗瑟琳继续责骂西尔维厄斯（Silvius），然后是责骂菲比：

你是比她漂亮一千倍的男人；
都是因为有了你们这种傻瓜，
世上才有那许多难看的孩子。
叫她得意的是你的恭维，不是她的镜子；……
可是，姑娘，你自己得放明白些；跪下来，
斋戒谢天，赐给你这么好的一个爱人。
我得向你耳边讲句体己的话，
有买主的时候，赶快卖出去了吧；*你不是到处都有销路的*。
求求这位大哥恕了你；爱他；接受她的好意。
生得丑再要瞧人不起，那才是奇丑无比了。③ ……

莎士比亚在自己的内心深处多少次朝玛丽·菲顿呼叫：“你是我世界的光辉，但只发光给我：*你不能敞向所有市场*。我是一个千倍*适合于你这*

---

① 译者注：《莎士比亚全集》（二），第165页。
② 译者注：同上。
③ 译者注：同上书，第165—166页。

个女人的男人。”事实是，菲比爱上了那个骂她、鄙视她的年轻人，这表明：莎士比亚，即使是恋爱中的大多数人，都很懂这种“疯狂的发烧”。

89 整个长篇激情演说，在其现实的热情中也是很令人震惊的，它的真相使罗瑟琳为我们而活，尽管事实上，本来她的品质描画得很贫乏。因为事件的核心是，她压根儿没瑕疵，所以，尽管事实是：两人中，罗瑟琳的肖像远为精致，但比阿特丽斯的傲慢和不顾一切的性情（来自玛丽·菲顿）是更令人信服的创作。

至于薇奥拉，她的性格很像顺从容忍时的奥菲利娅（Ophelia）。当《第十二夜》（*Twelfth Night*）写完的时候，莎士比亚开始对生活有了更严肃的看法。我们现在正在考虑的《无事生非》《皆大欢喜》以及《第十二夜》这三部喜剧，都是属于莎士比亚生活的甜蜜夏季，这时他的才能已升至成熟，却仍忙于青春的希望与活力的讲述这类轻松和愉快的作品。这几个都写于1598年到1600年，处于他对玛丽·菲顿的爱恋的第一段甜蜜年月。这个时期，他仍拜倒在她的骄傲、机智与自信之美等这些魅力之下，他仍能说服自己相信：至少她爱他比爱其他任何男人要多一些，而且还有可能摈弃其他所有男人而只爱他。

90 大约在这段时间，他在一首十四行诗中写道：

> 因为你知道我爱你的心
> 你是最美丽、最珍贵的宝石。

第五章　所爱的女人：《爱的徒劳》里的罗瑟琳 91

现在，我必须从玛丽·菲顿的这些理想主义的肖像中回过头来，花一两年时间来重新追溯我的脚步，以便研究莎士比亚描绘其情人的第一幅伟大的现实主义肖像。在《爱的徒劳》中，罗瑟琳的形象被嫉妒盛怒的酸液所腐蚀。诸如安德鲁·朗先生（Mr. Andrew Lang）这样的二流诗人和文学爱好者，在这一事实中发现了拒绝我整个故事的理由。他们认为，如果莎士比亚早在1597年圣诞节（这时《爱的徒劳》被修订）确实发现他爱的这个女人对他不忠（你会看到她的情人玛丽·菲顿为愉悦哈里斯先生而给他起稚气小名），他又如何后来在1598年与1599年在他的三大喜剧《无事生非》《皆大欢喜》《第十二夜》的创作中攀上快乐高峰？

反对意见只表明了我的批评者的立场。对于十分之九的人而言，生活 92
似乎是一扇紧闭的门。他们无论什么样的激情都没体验过，他们显然对爱情没多少认识，就好像他们根本没有心。

玛丽·菲顿为莎士比亚而改变了世界，给了莎士比亚温柔的金色岁月与快乐的神圣时光。的确，他很快就发现她是一个水性杨花的女人，但这并没有减少她吻他的甜蜜。尽管他很温和，但也许他的温和却增强了他的激情。当她对他不忠时，他因愤怒和嫉妒而变得疯狂。这种欢快与苦痛、理想主义的尊崇与现实主义的蔑视之二者急剧轮替，这种浪尖与波谷的反差，恰是最高激情的标志，是它的符号与秩序。在适当时候，我们将会发现，这些峰谷替变逐渐消失在那些岁月里，变得越来越苦涩。

现在让我回过头来逐个比较，会发现这才是莎士比亚情人的第一张很棒的照片。她出现在《爱的徒劳》中，再次叫作罗瑟琳。这个罗瑟琳被以这样的特殊性描述在喜剧中，他给我们这么多其身体和灵魂的细节，以至于不可能怀疑该肖像的真实性和可靠性。

93 我已经指出，由于越来越少又越微弱的原因，人们不得不相信《罗密欧与朱丽叶》中的罗瑟琳的照片，可以说是玛丽·菲顿的一个快照。她身上有十几个特质，如白皙的皮肤、高高的额头、黑色的头发和眼睛等外在形象，以及内心刚硬、语词机智，还有一个折磨她情人的脾性等内在精神，当与其他独有特征结合时，这些特征就足以确定她的身份了。但在这里，我们并没有像《罗密欧与朱丽叶》里的罗瑟琳那样，有十几种奇特的东西，但我们有一百种，而且都是惊人的。

我将没有理由把这些调研引至细枝末节与拖沓重复，因为这是我的研究的核心，我想说服公正的读者，在这一点上疑点是不存在的。即使在这里，我也必须尽可能多地跳过我将要用到的证据。

首先让我们锁定日期。1597 年，英国女王在白厅举行了一场盛大的圣诞庆典，在此之前，莎士比亚最为认真地修改并扩充了《爱的徒劳》。随后，俾隆（Biron）与罗瑟琳[①]两个人物肖像无疑被重新绘制了，二者关系也被定义。正如我在其他地方所展示的，俾隆是莎士比亚自己的一个非常优秀的肖像；但在另一个人物身上却很少有特征描述。

94 国王和他的贵族们都很机智、多情、健谈，实际上，他们差不多是诗人的代言人。法国公主及其公主侍女们，在任何方面都没有差别；她们只不过是用来炫耀莎士比亚才智的俗人。人物描绘之幼稚，是非同寻常的。例外的是俾隆，还有更多笔墨的罗瑟琳，她被全面描绘。

在俾隆出现之前，罗瑟琳是把他当作一个欢快逗乐的男人和最优秀的一位健谈者来赞扬的。当他们见面时，双方就沉溺于一场充满智慧的竞赛中，罗瑟琳在比拼中远超对自己的掌控，还表现出了惊人的自信，外加些许对俾隆的轻视；有个对她的定性称谓将会被记住，茂丘西奥称她作“铁石心肠”。因此这场初次见面的每一个字都值得考虑。

俾隆：我不是有一次在勃拉旁跟您跳过舞吗？

罗瑟琳：我不是有一次在勃拉旁跟您跳过舞吗？

---

① 译者注：俾隆与罗瑟琳分别是《爱的徒劳》里的国王侍臣与公主侍女。

俾隆：我知道您跟我跳过舞的。

罗瑟琳：既然知道，何必多问！

俾隆：您不要这样火辣辣的。

罗瑟琳：谁叫你用这种问题引起我的火性来？

俾隆：您的舌头就像一匹快马，奔的太快会把力气都奔完的。

罗瑟琳：它不到把骑马的人掀下泥潭里，是不会止步的。

俾隆：现在是什么时候了？

罗瑟琳：现在是傻瓜们向别人发问的时候。

俾隆：愿幸运降在您的眼罩上！ 95

罗瑟琳：愿脸罩下的脸能走运！

俾隆：并且给您带来许多恋人！

罗瑟琳：阿门，但愿你不是其中之一。

俾隆：嗳呟，那么我要走了。[①]

这无疑就是罗密欧给我们描述的那个罗瑟琳：

……丘比特的金箭不能射中她的心；
她有狄安娜女神的圣洁。[②]

这部分是此二人会面的抄录本，无须复制。罗瑟琳展示出了与俾隆一样的机智，但当莎士比亚－俾隆奉承她的时候，她会嘲笑他。俾隆退后，但在他下台前，他禁不住问法国贵族鲍伊特（Boyet）关于罗瑟琳和我们已经注意到的三四个相似点在物质上增加了：

俾隆：那位戴帽子的女人叫什么名字？

鲍益：巧的很，她叫罗瑟琳。

俾隆：她结过婚没有？

鲍益：她只能说是守定了她自己的意志，先生。[③]

---

① 译者注：《莎士比亚全集》（一），第580页。
② 译者注：《莎士比亚全集》（四），第614页。
③ 译者注：《莎士比亚全集》（一），第583页。

现在，这句“她只能说是守定了她自己的意志，先生”可能是被从十四行诗中拿走的。我们知道十四行诗的“黑暗女王”是“富于决心”的。我们知道第135首十四行诗开始是：

无论谁有她的心愿，你都有你的意志，
决心踢翻他人心愿，决心追加自我意志。①

96 在《爱的徒劳》这部戏中，这次接触格外值得注意，因为莎士比亚笔下的少女们嫁人时通常与她们的“意志”无关，更不用说在他使用的是“意志”这个词的不同意义；因为莎士比亚把“will”理解为通常意义上的“意志”，也理解欲望，当然也理解为其他适当的名称。

下次我们在该剧见到俾隆时，我们发现他已经写了一首十四行诗给罗瑟琳，这是他向考斯塔德（Costard）描述她的方式：

趁着嘴巴甜的时候，人们给她起了这个好名字，叫她罗瑟琳；你就找她②。

事实上，莎士比亚很留心去为我们解释：为何他在两个不同的剧本中为他爱的人选择此名罗瑟琳。

我们也被告知，俾隆给了考斯塔德一先令，用于带十四行诗给她，那时的一先令相当于我们今天的十先令。俾隆显然像莎士比亚本人一样大方。

考斯塔德一收到钱后就下了，就像考斯塔德说的：“利文便士”比他所认为的“报酬”要有分量，俾隆随后沉溺于很长一段性格化的独白中：

---

① 译者注：这两行诗的原文是“Who ever hath her wish，thou hast thy Will，/And Will to boot and Will in overplus.”梁宗岱先生的译文是“假如女人有满足，你就得如‘愿’，/还有额外的心愿，多到数不清”；从诗歌之韵的角度的确考虑得比较充分，但其“信”的层面就未能照顾得很好。本书译者认为，根据这两句诗及下文来看，这里不是在强调女人的心愿多到让“我”难以满足，而是强调该女人的意愿之坚决、之霸道、之我行我素。因为这样理解才符合下文意思。

② 译者注：这句话的英文原文是“When tongues speak sweetly，then they name her name. And Rosaline they call her；ask for her.”朱生豪先生的译文是“粗俗的舌头不敢轻易提起她的名字，他们称她为罗瑟琳；你问清楚哪一个是她”。［《莎士比亚全集》（一），第592页］本书译者认为：原文重在以一种理想主义的爱慕情调来强调“罗瑟琳”这个名字的美妙及其缘起，而非如朱译之强调如今提起此名的情状。当然，都是在强调该名字之美妙。但原文更重视当初起名之雅境（此名之缘起）——“When... then they name her name.”这个是核心。

而我——确确实实，我是在恋爱了！我曾经鞭责爱情；
我是抽打相思的鞭子手①……

如此继续了十几行或者更多行，然后他再次大声叫嚷： 97

什么，我恋爱！我追求！我找寻妻子！
一个女人，就像一架德国时钟②……

诸如此类的话语继续说下去。

所有这些显然都是年轻莎士比亚所特有的。在此之前，他曾是个爱情主宰者：驯服悍妇，让女主角追求流浪的男主角。如今，这位善变的男主角自己一瘸一拐，无功而返。

俾隆对他可爱的人怎么看？他在一段独白中告诉我们，他使用的词语是如此意外、如此自外于该剧作，以致我们不得不把它们看作是莎士比亚在这段时期为他情人作的一幅深思熟虑的画作，当他显然是被她的冷淡或不忠所惹恼时，俾隆说：

嘿，最不该的是叛弃了誓约，
而且在三个之中，偏偏爱上了最坏的一个。
一个白脸盘细眉毛的风骚女人，
脸上嵌着两个煤球作为眼睛；
凭上天起誓，即使百眼的怪物
阿尔戈斯把她终日监视，
她也会什么都干得出来。
我却要为她叹息！为她整夜不睡！
为她祷告神明！罢了，这是丘比特给我的

---

① 译者注：《莎士比亚全集》（一），第592页。

② 译者注：这句话的英文原文是“What! I love! I sue ! I seek a wife ! /A woman, that is like a German clock.”朱生豪先生的译文是“什么，我恋爱！我追求！我找寻妻子！/一个像德国时钟似的女人。”［《莎士比亚全集》（一），第593页］本书译者认为：原文的“A woman, that is like a German clock.”应译为“一个女人，就像一架德国时钟”。（因为下文紧接着的是“永远要修理，永远出毛病，永远走不准，除非受到严密注视，才能循规蹈矩！”）如此调整，既能突出说话者对这个女人行为之不满，又能紧接下文之对喻体的细节描摹。简言之：这句话的重心落点在“德国时钟”这个喻体而非“女人”这个“本体”。

惩罚，因为我藐视了
他的全能而可怖的小小的威力。
好吧，我要恋爱、写诗、叹息、祷告、追求和呻吟；
谁都有他心爱的姑娘，我的爱人也该有痴心的情郎。[①]

98 正如我们所知，莎士比亚曾在恋着玛丽·菲顿（Mary Fitton）的爱情中“做伪证”，因为他已经结了婚，而在他自称为“做伪证”的第152首十四行诗中，他也对自己提出了同样的指控。但是，确认俾隆的身份就是莎士比亚，并不如确认“黑暗女王”就是玛丽·菲顿令人惊讶。首先，在法国公主的三个侍女中，俾隆说他喜欢“最糟糕的”。这让我们为之一怔。我们原以为所有的侍女都很好，除了一个男人的铁律是相信他所爱的人是最好的，但俾隆把罗瑟琳描述为“三个侍女里最糟糕的”。这是该剧的一个污点。它削弱了该剧本和俾隆把罗瑟琳作为女英雄的兴趣。但是，俾隆不仅明确地断言他爱的女人是水性杨花的女人，这种女人对于男人而言，几乎不会承认她是自己所爱，但他又重复了这一吁求，并将其抹黑：

哦，天哪，有人会做这件事的
虽然阿格斯[②]是她的太监和她的护卫。

在《罗密欧与朱丽叶》中，罗瑟琳的所有特点都是以完整的知识来重复强调。而精神认同并不比肉体认同更完整。

99 茂丘西奥（Mercutio）告诉我们：罗瑟琳是个长着“黑眼睛”的“白肤乡姑”。俾隆在这里把她描述为：

一个白脸盘细眉毛的风骚女人，
脸上嵌着两个煤球作为眼睛。[③]

罗瑟琳在《皆大欢喜》第三幕第五场中的话就是这样明确：

---

① 译者注：《莎士比亚全集》（一），第593页。

② 作者注：鲍西娅（Portia）在《威尼斯商人》的最后一幕中假装吵架，警告巴萨尼奥（Bassanio）别认为她是不可信赖的：不要在家里躺一夜，像阿格斯（Argus）一样看着我。

③ 译者注：《莎士比亚全集》（一），第593页。

凭着你的墨水一样的眉毛，你的乌丝一样的头发，
你的黑玻璃球一样的眼睛，或是你的乳脂一样的脸庞①……

很快我们就能从第127首十四行诗中看到莎士比亚以同样的方式描述了他的“黑暗女王”：

……我的情人眉毛乌黑，
眼睛与之相称，满含哀怨。②

正如我们已经谈论的，莎士比亚并没有在任何剧本中用这张照片的精确内容，为我们描绘任何角色。在戏剧中，这样的描绘也是完全不适当的。此外，这种关于体貌的细致描述，在罗瑟琳和其他角色之间形成了离奇对比。

剧本压根儿再没描述其他角色。其他人物只是诙谐的、不在意的俗人 100
形象。但俾隆却为我们而活，虽然我们不知道他长什么样儿，但我们已知这位罗瑟琳就好像我们见过她一样，仿佛她是我们的密友之一。在那些毫无生气的面具中，她用她鲜活、逼真的现实令我们惊愕。

---

① 译者注：《莎士比亚全集》（二），第165页。

② 译者注：这两句话的英文原文是“... my mistress' brows are raven black, /Her eyes so suited, and they mourners seem.”梁宗岱先生的译文是“……我情妇的头发黑如乌鸦，/眼睛也恰好相衬，就像在哀泣。”［《莎士比亚全集》（六），第651页］但是这里有个问题：前一行中的“brows”本为“眉毛”却被译成了“头发”，本为“眉毛”与“眼睛”相衬（称）却变成了“头发”与“眼睛”（远距离）相衬的不妥。本书译者认为这两行诗可对应译为“我的情人眉毛乌黑，/眼睛与之相称，满含哀怨。”但值得注意并讨论的是版本与可能存在的文字错讹问题有三：其一，您正在阅读的这本《莎士比亚的女人们》所引用的英文原文是“my mistress' brows are raven black”，请注意其中用的是英文词汇“brows”，意为“眉毛”；其二，朱生豪等译本里对应的汉语用词是“头发”；其三，世界图书出版公司2014年版的《莎士比亚全集》（英文版）里用的是“eyes”即“眼睛”（《莎士比亚全集》，第1361页）这里本为同一个词的位置上出现了三个版本之各自不同的三个词：“眉毛”“头发”与“眼睛”。不过，同一位置也有用“eyes”（眼睛）的（［英］莎士比亚：《莎士比亚十四行诗》，中国对外翻译出版有限公司2012年版，第127页）。本书译者再次提醒读者注意的是：外文及其汉译资料中，由于各种原因而出现的同一名词之差异，也不在一两处（又如维克多·雨果《巴黎圣母院》的作者序言末尾的写作时间，有的版本标作1831年2月，有的标作1831年3月，该书之多本法文、英文和汉文在这一点上，各执一端而差异显然）。我们知道，意义确定的名词（譬如“头发”与“眉毛”和“眼睛”肯定是不相近的，更是不同的）这些最不易错讹的，竟也有如此大的出入，则其余不易确定和统一的词汇（如形容词等修饰限定性词汇）的翻译及其读者的接受，就更遑论其理解之“真实”与“到位”了。所以，外文资料的使用过程和效果，有些时候很难尽如人意。

现在所有这些非凡的细节都合起来证明：俾隆和罗瑟琳分别是我们所说的莎士比亚和他的所爱玛丽·菲顿的肖像。每一条证据的效果是累积的，每一条证据因其奇特性而重量而极大增加。我敢说，仍然对此持怀疑态度的人，难以权衡证据和这些细节的多重影响。

另一种情况使罗瑟琳这个残忍照片更有趣。这出戏于1597年圣诞节在白厅演出。几乎可以肯定的是，玛丽·菲顿是能听到这个消息的伊丽莎白宫廷侍女之一。莎士比亚和他的同伴们就在戏中表演；也许，莎士比亚自己实际上就扮演的俾隆这个角色，把玛丽·菲顿的脸描述得如此精确，从而使许多人认出了她，明白了他对她的爱，以及他对她的指责。

101 唯一可能的解释有两面：首先，莎士比亚的激情已经达到了性高潮的强度。他的情人一直折磨着他，使他喜欢在公共场合称她为“荡妇”，这时，人们预料文雅的莎士比亚可能会受到各种夸张的恭维和亲切的礼赞。解释之第二部分，同样是肯定的。在当时的朝廷里，对宫廷侍女的谴责必须是非常轻柔的。莎士比亚是如此地受伤以致他忍不住要说出他情人①的真实情况；然而，这并不会被看作一种玷污性指控，而是一种逗笑性指控，就像今天如果一个女孩被指控过分喜欢跳舞时，人们嬉笑的那样。不久之后，玛丽·菲顿为威廉·赫伯特勋爵（Lord William Herbert）生了一个私生子，此前这段风流韵事显然被淡漠了；她并未如我们预料的那样被解雇或蒙羞。可是，尽管在那个朝廷里，指控荡妇只引发逗笑，但莎士比亚却把它当回事；他意欲以此来刺伤对方。再没什么更能清楚看到其热情之极致了。

102 现在我们几乎马上就要看到另一组证据了。33岁时的莎士比亚是世界上最好的校长之一。当他把事情给我们呈现清楚时，他已彻底弄明白了；当他把同样容貌毫无必要地一遍遍重复时，就可以有把握地说，他有一些个人的理由要表达。这不是戏剧艺术的功绩；但在这里，尽管他已经用沉重的笔触给我们描画了罗瑟琳，用最刺耳的话语给出一个入迷的年轻男人对她的评价，他一次又一次地重复他的笔画，就好像他从未在其他剧本中

---

① 作者注：在第140首十四行诗，他警告她不要让他绝望。

……因为我就会发疯，疯狂中难保不把你胡乱咒骂。

译文出自《莎士比亚全集》（六），第664页。

重复过一样。他带着极其迫切的愿望要揭露其情人，离奇愿望收到离奇效果，就好像他已决定告诉我们：这个罗瑟琳是他一生的挚爱，而她是个妓女。

我们再次见到罗瑟琳时，她和法国的鲍伊特勋爵进行一场唇枪舌剑的比拼，正如她已经两次和俾隆如此一样，这一次，智慧的较量结束得富有暗示性：

> **罗瑟琳：** 你不能击中它，不能击中它，不能击中它。
> 你不能击中它，我的好男人。
> **鲍伊特：** 我不能，不能，不能。
> 我不能，另一个可以……

这个愉快的、有暗示性的机敏回答，无疑击垮了这座大厦，因为这个 103
建议在本场的剩余部分仍在继续。在这里，我们会得到对朱利娅、朱丽叶、鲍西娅和其他一些人奇特的、众所周知的性欲的解释：大胆演说的玛丽·菲顿－罗瑟琳就是原型。

第四幕第三场以俾隆（Biron）的一长段独白开场，这段独白有着令人惊奇的真诚与现实性。

> 王上正在逐鹿；我却在追赶我自己。他们张罗设网；我却陷身在泥坑之中。泥坑，这字眼真不好听。好，歇歇吧，悲哀！因为他们说那傻子曾经这样说，我也这样说，我就是傻子：证明得很好，聪明人！上帝啊，这恋爱疯狂得就像埃阿斯一样；它会杀死一头绵羊；它会杀死我，我就是绵羊：又是一个很好的证明！我不愿恋爱；要是我恋爱，把我吊死了吧；真的，我不愿。啊！可是她的眼睛——天日在上，倘不是为了她的眼睛，我决不会爱她；是的，只是为了她两只的眼睛。唉，我这个人一味说谎，全然的胡说八道。天哪，我在恋爱，它已经教会我作诗，也教会我发愁；这儿是我的一部分诗，这儿是我的愁。她已经收到我的一首十四行诗了；送信的是个蠢货，更可爱的呆子，收信的是个佳人；可爱的蠢货，更可爱的呆子，最可爱的佳人！① ……

---

① 译者注：《莎士比亚全集》（一），第 606 页。

我们只需看看上述这些，看清这种内定的笔触是如何被叠加的。俾隆从“张罗设网”开始，坦率地把我们带回到他的“白肤荡妇”身上：

> 脸上嵌着两个煤球作为眼睛①。

104 接着，满含“损词”与“脏话”表达的这段独白让我们想起第148首十四行诗，在这首诗里，他谈到情人的“不堪之错”。这个俾隆无疑恰如莎士比亚一样气愤地对自己说：“我不喜欢”；但正是她的眼睛使他爱上了她，那双黑色的眼睛，他一遍又一遍地在首要十四行诗第127首中一再提及并给他的“黑暗女王”倾诉；他把那双眼睛跟“天幕上的漫天繁星”相比。

在这个独白中，我们也知道俾隆为罗瑟琳写了十四行诗并送给了她，就无疑像莎士比亚把自己写的关于玛丽·菲顿的十四行诗送给她。

接着，俾隆站在一边②，国王和其他的绅士们进来③时没看到俾隆，他们坦诚地说出自己的爱情。俾隆有几行评论，在评论中，我们可以发誓说这是福斯塔夫（Falstaff）在说话。这种相似之处是如此的不同寻常，虽然超出了我的话题，但我必须说明白；当朗格维（Longaville）读他的十四行诗时，顺便说一下，这诗简直就是俾隆十四行诗的孪生兄弟，俾隆说：

---

① 译者注：《莎士比亚全集》（一），第593页。

② 译者注：此处本书作者的表述欠妥，他用的是“Then Biron stands asidewhile the King and other gentlemen come in without seeing him and confess their love.”这样的表述，关于俾隆在《爱的徒劳》的第四幕第三场开场这段长篇独白之后的原文舞台提示语的实际表述及其意涵，不是本书上文的“Then Biron stands aside”而是“Gets up into a tree.”（《莎士比亚全集》，上海世界图书出版公司2010年版，第238页）其对应的汉文是“爬登树上。”［《莎士比亚全集》（一），第606页］简言之，俾隆不是“站在一边”而是“隐于树上”，二者差别明显。不过，在舞台上，“隐于树上”大概也只有以“站在一边”来表演了。

③ 译者注：这里的上场次序和先后在舞台的存在效果需要强调。本书作者只提到俾隆站立一旁，国王和其他绅士上来没有看见他而坦率诉说自己的爱情。这种表述有失准确而让普通读者误解的地方，我们需要说明一下：第四幕第三场一开始，是“俾隆持一纸上。”俾隆的大段独白之后便隐于树上，致使随后的人也未发现他（尽管他就站在舞台上）；随之是“国王持一纸上。”国王不知前者之存在而叹息、读诗句、独白，俾隆却在一旁“悄声”（观众和读者可以听到看到，但国王是不觉察的）插话（相当于对白或补白），随后国王也“退立一旁”；随之是“朗格维持一纸上。”朗格维也不知道前二人的存在而叹息、独白、读诗句，随之又是“退立一旁”；随之是“杜曼持一纸上。”随后是杜曼也不知道前三人的存在而叹息、独白、读诗句。随之依次是朗维格、国王、俾隆三人依次现身于杜曼眼前。

一个人发起疯来，会把血肉的凡人敬若神明，
把一只小鹅看作一个仙女；全然的、全然的偶像崇拜！
上帝拯救我们，上帝拯救我们！我们都走到邪路上去了。[①] ……

稍后，在这位俾隆身上显示出，所有倾撒在罗瑟琳身上的诋毁，只不过是激情的明证而已。当俾隆的爱情即将被发现时，他大胆承认，称他的情人是“天仙一样的罗瑟琳”，并以恰如莎士比亚后来以恰当的个人身份在十四行诗中称赞其“黑暗女王”那样，称赞了他的罗瑟琳。他宣称，每个人都得在“她额头的天庭”前像臣属一样鞠躬，呼她“女王陛下”，就像在第150首十四行诗中他谈到她“威力”一样。这正是玛丽·菲顿的个性“力量”给我们诗人留下的最深刻印象。下一刻，俾隆给出了最好、最有力的爱的证明。他的情人可以忍受被别人看见原貌。他说： 105

借给我所有辩士们的生花妙舌！啊，不！她不需要夸大的辞藻；
待沽的商品才需要赞美，
任何赞美都比不上她自身的美妙。[②] ……

在第130首十四行诗中，我们也看到了同样完美的真诚，正是这种强烈激情的惯性表达：

我情人的眼睛一点也不像太阳；
珊瑚比她的唇还要红得多；
雪若算白，她的胸就暗褐无光，
发若是铁丝，她头上铁丝婆娑。[③]

国王于是描述了这位罗瑟琳并断言她并不漂亮，在第148首十四行诗中，我们被告知“全世界”都说她是不美。 106

对话还在继续：

① 译者注：《莎士比亚全集》（一），第609页。
② 译者注：同上书，第615页。
③ 译者注：《莎士比亚全集》（六），第654页。

国王：凭着上天起誓，你的爱人黑得就像乌木一般。
俾隆：乌木像她吗？啊，神圣的树木！
娶到乌木般的妻子才是无上的幸福。
啊，我要按着《圣经》发誓，
她那点漆的瞳仁，泼墨的颜色，
才是美的极致，
不这样便够不上“美人”两字。
国王：一派胡说！黑色是地狱的象征，
囚牢的幽暗，暮夜的阴沉；
美貌应该像天色一样清明。
俾隆：魔鬼往往化装光明的天使引诱世人。
啊！我的爱人有两道黑色的修眉，
因为她悲伤世人的愚痴，让涂染的假发以伪乱真，
她要向他们证明黑色的神奇。
她的美艳转变了流行的风尚①……

所有这些都恰好与那首十四行诗极像：把首要的十四行诗献给“黑暗女王”（第127首十四行诗），其第一行写道：

在远古的时代黑并不算秀俊②……

无数完全相同的特征仅是确指关键灵魂。莎士比亚有更为清晰的审美倾向，比他对音乐和鲜花的热爱更强烈的是，他对涂抹与化妆之女人的蔑视。玛丽·菲顿（Mary Fitton）显然对她的青春感到骄傲，她太在意自己的美貌，因此不愿使用妆饰来美化。这是我们第一次在莎士比亚－俾隆的关系中发现这种特质。俾隆转向其他贵族们说：

107 你们的情人永远不敢在雨中走路，
她们就怕雨水洗去了脸上的脂粉。……

① 译者注：《莎士比亚全集》（一），第615—616页。
② 译者注：《莎士比亚全集》（六），第651页。

国王反驳道:

你的情人倒该淋雨,
让雨水把她的脸冲洗干净。①

很明显,玛丽·菲顿不屑于化妆或打扮,或费心去戴“假”发。这一特点强烈吸引了莎士比亚,因为他一次又一次地重复这一点。在《哈姆雷特》里,他最自然地、坦率地处理了这件事。哈姆雷特对奥菲利娅说:

我知道你也涂脂抹粉,化妆盈足,
上帝给了你一张脸,你又替自己另造一张。② ……

最后,他又一次说:

让她施粉一英寸厚,冲这个善行,她定能来。

在《一报还一报》里,莎士比亚更进一步说:

你的妓女,先生,……涂脂抹粉。
确实证明我的职业是一个谜;

在《雅典的泰门》里还在继续:泰门(Timon)告诉菲莉妮娅(Phry- 108
nia)和提曼德拉(Timandra)去施粉,直到:

……马在你脸上可能会陷入泥沼。

真理之爱与朴素之情,伴随莎士比亚至终。

---

① 译者注:《莎士比亚全集》(一),第616页。

② 译者注:这是《哈姆雷特》第三幕第一场的内容。这两句话的英文原文是“I have heard of your paintings too, well enough, /God has given you one face and you make yourself another.”朱生豪先生将其译为“我也知道你们会怎样涂脂抹粉;/上帝给了你们一张脸,你们又替自己另外造了一张。”[《莎士比亚全集》(五),朱生豪等译,人民文学出版社1994年版,第344页]本书译者认为:这里的“your”应译为“你的”即单数而非复数第二人称,因为哈姆雷特针对的是奥菲利娅一个人,也没有意在指称女人这一类,故无须译为“你们”。另外,“well enough”的意思似乎也有漏译的倾向。

在伊丽莎白时代，所有的诗人和朝臣都习惯于赞扬红头发和白皙的肤色，这是臣下对女王的恭维；但在匿名的遮掩下，莎士比亚会向我们证明，他认为他情人的黑发比红发更美。这个片段对那些推断莎士比亚魅权的人来说意义重大。俾隆说：

> 她的美艳转变了流行的风尚，
> 因为脂粉的颜色已经混淆了天然的红白，
> 自爱的女郎们都知道洗净铅华，
> 学着她把皮肤染成黝黑①……

公正的大脑里不会再有任何疑惑了：《罗密欧与朱丽叶》与《爱的徒劳》里的罗瑟琳，是莎士比亚描述中的情人，十四行诗系列里对“黑暗女王”的描述是与其剧本编写相对应的，甚至比他在抒情诗里对她的描述更准确。任你随便叫她哪个名字，这个事实无论如何都是成立的。

109 说起来也怪，他在《爱的徒劳》中对她身体主要特征的描述，远比在十四行诗中所给出的要精确得多，尽管该剧中的身体描述完全不恰当的情况下，但它给抒情诗增添了一种亲切感和真实性。这个艺术错误解释起来很简单：《爱的徒劳》写得比十四行诗早。当莎士比亚第一次见到玛丽·菲顿时，他禁不住要在戏剧中描述她，她俘获了他所有的感官体验。

在前四幕中，通过俾隆的热情以及他的描述，再加国王与其他绅士们的描述，我们熟知了这位罗瑟琳，人们也可以想象得出她的样子。但我们现在仍将拥有另一幅其画像的复制品，这一次是由公主的侍女们提供的。罗瑟琳逗笑凯瑟琳，凯瑟琳回答说：

> ……要是她也像你一样轻狂，
> 有你这样一副风流活泼的性情，
> 她也许会做了祖母才死。
> 你大概也有做祖母的一天，因为无忧无虑的人是容易长寿的。
> **罗瑟琳：**你说我轻狂②，耗子，可是你的话没说清楚。

---

① 译者注：《莎士比亚全集》（一），第616页。

② 作者注：鲍西娅也用“轻狂”这个词来表达：让我给人光亮，但不要让我轻狂。我提到这一点只是为了表明，当莎士比亚想到爱情的时候，他的脑海里也会出现同样的话语。

凯瑟琳: 皮肤黑的人决不会稳重。[①] ……

而且，就好像黑美人身上的这一“轻狂性格”特征给我们经常反复灌 110
输得还不够，它又被重复了:

罗瑟琳: 当心你在黑里别作什么糊涂事。
凯瑟琳: 你不用等到黑，因为你本性就很轻狂。[②] ……

现在，这个罗瑟琳告诉我们更多关于俾隆的信息:他赞扬她就好像是最美丽的女神一样，她说:

他把我跟两万个美人比较。
啊!他在这信里替我描下了一幅小像哩。……
公主: 像不像呢?
罗瑟琳: 文字倒不错，赞美的辞句却用得很糟糕。[③] ……

这就好像莎士比亚通过罗瑟琳的口，向我们证明了他以俾隆的身份所说的罗瑟琳，是完全真实的;但实际仅在本场戏里，他的肖像的相似证据就有上百种。

罗瑟琳宣称，男人是傻瓜，就像俾隆那样赢取嘲弄，她接着说:

我要在我未去之前，把那个俾隆大大折磨一下。……
我一定要叫他摇尾乞怜，殷勤求爱;
叫他静候时机，耐心等待;
叫他呕尽才华，写下无聊的诗句;
叫他奉命驱驰，甘受诸般的辛苦:
我尽管冷嘲热骂，他却是受宠若惊![④] ……

当然，莎士比亚的爱情确实使他乞求和奉承，并把他的才智慷慨地挥 111

① 译者注:《莎士比亚全集》(一)，第 626 页。
② 译者注:同上。
③ 译者注:同上书，第 627 页。
④ 译者注:同上书，第 627—628 页。

霍在无用的诗行中，当然他“骄傲于能让她骄傲”。整个描述令人震惊于其残酷的真实性。

公主说：

聪明人变成了愚痴，
是一条最容易上钩的游鱼……

罗瑟琳回答她：

中年人动了春心，
比年轻的更一发难禁。[①]

现在，还有一个不容置疑的证据，证明了莎士比亚在写关于俾隆的激情时，实际是在写他自己。在该剧中，俾隆一次又一次地被描绘成年轻人；他从来没有因为“庄严”而出名，而是因为他的健谈和才智。公主称他为“敏捷的俾隆”，罗瑟琳自己告诉我们说他很机智、健谈。这两行无疑是莎士比亚自己苛责自己。当他三十三岁修改这个剧本时，他觉得自己老了。就像他在那首华丽的十四行诗[②]里所说的那样：

在我身上你或许会看见秋天，
当黄叶，或尽脱，或只三三两两
挂在瑟缩的枯枝上索索抖颤——
荒废的歌坛，那里百鸟曾合唱。[③]

112 当他在三十三岁或三十四岁写这首十四行诗时，相比于只有十九岁的玛丽·菲顿，他无疑显老。而这就是当他让罗瑟琳谈俾隆爱情特征时，比作“对嬉戏的庄严反击”。

在这出戏里还有更多的证据，来证明莎士比亚把他自己和他爱的人，以俾隆和罗瑟琳的名字来向我们描绘的。稍后，俾隆告诉她：他会为她做

---

① 译者注：《莎士比亚全集》（一），第628页。
② 译者注：本书作者没有指明，这实际是莎士比亚的第73首十四行诗的开头四句。
③ 译者注：《莎士比亚全集》（六），第597页。

任何事，而罗瑟琳，以对这一宣言的回答来要求音乐，因为没有任何理由，只有莎士比亚最喜欢的角色才要求音乐。当“黑暗女王”演奏给他时，他把她叫作“我的音乐”。

俾隆一次又一次地袒露他的忠诚，而罗瑟琳嘲弄他：

> **俾隆：**啊，我是您的，我所有的一切也都是您的。
> **罗瑟琳：**这一个傻瓜整个儿是属于我的吗?①

终于，他放下了所有的做作、幽默和诙谐，开始说平实的话：

> 把我恋慕的深情向你申说。
> 让我现在开始，姑娘，——上帝保佑我！——
> 我对你的爱是完整的，没有一点残破。海枯石烂——
> **罗瑟琳：**不要“海枯石烂”了，我求求你。②

俾隆自莎士比亚的灵魂深处重申道： 113

> ……我积习未除；
> 原谅我，我的病根太深了，
> 必须把它慢慢除去。③ ……

莎士比亚－俾隆在这里说得比他知道的还要真实。莎士比亚即将离开他的欢乐喜剧和他的诙谐幽默的演讲，他的诗句和他拿手的简单散文和可怕的悲剧。他的“黑暗女王”很快就能治愈他一切的矫情、言语中的轻狂，甚至是欢乐和希望。这是一种对索福克勒斯悲剧感觉的深刻反讽的注解，它给该剧的整个结局增添了悲剧性的意义。不久之后，俾隆用一种预言性的语言说：“诚实质朴的言词最能穿透悲伤的耳朵。”最后的谈话对剧

① 译者注：《莎士比亚全集》（一），第 640 页。顺便强调一下，莎士比亚剧作中的“场”所占用的篇幅，少有《爱的徒劳》之第五幕第二场这么长的，在汉译本的该剧本中，达到 37 页（第 625—661 页）之长，实属莎翁剧本之罕见。连剧中的主角之一的俾隆都在最后说了一句“那么这本戏演得又太长了”。（第 658 页）

② 译者注：《莎士比亚全集》（一），第 641 页。

③ 译者注：同上。

本整体来说太重要了。罗瑟琳甚至最终宣称，如果在12个月后，她若发现俾隆不再受人轻视和嘲笑，她将“对他的转变感到轻松高兴”。

不管这是不是一个转变，他的乳白色的皮肤、黑眼睛的情人确实锻造了莎士比亚生活和艺术的一个彻底改变。正是他对她这个吉卜赛水性杨花的女人的爱，使他对生活有了认识，并像我在其他地方所说的那样，把他“从一个轻松幽默的喜剧与历史剧作家，变成一个历史上最伟大的悲剧作家”。

114 莎士比亚把自己名望的大部分都归功于玛丽·菲顿。她一定是在他写那首美妙的十四行诗之前折磨他的：

> 我曾喝下了多少鲛人的泪珠，
> 从我心中的地狱般的锅里蒸出来，
> 把恐惧当希望，又把希望当恐惧，
> 眼看着要胜利，结果还是失败！
> 我的心犯了多少可怜的错误，
> 正好当它自以为再幸福不过；
> 我的眼睛怎样地从眼眶跃出，
> 当我被疯狂昏乱的热病折磨！①

正如我们将要看到的那样，“疯狂昏乱”甚至还没有达到它的高度。

---

① 译者注：这首美妙的十四行诗实际是莎士比亚的十四行诗的第119首。见《莎士比亚全集》（六），第643页。

第六章　黑暗女王：十四行诗与《情女怨》 115

在前一章中，我们认为《罗密欧与朱丽叶》中的罗瑟琳与《爱的徒劳》中的罗瑟琳是同一人，并证明了这两个罗瑟琳都是对第二个十四行诗系列中的“黑暗女王”的照片模仿，她就是莎士比亚的情人和挚爱。同时也显示了理想主义的画面，朱利娅、朱丽叶、鲍西娅、比阿特丽斯和罗瑟琳都是同一位女性的肖像，这个女人的大脾气和缓了，而她的放纵也减弱到热情的忠诚和喜爱。莎士比亚为我们描绘了他充满勇气的爱，因为他在他所有的戏剧中再没描绘什么人。

布朗宁（Browning）告诉我们，每个艺术家都满怀渴望、受尽折磨地要找到一种新的方式来赞美他所爱的女人：但丁（Dante）会给她画一幅画；拉斐尔（Raphael）会给她写一个世纪的十四行诗；而他自己，会用一种新的诗歌形式“一次，只给一个人”。

莎士比亚也感受到了同样的需求，他不仅满足于倾泻自灵魂的感情写 116
十四行诗给她，而且尤其可以说，透过喜剧和悲剧中的每一丝光亮来描绘她。玛丽·菲顿（Mary Fitton）是他所有戏剧中唯一的人物，他向我们展示了她的身体和灵魂，于是我们拥有的不是一幅她的肖像，而是一沓。现在他永远都带着既爱又恨的情感在画她——一个高大的吉卜赛女王和荡妇，漆黑的眼睛和头发，天鹅绒般高耸的额头，粉白的皮肤，红润的嘴唇，生动而大胆的言谈，她使她的灵魂至少像她的形体一样给我们以独特印象；她是大胆而自豪的，这个戴安（Dian），是个狡猾的俘获男人的女猎人，她也慷慨大方，脾气也很大；她的机智胜过所有女人，尤其是在所有渴求去满足每一次欲望冲动的女人中，她勇冠群首。当激情迷住他的时候，莎士比亚发现图像可以向我们转达她的可爱，这尚未有其他诗人此前发现过：“我爱上了你的眼睛”[①]，他喊道，他谈论它们的“哀泣”和它们的“可爱的同情”，然后通过把它们与“天幕上的漫天繁星”相比，而将
117 其永远地捧上天；她的嘴唇，他也爱，并为其找到了不朽的字眼——“爱人亲手打造的嘴唇”——简单的单音节的吻和贴，关于她那紧致的身材，他曾用一大堆“迷人的娇态”的词汇来解释她难以描摹的魅力。然而，那些书呆子教授们支支吾吾，撅着干巴巴的嘴唇，希望找到“这种激情的证据”。

鉴于其单纯性与出乎意料性，十四行诗里所陈述的故事是令人信服的。谁能想象到有着世界上最好大脑与最好舌头的莎士比亚，竟然会请另一个男人去拿他的理由替他恳求他所喜欢的女人；谁做梦能想到他所爱的女人，竟会勾引他这位朋友，委身于他？可以肯定的是，不仅能从十四行诗，还能从他的剧本看出，莎士比亚犯了这样的错误。我曾在《男人莎士比亚》这本书中指出：这同一故事在此写的三部不同的剧本中被三次提及。在《维洛那二绅士》里被告知，在最后一幕中，莎士比亚的个人苦楚一次又一次地表现出来，尽管他用了戏剧化的遮掩。凡伦丁（Valentine）的话明白无误：

> 你的普通朋友，没信用，也没爱心。
> *对于这样的一个朋友现在……*

118 在《无事生非》中，该故事被再次讲述，而这次它陷入被逮捕；因为这与情节本身毫无关系，而且它本身对于轻松喜剧而言，是个太过严肃的主题。故事的叙述方式也表明了莎士比亚的个人情感，正如我在之前的作品中所证明的那样。

在《第十二夜》里，同样的事件再次被使用，这三个剧本大致覆盖了十四行诗延伸的那“三年”。《维洛那二绅士》很可能于1598年被修订过了：由于背叛是新近发生的，所以剧中莎士比亚的痛苦是强烈的。在日期

---

① 译者注：这是莎士比亚第132首十四行诗的开头“我爱上了你的眼睛，你的眼睛/晓得你的心用轻蔑把我磨折”，见《莎士比亚全集》（六），第656页。

自1599年起的《无事生非》中，整个事件被视作更平静、更有哲学意义，在日期自1600年起的《第十二夜》中，它仅被点到而已。

在把他的朋友送给他所爱的女人的时候，莎士比亚犯了一个小学生级别的错误，正如培尼狄克（Benedick）[1] 告诉他的那样；他为此付出了沉重的代价；但这个解释很简单。正如我们所看到的，莎士比亚以英国人对贵族出身和社会地位的特殊崇敬，而成就了自己。玛丽·菲顿是一个趾高气扬的宫廷侍女，莎士比亚觉得自己不如她。威廉·赫伯特勋爵（Lord William Herbert）在社会品阶上是一个比情人费顿还要高贵的大贵族，而他莎士比亚仅是个底层诗人；也许，为此，他得让这个女孩明白她的诗人有着多么出类拔萃的功绩。

我们都渴望听到自己对所爱之女人的赞美。但玛丽·菲顿却19岁，而 119
赫伯特几乎与其同龄；她用她“肮脏的骄傲”诱惑他，于是，莎士比亚失去了作为他担保人的朋友，同时还有他所爱的女人[2]。

到这里，最大胆的评论家们已经止步了。但故事并没有就此结束，或者我们只能从莎士比亚那里得到三两个悲剧，而不是六个或八个。事实是，评论家们只从十四行诗中读取，而对他们来说，关于这里的问题，十四行诗说得还不够清楚，尽管十四行诗本该能说清楚。甚至十四行诗直白地说，玛丽·菲顿移情别恋赫伯特的事情，发生在他们最开始，十四行诗中他自己告诉我们他们的友情期为三年，而且十四行诗向我们展示了莎士比亚向玛丽·菲顿恳求把他作为她众多“心愿”中的一个“心愿”——“她的‘心愿’多到让我数不清”[3]，他哭得可怜——然后他说：

既然我是微末不足道，那么请您紧拥、

---

① 译者注：培尼狄克是《无事生非》中的人物，是帕度亚的少年贵族。

② 译者注：这种关系最集中地体现在其第134首十四行诗里，整首诗如下：“因此，现在我既承认他属于你，/并照你的意旨把我当抵押品，/我情愿让你把我没收，好教你/释放另一个我来宽慰我的心：/但你不肯放，他又不愿被释放，/因为你贪得无厌，他心肠又软；/他作为保人签字在那证券上，/为了开脱我，反而把自己紧拴。/分毫不放过的高利贷者，你将要/行使你的美丽赐给你的特权/去控诉那为我而负债的知交；/于是我失去他，因为我把他欺骗。/我把他失掉；你却占有他和我：/他还清了债，我依然不得开脱。”［《莎士比亚全集》（六），第658页］

③ 译者注：诗人在第135首十四行诗的开头就说“假如女人有满足，你就得如‘愿’，/还有额外的心愿，多到数不清”。［《莎士比亚全集》（六），第659页］

微末不足道的我，一种能甜慰您的东西①。

120 此外，十四行诗并未提及玛丽·菲顿的一个“肮脏的过错”；但却在最后的系列中给她说的时候提到，莎士比亚在继续抱怨她的邪恶“行为”及背叛行径，直到最后一首十四行诗，他呻吟道：

我对你所有的诚实忠贞都已消磨殆尽②。

但他那充满激情的爱并没有随着他的信仰而死去，正如我们不久将要看到的那样，还好，赫伯特只是个插曲，尽管对莎士比亚而言，这是玛丽·菲顿不贞的漫长人生里最重要的一个插曲。

所有可以从十四行诗中得出的推论，都是在戏剧中创建并延展的。在赫伯特正式登场之前（他是直到1598年满18岁才初到伦敦的），在1597年圣诞节，当《爱的徒劳》在白厅上演时，莎士比亚掌握了玛丽·菲顿不忠的累累铁证：甚至他随之叫她“荡妇”，但令人奇怪的是，在证实了我的观点的关系——俾隆深爱罗瑟琳——中竟然没有一丝嫉妒或背叛的线索。莎士比亚对他情人的激情之破晓，在《罗密欧与朱丽叶》中我们看到的是仍在黎明；但在《爱的徒劳》中则已有晨暖并在那次背叛之后刚触及激情燃烧的最亮点，如此朝向以至第二个十四行诗系列的末尾。

121 我将被告知，在这一切中，我已经看不到如第一系列十四行诗里所呈现的威廉·赫伯特的身影以及莎士比亚对他的爱了。在我的《男人莎士比

① 译者注：这是第136首十四行诗里的句子。这两句话的英文是“For nothing hold me，so it please thee hold/That nothing me，a something sweet to thee.”梁宗岱先生的译文是“把我看作微末不足道，但必须/把这微末看作你心爱的东西。”［《莎士比亚全集》（六），第658页］译者认为：既然这首诗中的话语极尽表达诗人为了能被对方在乎、能进入对方的关注视野的渴望，且前几句诗是“须知道宏大的容器非常便当，/多装或少装算不了什么。/请容许我混在队伍中间进去，不管怎样说我总是其中之一；”那么，就不应该以“但必须/把这微末看作你心爱的东西。”这样的口气跟进，尤其是其中的“但必须……看作你心爱的……”这些显得较为强硬口气的用语似为不妥，至少不吻合抒情主人公那种“不图大小，但求存在”的、极尽屈尊恳求恩准之能事的心境，而且把“sweet”在此处译为“心爱”稍嫌浓重了点。所以，对应的两行诗似乎可整体译为“既然我是微末不足道，那么请您紧拥/微末不足道的我，一种能甜慰您的东西”。

② 译者注：不知是由于本书作者疏忽，还是其他什么原因，本书译者所见到的所有版本莎士比亚十四行诗的最后一首即第154首中没有“And all my honest faith in thee is lost.”（即“我对你所有的诚实忠贞都已消磨殆尽”）这句话。

亚》这本书中，如我所持观点，我对此有解释，我认为莎士比亚对年轻的赫伯特的感情被夸大而超出了所有原因可以解释的边界。我并未掩饰我的坚定信念：某种程度而言，是莎士比亚自己造成的这种误解。其部分是出于势利，而部分是出于希望得到好处，莎士比亚随意滥用了那种表达，说他喜欢年轻的赫伯特，说他欣赏他的青春活力以及他尽其所能的“勇敢”；但即便是他在十四行诗中谴责他和玛丽·菲顿的背信弃义，在这个事情上他可以在剧中隐藏真名地自由抨击，就好比在《维洛那二绅士》的最后一幕里，在《无事生非》里，他透露出自己对“假朋友”很严厉，他对这个“偷窃者”满是轻蔑。

但在处理赫伯特与莎士比亚和玛丽·菲顿之间的关系之前，让我精确地说一下莎士比亚在这一爱情决斗之三角关系中的地位。第一批十四行诗（第 1—125 首）是献给一个高贵、富有、有公正评价的小伙子的，我认为这人是威廉·赫伯特勋爵。

只要把第一系列的十四行诗与第 127—152 首共 26 首声称献给“黑暗 122
女王”的十四行诗并列在一起进行比较研究，你就会被感情的本质区别所打动。对年轻人来说，最初的 17 或 18 首十四行诗只求他娶妻生子，使他的美貌不致失传人间。这一吁求的整个实体内容是从《维纳斯和阿多尼斯》转换来的；在维纳斯的口中，这是很自然的，是阿多尼斯欲望的疯狂表现；但当一个男人向一个小伙子如此致辞时，那只能说，他是在按铃提醒这是被迫的，是假的。随后紧跟着的十四行诗里，情感语言被朝着爱而滥用；但总的来说，这样的十四行诗只有六首；如果第 23 首十四行诗里，莎士比亚道歉说忘了说一句：

> *爱的习俗的完美典礼*

这也许会让粗心的读者因此怀疑，那么怀疑者只好再读一遍第 20 首十四行诗来说服自己：怀疑是错误的。在写第 26 首十四行诗时，莎士比亚已经踏上一段旅程；而第 33 首十四行诗为“仅跟我保持一个钟头友情”的人的离开表示哀悼。其他的十四行诗讲述了“严重冒犯”与“可爱错误”，还有与另一位诗人的冲突竞争，还有冷漠与和解，还有岁至年老，还有忠诚，以及十几件其他事情；但关于激情于我的审判，只字未提。

123 让我能尽今日之英国所准许的尽可能多的坦率，来把我的整个思想呈现出来：设若第23首十四行诗从未被写出来过，我也就不必来讨论这个事情了。在后面的某章，我将表明，第23首十四行诗也必须被阐释清楚，被自然地说明白。所有其他十四行诗中的情感表达，要么牵强附会，要么拉扯变形，要么单薄干巴；它们都是在假装敲钟而已。比较两首十四行诗，我将在这里并列两栏列举出来以示对比：都是处理同一主题，第99首写给青年，第130首写给女人，这是激情欲望的表达，有谁能对此表示怀疑。

第99首：

我对孟浪的紫罗兰这样谴责：
“温柔贼，你哪里偷来的这缕温馨，
若不是从我爱的呼吸？这紫色
在你的柔颊上抹了一层红晕，
还不是从我爱的血管里染得?”
我申斥百合花盗用了你的手，
茉沃兰的蓓蕾偷取你的柔发，
站在刺上的玫瑰花吓得发抖，
一朵羞得通红，一朵绝望到发白，
另一朵，不红不白，从双方偷来；
还在赃物上添上了你的呼吸，
但既犯了盗窃，当它正昂头盛开，
一条怒冲冲的毛虫把它咬死。
　　我还看见许多花，但没有一条
　　不从你那里偷取芬芳和婀娜。①

第130首：

我情妇的眼睛一点不像太阳；
珊瑚比她的嘴唇还要红得多：
雪若算白，她的胸脯就暗褐无光，
发若是铁丝，她头上铁丝婆娑。
我见过红白的玫瑰，轻纱一般；
她颊上却找不到这样的玫瑰；
有许多芳香非常逗引人喜欢，
我情妇的呼吸并没有这香味。
我爱听她谈话，可是我很清楚
音乐的悦耳远胜于她的嗓子；
我承认从没有见过女神走路，
我情妇走路时候却脚踏实地：
　　可是，我敢指天发誓，我的爱侣
　　胜似任何被捧作天仙的美女。

124 从强度方面讲，爱情是不可比较的；事实上，激情并不是一开始就能找到的。在写给青年的十四行诗中，你无意中会想到某人，他有个“黑暗

① 译者注：这里的第99首和第130首十四行诗的汉译内容分别引自《莎士比亚全集》（六），第623、654页。

女王”的思想或提到了她，诗人的伪装立刻就从他身上掉落，书页悸动，燃烧着欲望。怀疑是不可能的：莎士比亚写给青年的话是：

> 让我不要走入真正理智的婚姻
> 容许阻碍……

如此便进入一种张力中，教授们非常欣赏这个。但下面是他写给女 125
人的：

> 我曾喝下了多少鲛人的泪珠，
> 从我心中的地狱般的锅里蒸出来……

当然，如果克拉彭（Clapham）或图庭（Tooting）读过任何如此不道德的文字的话，克拉彭会感到不寒而栗，而图庭也会转过身去；但每个作家和每一个名副其实的读者都知道：哪种表达是激情，哪种是紧张的情感。把它落至其最低点，严酷的贬损千倍于深情的颂词。赫伯特（Herbert）可能如第 33 首十四行诗所说的，只做了莎士比亚“一个钟头的朋友”，虽然我没有推断那个可耻的结论，但我发现它确实整体令人难以置信，甚至是荒谬的。但无论如何，赫伯特对莎士比亚的生活或他的艺术几乎没什么影响。即便莎士比亚在不止一出戏中那样怨恨地控诉过他的忘恩负义，但他肯定也体验过其他一些虚假朋友——如果赫伯特从来没有进入过他的生活——背弃的痛苦。忘恩负义就像打哈欠——它太普通了，不构成犯罪。

玛丽·菲顿把莎士比亚从幻想中拉回到现实，是她的背信弃义，而不是赫伯特使他沉沦。拿起所有第 127—152 首献给她的十四行诗，朗读这些诗，你会发现从未见过有如此激情涨落的诗句，它奔涌着的疯狂与愤怒，在其他任何文学作品中都找不到。

每一首十四行诗都以其可怕的真诚而著称。在十四行诗中，莎士比亚 126
一遍遍筹措佳辞向年轻人表达非凡的精神之美；在这方面，几乎没有人如此去做：莎士比亚在给年轻人写信的时候，从未忘记他的艺术；当他给这个女人写信的时候，他不是一个艺术家，而是一个情人。读第 140 首十四行诗，看它里面的愤怒和威胁：

你狠心，也该放聪明；别让污蔑
把我不做声的忍耐逼得太甚；
免得悲哀赐我喉舌，让你领略
我的可怜的痛苦会怎样发狠。
你若学了乖，爱呵，就觉得理应
对我说你爱我，纵使你不如此；
好像暴躁的病人，当死期已近，
只愿听医生报告健康的消息；
因为我若是绝望，我就会发疯，
疯狂中难保不把你胡乱咒骂：
这乖张世界是那么不成体统，
疯狂的耳总爱听疯子的坏话。
　　要我不发疯，而你不遭受诽谤，
　　你得把眼睛正视，尽管心放荡。①

第147首十四行诗是一种激情的尖叫，在强度上近乎疯狂：

我的爱是一种热病，它老切盼
那能够使它长期保养的单方，
服食一种能够维持病状的药散，
127 使多变的病态食欲长久旺盛。
理性（那医治我的爱情的医生）
生气我不遵守他给我的嘱咐，
把我扔下，使我绝望，因为不信
医药的欲望，我知道，是条死路。
我再无生望，既然丧失了理智，
整天都惶惑不安、烦躁、疯狂；
无论思想或谈话，全像个疯子，
脱离了真实，无目的，杂乱无章；
　　因为我曾赌咒说你美，说你璀璨，

① 译者注：《莎士比亚全集》（六），第664页。

你却是地狱一般黑，夜一般暗。①

第 150 首十四行诗描绘了他情人的威力以及永恒的魅力，他的欣赏就是他内心的烦恼，于是他说：

哦，从什么威力你取得这力量，
连缺陷也能把我的心灵支配？
教我污蔑我可靠的目光撒谎，
并矢口否认太阳使白天明媚？
何来这化腐朽为神奇的本领，
使你的种种丑恶不堪的表现
都具有一种灵活强劲的保证，
使它们，对于我，超越一切至善？
谁教你有办法使我更加爱你，
当我听到和见到你种种可憎？② ……

第 151 首十四行诗是对性欲的率真坦白，正如泰勒先生（Mr. Tyler）第一个指出的，这里还包含了对玛丽·菲顿名字（适合一个）相当清晰的指认：

因为，你出卖了我，我的笨肉体
又哄我出卖我更高贵的部分；
我灵魂叮嘱我肉体，说它可以
在爱情上胜利；肉体再不作声， 128
一听见你的名字就马上指出
你是它的胜利品；……
所以我可问心无愧地称呼她
做“爱”，我为她的爱起来又倒下。③

---

① 译者注：《莎士比亚全集》（六），第 671 页。

② 译者注：同上书，第 674 页。

③ 译者注：同上书，第 675 页。

最后，在第 152 首十四行诗中，莎士比亚以他最迷人的品质——公正的理解力承认说：若他所爱的人有两次不守誓言，并打破床上的誓约或婚誓，那么他自己则背盟二十次；他对她的“深情厚谊”发誓：

说你多热烈、多忠诚、永不变卦，
……还有比这荒唐：
抹杀真理去坚持那么黑的谎![①] ……

现在，我必须把这些迷人的诗歌交还给它们的忏悔，供认不知餍足的欲望，疯狂的嫉妒，蔑视和愤怒，以至于那可悲的坦白——也是一种解释——他所有的誓言都是自私的——“无节制地为你发誓”，最终，信念全无：

因而对于你已经失尽信约。
我曾矢口作证你对我的深爱：
说你多热烈、多忠诚、永不变卦，
我使眼睛失明，好让你显光彩，
教眼睛发誓，把眼前景说成虚假——
　　我发誓说你美！还有比这荒唐：
　　抹杀真理去坚持那么黑的谎![②]

129 这是他的悔恨，他曾试图把她理想化，甚至把她描绘成拥有“深深的仁慈”，那是我们在朱利娅、鲍西娅和罗瑟琳身上看到的善良的灵魂。

在我从抒情诗中完全走出来之前，我必须先讲一下《倩女怨》这首诗，它出现在 1609 年第一版的十四行诗的末尾。在我看来，它好像写于 1598 年。它包含的是莎士比亚、玛丽·菲顿和赫伯特勋爵粗率随意的小素描，在没有完整证据的情况下，我们不可忽视它。如果我正确诵读这首诗，则会发现它讲述的是玛丽·菲顿诱惑赫伯特的故事，但可辨认的笔触是轻描淡写与率性随意，我不会过分重视它。也还是这种轻描淡写与率性随意的笔触支持了我的论点：使莎士比亚满腔嫉妒而愤怒的，不是玛丽·

① 译者注：《莎士比亚全集》（六），第 676 页。
② 译者注：同上。

菲顿失身于赫伯特这件事本身，而是这个女人无休止的朝三暮四。他所能原谅的任何一个错误，无非因为他觉得：自己的满腔忠诚被倾倒进了无底的漏斗，这让他陷入绝望。

在《倩女怨》中，莎士比亚只出现在几节诗句中，下面是诗中对他的描绘：

一位老者在近处看守牛群， 130
他也许性情狂暴，但他确曾亲尝
多次城市和宫廷里的变乱，曾经
经历过许多飞速流逝的时光，
他急急走近这悲痛的姑娘：
他的年岁容许他不避嫌疑，
他要问问她为什么如此悲戚。① ……

事实上，“一位老者”“他的年岁容许他不避嫌疑”以及早先在城市和宫廷“性情狂暴”等话语提醒了我：这是他想要默认的忏悔。但更具莎士比亚特点的仍旧是，即使在青年全盛期与飞逝的洒脱日子里，莎士比亚其实都是在留神观察中度过，可这些崇高品质，与我们不知名的牛倌有什么关系呢？

凭着她的骄傲，玛丽·菲顿也被认出，因为骄傲与头发未仔细梳理没多大关系：

她的头发，没仔细梳理，也不散乱，
显然她骄傲的双手已懒于梳妆。②

莎士比亚告诉我们：她一开始是如何与赫伯特保持距离的，很快我们就会看到赫伯特用同样的方式来描述她：

实在说，我也并不像某些同伴，
要他怎么，或者他要怎么全应允，

① 译者注：《莎士比亚全集》（六），第683—684页。
② 译者注：同上书，第682页。

我的荣誉早使我感到很为难，
我从来也不容他跟我太亲近[①]……

131 我们也从诗中得到情人费顿起初为何冷淡对待赫伯特的解释：

我还可以说出这人的种种虚假，
也明白他的欺骗手段如何下流，
听说他常在别人地里种庄稼，
也看到他的笑脸里藏着计谋，
明知他的誓言只是钓鱼钩[②]……

但最终她还是屈服了，败在赫伯特恳求下，“傻瓜般地被偷走了贞操”。是他的青春活力和秀美脸庞赢取了她，外加他的巧舌如簧。对赫伯特的描述是我们拥有的最好的；尽管有些粗略，但看起来还相当完整：

他的棕色的发环[③]卷曲下垂，
……
他的下巴还显不出成人的气度[④]……

而下面的诗节对更充分地描摹了他。他告诉我们：他是一个大胆而说话无所顾忌的人，因为他很英俊；他又是一位骑马能手，而且受到令人钦佩的拥护——至少是以个人才俊而获得——这一资格也是莎士比亚和赫伯特二人都十分特征化的东西：

由于在他那善于约束的舌尖，
各种巧辩和深刻锋利的反证，
各种警语和坚强有力的论点，

① 译者注：《莎士比亚全集》（六），第688页。
② 译者注：同上书，第689页。
③ 作者注：在第144首十四行诗里，赫伯特被描述为“一个风姿绰约的男人”。
④ 译者注：《莎士比亚全集》（六），第685页。

全为他自己的方便或露或隐，[①]

这位青年一获得他的目标，他就离开了这个少女，她于是为他违背盟 132
誓而伤悲，并折断了他送给她的戒指。

我相信，正如它所描述的那样，这首诗中对三个人物以轻柔笔触所画出的铅笔素描，是以它自己的特有方式呈现出非常有趣的一面，尽管它本身也许并不足以令人信服。但关于赫伯特和玛丽·菲顿之间关系的模糊轮廓已被确证，在我现在即将处理的戏剧中，其力量已远超预期。

① 译者注：《莎士比亚全集》（六），第686—687页。

133 第七章　赫伯特如何看待玛丽·菲顿的诱惑

《终成眷属》：海丽娜与勃特拉姆；玛丽·菲顿与赫伯特勋爵

当我的著作《男人莎士比亚》面世时，我的一位最能干的、最富同情心的批评者——阿诺德·班尼特（Arnold Bennett）指着我的陈述说：莎士比亚对赫伯特的友谊只是肤浅的，是书中最薄弱的一点。预计阿诺德·班尼特（Arnold Bennett）先生将会成为一位最优秀的评论家，因为精美的批评正是富有创造性的天才的另一面。可我几乎绝望于在这个问题上再发现不了任何进一步的证据，因为莎士比亚的势利，以及他希望来自威廉·赫伯特勋爵的帮助（更别说对自身安全的合法担心），阻碍他向我们坦白他的想法：他高贵的朋友不忠实。他在十四行诗里足够清楚地暗示了这一点，而且在《维洛那二绅士》与《无事生非》的戏剧盾牌的保护下，会看得更为清晰；不过，我们还需要更多的东西来证明。

134 当我被要求写《莎士比亚的女人们》时，我在意大利南部休假，没带书籍，前期的阅读笔记也没带，但这种匮乏却给我带来了好运。不带任何有意识的偏爱地再次通读莎士比亚全集时，我在他后期的一部戏《皆大欢喜》中有发现。尽管柯勒律治对其极尽溢美之辞，可我一直不喜欢这部戏，因此，这次就好奇地阅读了。我的发现是：该作有着非凡的意义，它向我们展示了回到生活的赫伯特，以及他在与玛丽·菲顿的关系中的难以言表的粗俗及下流看法。我承认自己的监督更容易，因为它证明我几乎未试图过滤那些简单推论。

我们可以从莎士比亚的成熟判断之光照下，看到赫伯特。他以最高的艺术让我们明白赫伯特是如何来看待玛丽·菲顿的诱惑的。事实上，我们有赫伯特的坦白，这些坦白就好像是从他自己的嘴唇上取下来的一样，把涉及“我”的加点，把“你”的划掉，如此来做，那些能读完它且仍认为这两个男人之间有一种罪恶的亲密关系的人，是值得同情的。

这么说吧，尽管早期的素描是它的骨架，但《终成眷属》仍旧是这位大师成熟期的一个作品。

正如我说过的，这是最重要的，因为它填补了我们知识的空白，不仅 135
使赫伯特对玛丽·菲顿的看法更加清晰，而且更加无限吸引我们的是，莎士比亚如何把他看作出身高贵的保护人、朋友和竞争者的。

在这部戏中，海丽娜（Helena）的画像被如此盛赞，所以需要仔细审视它。柯勒律治称海丽娜为“莎士比亚笔下最可爱的人物”，而保守派教授们也都效仿了这一荒谬的赞词。先处理这个小问题是很方便的，因为它为通往更大问题的核心提供了一个简易入口。

海丽娜的特点在第一幕第一场只是个梗概，是没法修饰的。她承认自己爱上了“一颗特殊的明星”勃特拉姆（Bertram）：

> 在我的想象之中，
> 除了勃特拉姆以外没有别人的影子。
> 我现在一切都完了！
> 要是勃特拉姆离我而去①……

这几乎不是一个年轻女孩向人坦言自己爱情的方式，即便是对自己说，也几乎不可能。这一点无须强调②。

接着，帕洛（Parolles）来访，她对他的评价实在是太正确了，说他 136
是一个“臭名昭著的骗子”，一个懦夫，和“一个伟大的傻瓜”；然而，她却立刻与这个傻瓜懦夫为伍，在一场关于处女贞操的长篇讨论中，她承认自己“抵抗力软弱”，坦白她希望自己能“顺从自己的喜好”而不再如此。

---

① 译者注：《莎士比亚全集》（二），第308页。

② 作者注：的确，除非这是莎士比亚想让她谈玛丽·菲顿对赫伯特的热情。

然后她在大厅上与勃特拉姆谈论，用大量的图景来展示她的言辞智慧，这是依照青年莎士比亚那个时代和习俗下的流行时尚来谈的；最后，她开始变得陷入沉思地、近乎哲学地、开始了她押韵的独白：

一切办法都在我们自己，
虽然我们把它诿之天意①……

这段独白以一段不自然的廉价而俗丽的言辞结尾：

……他们曾经的付出
能够努力发挥她的本领的，怎么会在恋爱上失败？
王上的病——我的计划也许只是一种妄想，
可是我的主意已决，一定要把它尝试一下。②

在所有这80或100行里，几乎没有一丝女性特征的线索。就像莎士比亚早期在同一领域的败笔一样，它只是个单薄的、毫无生机的素描。海丽娜的最佳词汇是她描述所爱的人时的那些话；她欣赏他的“秀曲的眉毛”“鹰样的眼睛”和“卷发”。

137 我必须注意到，这种外貌描述，莎士比亚作品中很少见，但很重要；这表明莎士比亚对勃特拉姆的特征③特别感兴趣。

海丽娜性格中的最主要特点是思想和语言上的粗俗，而这种粗俗是莎士比亚大多数女主人公的特征。那些跟风柯勒律治的英国批评已经在阐释中耗尽了他们的创造力。辩护很简单：若你乐意发现的话，会发现整个错误出在时间上，那就是认为：莎士比亚的女主人公比弗莱彻④的头脑更清晰，还有什么能比这更让大家再希望有的呢？但所有时代并非早先的就粗糙；荷马和索福克勒斯就无此错，而但丁（Dante）的弗朗西斯卡（Francesca）则是谨言慎行的典范。看来错在我们的种族，或更确切地说，

---

① 译者注：《莎士比亚全集》（二），第312页。

② 译者注：第一行“他们曾经的付出”是本书译者据著者表意目的及莎翁原话而译，后面三行是引自《莎士比亚全集》（二），第313页。

③ 作者注：又骄傲又也是“卷发”，这自然吸引我们把勃特拉姆与那位不忠的年轻情人联系在一起，那就是在《倩女怨》里的赫伯特——他那棕色的锁，挂在那卷曲的卷发里。

④ 译者注：Fletcher John（约翰·弗莱彻1579—1625），与莎士比亚同时代的英国剧作家。

错在作者，尽管我们若作如下推断，就不会错得太离谱，即认为：讨论莎士比亚时代舞台上的年轻贵族，就是跟他们一样淫荡。

他在剧院遇见的年轻女子，十个有九个心甘情愿与其贵族崇拜者一起 138
淫秽互动，但在他的戏剧中所发现的粗俗言论，必须归因于他的个人喜好。在这方面，索福克勒斯（Sophocles）和阿里斯托芬（Aristophanes）虽在同一时期，却截然不同，而斯宾塞（Spenser）① 比我们的世界诗人要委婉许多。

也可以肯定的是，从茂丘西奥（Mercutio）和哈姆雷特，以及一直以来都很有名的女仆，乃至莎士比亚自己也都很喜欢嘲笑那些在我们更拘谨的时候，感觉吓人的一连串淫猥。我觉得他在这个问题上没有任何过错，但当他描写单纯的少女们享受这种讨论的高潮滋味时，我只能说他违背了艺术的本质，犯错了。她让海丽娜急切地谈她的贞操，这并没有让我们觉得她变真实了，而是更不真实了。年轻女孩喜欢和她们鄙视的男人讨论这个主题，这种特征的女孩还从未有过。当然，真实情况是，玛丽·菲顿（Mary Fitton）过于性感、大胆、直率，而且因为莎士比亚对她的热爱，他一直想把她的品质放到他的女主角身上去写。据说拉斐尔（Raphael）把他情人的那双褐色的杏仁眼安在了他圣母玛利亚（Madonnas）的脸上。

当被问伯爵夫人问及时，海丽娜被迫承认她的爱恋的秘密；没错，她 139
一开始是用言语来搪塞；但一当她鼓足勇气去承认，她对爱情的宣告，就变得像小伙子那样坦率又充满激情。这篇长篇大论是后来修订的，显然是莎士比亚自己的供认。这里有几行：

> 我知道我的爱是没有希望的徒劳，
> 可是在这罗网一样千孔万眼的筛子里，
> 依然把我的爱如水的深情灌注下去，
> 永远不感到干涸。我正像印度人
> 一样虔信而执迷，我崇拜着

---

① 译者注：此即埃德蒙·斯宾塞（Edmund Spenser，1552—1599），英国文艺复兴时期的伟大诗人。其代表作有长篇史诗《仙后》，田园诗集《牧人月历》。

太阳①，它的光辉虽然也照到它的信徒的身上，
却根本不知道有这样一个人②……

如果有人怀疑这是莎士比亚借他的适当人选来表达他对玛丽·菲顿的爱，那就让他仔细琢磨我用斜体标出的诗行吧。海丽娜继续说：

……哦！那么请您可怜可怜
我这命薄缘悭，
自知无望；
拼着在默默无闻中
了此残生的人儿吧！③

140 最后几句诗中悲伤的、像薇奥拉（Viola）一样的无望，对海丽娜是不真实的；因为海丽娜已经告诉我们说她的“意图是坚定的”；她已经想要治愈国王，要勃特拉姆（Bertram）伸手过来表示酬劳。

她对国王的劝说中也没有一点女性的气质，这的确是一种奇怪的平静而理性的语气：

那么就给我一个机会，让我试一试我的本领，又有什么妨碍呢？④

当国王问她多长时间能够治愈时，她突然开始模仿诗歌：

只要慈悲的上帝鉴临垂佑，
在太阳神的骏马拖着
火轮兜了两个圈子，

---

① 作者注：《爱的徒劳》中的俾隆是莎士比亚本人的面具，而俾隆则对罗瑟琳说：

保证你的脸上有阳光我们像野蛮人一样崇拜它。

但这是一个“吹毛求疵的、难以把握的筛子”，这让我相信，莎士比亚在这里表达了他自己的遗憾。

② 译者注：《莎士比亚全集》（二），第323页。

③ 译者注：同上。

④ 译者注：同上书，第330页。

阴沉的暮色两次
吹熄了朦胧的残辉①……

这样一来，他的国王威严就应该受到惊扰，或至少是被惹恼，而不是被说服。

当被问及在治疗方面“她将会做什么”时，她不是以女主角的谦逊，而是以年轻的抒情诗人的傲慢不恭的口吻回答说：

请陛下谴责我的鲁莽，
把我当作一个无耻的娼妓，让世人编造诽谤的歌谣，
宣扬我的耻辱；我的处女的清名永远丧失，
如果这还不够，我的生命
也可以在最苛虐的酷刑中毁灭。②

这里的韵文为这样的吹嘘添上了一种精致的喜剧性笔触，因为这样的 141
吹嘘将会适合帕洛（Parolles），甚至是不朽的手枪。

接着，赫尔福德（Herford）教授在埃弗斯利版（Eversley Edition）中称她为“纯洁而精致的海丽娜”，大胆地要她可能选择的丈夫予以回报。当然，所有这些材料都是在批评之下的，有人可能会把午夜的猫叫当作雄辩的口才，因为这只是一个处女角色的戏剧化呈现。海丽娜几乎一点也不说话；事实上，这只不过是青年莎士比亚粗俗观点的代言。他后来写的几句话到处闪闪发光；但它们都嵌入了大量押韵的废话，只会让我们对该女孩的看法产生混淆。

我们现在已经到了第二幕的中间，要想让海丽娜为我们活着，几乎是任何艺术都不可能的。然而，莎士比亚似乎已经下定决心去尝试不可能的事情，因为我们现在不断地看到他富有成熟男子气概的修正。当被要求选择她的丈夫时，海丽娜突然忘记了她的大胆，开始像女孩一样说话；或者更像是莎士比亚的一个女孩，说出了鲍西娅的选择：

---

① 译者注：《莎士比亚全集》（二），第 331 页。

② 译者注：同上。

142 我是一个简单愚鲁的女子，我可以向人夸耀的①
只是我是一个清白的少女。
陛下，我已经选好了。
我颊上的羞红向我低声耳语：
“我们为你害羞，因为你竟敢选择你自己的意中人；
可是你倘然拒绝了，那么让苍白的死亡永远罩在你的颊上吧，
我们是永不再来的了。”②

我不喜欢这段节选的第二行，虽然它表达了一种莎士比亚使用了一百次的感情；但不欣赏第三行的方式是不可能的，因为它几乎把错误变成了美丽。然而，海丽娜却像她所做的那样突然地丢掉了少女的端庄；显然，莎士比亚并没有把她的演讲修改为第四主位；这位“纯洁”的少女说：

你太年轻，太幸福，太好了
我配不上给您生儿养女。③

随之，她又对勃特拉姆说，实际正如鲍西娅对巴塞尼奥说的那样。鲍西娅说：

她温柔的精神
致力于跟随你的指引
正如跟着她的主人，她的统御者，她的王。

143 海丽娜说：

我不敢说我选取了您，可是我愿意
把我自己奉献给您，终身为您服役，
一切听从您的指导。——这就是我选中的人④……

---

① 作者注：这个“可以向人夸耀的”让我想起了鲍西娅的“最快乐的事”。
② 译者注：《莎士比亚全集》（二），第337—338页。
③ 译者注：同上书，第339页。
④ 译者注：同上。

你本可以希望把最后那几个字去掉；但是前两行几乎挽救了局面。

当勃特拉姆说：

> 我不能爱她，我也不想爱她。①

考虑到他们之间的最终和解，有人会惊奇：为何勃特拉姆要如此多余地粗鲁又断然。勃特拉姆的草率粗鲁，就跟他的“鬈发”及其对自己出身的无情的傲慢一样。首先让我看到，莎士比亚把勃特拉姆当作他那不忠的朋友、对手威廉·赫伯特勋爵了。因为勃特拉姆的无礼，不仅夸张地超出了演戏的需要，而且也与我们从赫伯特性格史，以及他与玛丽·菲顿之间的关系中所了解到的情况。在情人费顿为他生了个孩子后，威廉·赫伯特勋爵被要求娶她；但他断然拒绝了，我们被告知，他“承认这事”，但拒绝对此负责。

勃特拉姆的蔑视如此伤人，以至于海丽娜暂时放弃了她奇怪的求爱方 144
式。“其余的事情，不必谈了。”她哭着说。但伤害已经种下了。而且，当他克服了自己的不情愿而表示愿意娶她时，她明知他不喜欢她，但还是牵起他的手②，正如海丽娜带着谦恭的羞愧而改变了粗糙的追求一样，所以现在，她以大胆的方式改变了谦卑。她对勃特拉姆说：

> ……夫君，只是
> 我是您的最恭顺的仆人。③

这话听起来危机四伏，有点像滑稽的夸张，下一刻她向那并不爱她的主人索吻！

---

① 译者注：《莎士比亚全集》（二），第 340 页。

② 译者注：这是本书作者的看法。但是我们知道，剧本中莎士比亚的安排是：其一，是国王要求牵手，而并非海丽娜主动牵手；其二，伸手去牵的，不是海丽娜，而是勃特拉姆，因为国王对勃特拉姆说“Take her by the hand，/And tell her she is thine; to whom I promise/A counterpoise, if not to thy estate/A balance more replete.”（“牵着她的手，对她说她是你的；我答应给她一份财产，即使不比你原有的财产更富，也一定可以和你的互相匹配。”）而勃特拉姆的回答是“I take her hand.”（“我愿意娶她为妻。”）随后国王一番叮嘱之后就是“（国王、勃特拉姆、海丽娜、群臣及侍从等同下）”的舞台提示语。换言之，从这里的语言来看，没有海丽娜主动去牵勃特拉姆之手的“大胆”之举，要是顺应剧情的安排而出现的自然表演，也应该是：下台时，勃特拉姆（按照国王的要求）去牵海丽娜的手，同下。这里的英文摘自《莎士比亚全集》，上海世界图书出版公司 2010 年版，第 336 页；中文摘自《莎士比亚全集》（二），第 341 页。

③ 译者注：《莎士比亚全集》（二），第 349 页。

过了一会儿，我们有了著名的段落，她把勃特拉姆描画成是被她驱赶到战争中去的、爱怜他的“温柔的四肢”，祈祷着子弹“飞向错误的目标”。但即便如诗一样的语句，也无可救赎海丽娜，也无以回报她的信赖，她的这种祈祷，千倍于那个强迫他娶她的冲动，她祈祷自己的丈夫、自己的爱人安好。

在他年轻的时候，莎士比亚似乎对女孩知之甚少，也不知道她们天生的谦逊，这一事实的本身就给他妻子的性格投射了邪恶的侧光。

145 “终成眷属”是海丽娜一再重申的说法。但这话没能在她身上落实。且看这些话：

> 但是，啊，奇怪的男人
> 这种甜蜜的使用可以制造出他们所憎恨的东西。

在这种情况下，“甜蜜的使用”是一种冒犯：这是一个男孩的忏悔，而不是女孩的。

在该剧开始时，海丽娜是在离奇的谦逊与厚脸皮的大胆间摇摆的一种男孩；后来在其怜悯与情感的细腻笔触中，她变成了一个女人；我往好里说，戏剧诗人连一半都没意识到她。当布兰德斯博士（Dr. Brandes）称她为“病人格莉赛达（Griselda）”并认为莎士比亚已经摆脱了她作为“一位拉斐尔式美女”的形象，我原谅他被英国评论家引入歧途的表述。但是，当道登教授（Professor Dowden）断言：莎士比亚无法选择，只得努力使海丽娜“神圣大胆”之全部性格与行为变得美丽而高贵，我对此只能撇嘴一笑，回想起了海因（Heine）对英国评论家们的轻蔑嘲笑。

事实是，海丽娜的性格只是一堆矛盾，无连贯性，也没魅力；她没有足够清醒或深刻的意识去活下去。

146 这出戏的整个故事都不适合一个年轻女孩的性格，也许根本不可能使一个女孩变得迷人乃至更可信，谁会在这么短时间追求到一个男人或用这样的诡计来赢得他。

莎士比亚大概早就勾勒了这出戏的草图，当时他画的是那些追着男人跑的女孩，但他现在确认勃特拉姆就是赫伯特勋爵，不能把玛丽·菲顿对他敌手的爱完全呈现出来。

我很高兴，正如约翰逊博士（Dr. Johnson）“没法用自己的心理解勃特

拉姆”一样，史文朋（Swinburne）也有充分的理由“无法用自己的直觉感知海丽娜”。但对史文朋来说，他太想要赞扬莎士比亚的每一部作品了，所以他继续谈论：“‘甜蜜、宁静、天空般的’神圣与可敬的沧桑年龄的吸引力，这比以往任何时候都让老罗西昂伯爵夫人那无可比照的形象更接近我们。”这种唱颂歌的方式是不可取的，但对这位老妇人形象的研究，将会以最简单的方式把我们带到主要论题，即确认勃特拉姆就是赫伯特，以及他的承认。

史文朋显然把伯爵夫人所有的话都当作性格化呈现，而更多的时候， 147
莎士比亚并不是把她当作掩护来展示他自己的智慧。

一开始，她用令人难忘的话语来解释海丽娜的激情。

> 我在年轻时候也是这样的。
> 我们是自然的子女，谁都有天赋的感情；这一枚荆棘，
> 正是青春的蔷薇上少不了的。
> 有了我们，就有感情；有了感情，就少不了这种事。
> 当热烈的恋情给青春打下了烙印，
> 这正是自然天性的标志和记号。
> 在我们旧日的回忆之中，
> 我们也曾经犯过同样的过失，虽然在那时我们并不以为那有什么不对。①

在他所有的作品中，莎士比亚都未试图向我们表达他对激情的真实看法，如他在此仔细呈现的那样，他毫不掩饰地坦白了自己的真实看法。他说，欲望理所当然地属于青年，但却谴责它是玫瑰的刺。他问：这是一个错误吗？在青年时代，我们不这样认为。这是他半心半意的回答。再没比这里能更清楚地看到他是多么渴望保持一个完美的平衡了，而爱默生（Emerson）的遗憾是：莎士比亚从来没有把他的全部心思都放在给我们呈现他最高水平的事项上，这里只关乎他作为一个男人的承认而已。其实，是爱默生没能读懂剧作家。在这个问题上，至少莎士比亚的观点更理智，更平衡，更接近真理的核心，而不是爱默生的廉价清教主义考虑。

---

① 译者注：《莎士比亚全集》（二），第320页。

148 但是，正如莎士比亚在这里所认为的那样，激情的欲望是一个孤独的青年，它会随着岁月的流逝而消失。这是真的吗？看起来他是根据惯例来判断，而并非他改变自己的体验判断。

这个演讲没有为我们描绘伯爵夫人。没有一个老太太会急于保持一个完美的平衡。如果她喜欢这个女孩，她可能会笑看该女孩对她儿子的苦恋；如果她不喜欢她，她就会鄙视她的苦恋。伯爵夫人太精明了。或者说，莎士比亚在这里暗示一位老妇人对激情的看法比男人更严厉？我想不是这样，这对剧作家来说太微妙了。显然，我们在这里得到了莎士比亚最严谨地给出的自己的观点①。

在第三幕第二场，老伯爵夫人给我们带来了惊奇。当她听到儿子已经婚娶了海丽娜，却并不同床，且发誓要永远“不同床”时，她责称他为“鲁莽的、放肆的男孩”，她宣称“我和他从此断绝母子情分”，而且“二十个这样无礼的孩子”才可能配得上伺候海丽娜。

149 她恳求那位大臣到他那里去：

> ……为我向他寄语，他的剑是永远赎不回
> 他所已经失去的荣誉的。我还有一封信，
> 写了要托两位带去。② ……

这是什么意思？这看起来好像莎士比亚是站在玛丽·菲顿一边来对抗年轻的赫伯特的。不管怎样，这种谴责都太不偏不倚，太过于强调一个母亲对待独生子的表达。因此，它让人思考：赫伯特的母亲当然是“西德尼的妹妹”，并以高品质而闻名。我想莎士比亚在画罗西昂老伯爵夫人时想到了这个很好的模型。然而，这也可能是，当他描绘一个母亲对其独生子太过严厉的评判时，至少她须有极特殊理由不喜欢他。以同样的方式，他在《错误的喜剧》里安排了不偏不倚的主持尼（Abbess）来谴责他的妻子

① 作者注：在《爱的徒劳》中英雄俾隆是青年莎士比亚的另一个自我，以同样的方式谈论着激情，但有两到三年的经验：

> 年轻的血液不遵旧的法令；
> 我们不能明白我们为何出生……

② 译者注：《莎士比亚全集》（二），第355页。

阿德里安娜（Adriana），及其喋喋不休的嫉妒责骂。此外，令人惊讶的是，莎士比亚在其创作成熟时期，竟还修订像《终成眷属》里如此单薄的素描。他一定知道这个主题是不可能的：他为什么要描画这个？他为什么在处理之后还给它留下这么糟糕的状况？

例如，当米开朗基罗的雕像未完成时，他的罗丹尼宫（Rodanini Pal- 150
ace）的皮塔（Pieta）就会出现，因为粗糙不完美的造型，粗鲁的鼻子和巨大的、不好看的接口，比完美的形象更具表现力。同样，如果莎士比亚把这个令人不满意的主题放在手边，修改时，这里漫不经心而那里又别致精细来些不必要的细节，当然是为了满足自我表达的一些个人需要。整个剧本都充满了困难，评论家从未试图回答，甚至从未直面过，让我们看看这个谜语本身是否能自解。

首先，让我们尽力接近修订日期。有几篇文章能帮我们解决这个问题。每个人都记得《麦克白》里的守门人是怎么说那些以“令人愉快的[1]装傻方式点燃永恒的篝火”的人。在《终成眷属》第四幕的第五场给了我们第一张关于那个华丽短句的草图。他说的是：

> 通向宽阔大门和壮观篝火的绚丽道路。

此外，我们已经在对海丽娜的修订版中发现了鲍西娅的独特回声和薇奥拉（Viola）的蛛丝马迹。

这个修订版比《麦克白》要早得多，但它显然是莎士比亚受苦的产 151
物。更确切地说，我敢肯定，这比《哈姆雷特》更早，因为它还不是那么太苦，而且可能比《第十二夜》和《裘力斯·恺撒》更晚。这一时间进一步解释了为什么莎士比亚对海丽娜性格的修改是如此的无效。当他对《维洛那二绅士》进行修改时，他做得浑圆整一；他面前有一个后来为鲍西娅服务的模型；这就是他从远距离对玛丽·菲顿的初始看法，认为她是一个伟大的女士，他让她对于我们是值得相信的，因为他想象她爱上了他。但在修订《终成眷属》之前，他被玛丽·菲顿欺骗了，被迫认识到她的放荡；他坚持爱她，试图重建他已毁之爱；他还没有告诉我们关于她的赤裸

---

[1] 作者注：在《哈姆雷特》中，奥菲利娅也提到了“逗笑的令人愉快之路”。

裸的事实：他仍然宁愿把她理想化，但他无法用任何魅力或真诚来描述她对赫伯特－勃特拉姆的爱；因此，即使是修订版也犹豫不定而难以满意。出于该原因以及其他很快将自我呈现的原因，我把《终成眷属》的修订时间定在，《裘力斯·恺撒》的前后，并稍比《哈姆雷特》早一点。但具体是在《裘力斯·恺撒》之前还是之后，也就不重要了。

152 我们已经足够接近莎士比亚本性与成长的真情，这也许比当时的真实更好。

现在，让我们记住这一知识的主要问题，莎士比亚改定该剧《终成眷属》在 1601 年，这是在他爱上“黑暗女王”一段时间之后，也是在赫伯特背叛他之后。当约翰逊博士（Dr. Johnson）谴责勃特拉姆时，他比他知道的要更聪明。在我看来，莎士比亚对年轻的赫伯特的某些错误的厌恶，在勃特拉姆的这幅粗糙的素描中就已经显露出来了。与他的习惯相反，剧作家迫使我们憎恶他的主人公。此外，尽管勃特拉姆是该剧的主角，但他显然是被准许朝莎士比亚明显让我们钦佩的女主人公说出最轻蔑的话的。赋予勃特拉姆的每个品质都必须仔细权衡。他极其冷漠傲慢于自己的高贵出身，紧扣海丽娜的“最卑微身份”不放，并鄙视她是“一个可怜医生之女”，尽管自己母亲很爱她。而且，其母不仅指责他，而且疏远我们对他的同情，但帕洛说他是“一个愚蠢懒散的男孩；但对所有人来说，他又很多情”。

153 尽管他被呈现为在一个晚上干好了“十六件事……每件需要一个月”，尽管他被称赞为所有的勇气和能力，帕洛回到了指控中，宣称年轻的伯爵是“一个危险的、淫荡的男孩，他是一个掠食处女贞操的鲸鱼，吞噬它发现的所有鱼苗”。然而，这个淫荡的勃特拉姆却拒绝“同床”海丽娜。这些不必要的矛盾、夸张式的精确，以及帕洛加强语气的指控，背离了个人情感。此外，所有这些指控，与当时青年赫伯特当时的肖像吻合，克拉伦登（Clarendon）给我们提供了他的淫荡。

另一个重要点是，莎士比亚知道他将愉快地结束这出戏。因此，当勃特拉姆得知他早先已经与海丽娜睡过了时，他必须改变对她的态度，并表现出对她的感情；他这样做了，实际上，他申明他会“非常、非常地爱她”。这样的共枕而眠就能使他发生根本性转变，这可能吗？有人会认为，会如此的，至少悄没声息地过了这一关，留给我们的想象去推断吧。但莎士比亚讨厌这个勃特拉姆，让他断言说曾经的拥眠对他没什么影响。而事实上，我们知道拥眠并未对赫伯特有什么影响。

但在艺术上，突然变化的这种情感必须要有动机。那么，为何勃特拉 154
姆对海丽娜从憎恨突然变成了热爱？能够成为一种解释的，是不能说出口的，因为不太可能，所以不太可信！一个人不会没理由地由憎恨转向热爱，而勃特拉姆却没留下一丝理由的踪影。但莎士比亚在他成熟期作品中没犯这种粗疏错误。在他一方的这种错误，总是由于个人感情。

还有另一个证据本身应该是令人信服的。勃特拉姆承认：他拥有的戴安娜－海丽娜是最独特的。这比我们将要看到的没必要还要糟糕。最好是在默默无语中放过这件事；然而，非要拖进个坦白，还说得很详尽，这就让勃特拉姆在读者眼中变成一个无法形容的无赖，使他比他母亲的谴责或帕洛的蔑视还远为低劣。然而，在精湛的艺术中，这种对坦白的谴责，是为了让我们记得对方的真诚，事实上，通过粗心的、不经意的表达，强化了真实的每一个痕迹。让我们逐字逐句地衡量一下，以便确认莎士比亚所告诉给我们的关于赫伯特与玛丽·菲顿间联系之事实真相。勃特拉姆说：

> ……我的确曾经喜欢过她。 155
>
> 也曾经和她发生一段缱绻，年轻人喜欢风流，这些逢场作戏的事实是免不了的。
>
> 她知道与我身份悬殊，有心诱我上钩，
> 故意装出一副冷若冰霜的神气来激动我。
> 因为在恋爱过程中的一切障碍，
> 都是足以挑起更大的情热的。
> *凭着她的层出不穷的手段和迷人的娇态，*
> *她终于把我征服了。她得到了我的指环，*
> 我向她换到的，*却是*
> *出普通市价都可以买得到的东西。*①……

在这里，我们终于得到了平淡的、无掩饰的真相。这肯定是赫伯特－勃特拉姆对玛丽·菲顿的看法。我用斜体标出的几行都是我有强烈的兴趣："层出不穷的手段"是玛丽·菲顿疯狂的渴望，假装的自我克制——

① 译者注：《莎士比亚全集》（二），第401—402页。

后来都被用来使克里西达（Cressida）和克莉奥佩特拉（Cleopatra）对于我们而言，更具生活化；而“迷人的娇态”则是我们可以确信的玛丽·菲顿的神奇天赋。作为她与生俱来的本能，正如此处最后两行对她廉价淫荡的指控，也正如莎士比亚在十四行诗中以此一遍遍指控她一样，把它当作他的“假克瑞西达”血统中不可治愈的替代品来描画。

在这里，我们也有莎士比亚对赫伯特直率的、最终的评价。勃特拉姆-赫伯特向我们呈现的是一个肤浅、自私、有着难以言喻的傲慢的贵族无赖；在他身上，没有一样美德，除了能耐普通，就是逼人的、大胆的冷酷无情。

156 难怪老约翰逊博士（Dr. Johnson）不能忍受他。这幅肖像轻蔑的事实表明，莎士比亚终于能够以其适当价值来评价这位年轻贵族了。事实上，正如我在其他地方说过的那样，他甚至更早地看到了赫伯特的真面目，但他认为在十四行诗中以自己的明确身份来陈述自己的真实看法过于危险。赫伯特自我判断的这种详尽呈现，完全与《维洛那二绅士》与《无事生非》里对“假朋友”和“小偷”的谴责相吻合。但是，我很高兴在这里弄清这一明确关系，因为它不仅让赫伯特与玛丽·菲顿之间的关系，及他为自己高贵出身而愚蠢傲慢的这些事实变得更醒目。而且，它也解开了人们对赫伯特与莎士比亚关系的脆弱本质的所有疑惑。

还有其他一些迹象也表明我的判断是正确的：这个勃特拉姆就是被呈现在这里的赫伯特。我曾说过，历史事实是：当菲顿小姐（Miss Fitton）为赫伯特生下儿子时，她要求他娶她，但被断然地、粗鲁地拒绝，正如勃特拉姆对那个滑稽的要求没兴趣，妄自尊大地拒绝与海丽娜有任何瓜葛。

157 另一个有趣的观点是：当帕洛被国王质问时，他宣称勃特拉姆“为她疯狂”，并补充说，他“知道他们会上床睡觉，以及其他的动作，比如承诺娶她，以及那些会让我反感谈及的事情”。

“允诺的婚娶”本身就足以证明勃特拉姆就是赫伯特的身份，因为这与他的行动毫无关系；它确实与剧本中的精神和书信相矛盾，因为勃特拉姆已经结婚，而且要与他的妻子和好。莎士比亚希望我们相信赫伯特勋爵曾向情人费顿承诺过婚娶她的这一历史事实，似乎暗示着她要求他娶她为妻。进而在此引入帕洛，只是对此动作缀边修饰。除此之外，帕洛所说的那些“我反感提及的事情”指的是什么呢？是莎士比亚表明他对我们的顾虑，还是暗示了赫伯特这边或两边都未透露的更糟的事情？我想，两者都有，当我们开始研究克里西达（Cressida）时，我们会再次发现这一肮脏的暗示，并确认我们最糟糕的怀疑。莎士比亚的痛苦如此巨大，他对赫伯特的厌恶如此强烈，以至于他在争吵中把玛丽·菲顿一方也扯进来，并谈及危险的真相，而这暗示着更深的秘密。

这种对勃特拉姆就是赫伯特的识别，填补了我们认识上带着的巨大空白，完成了我们好奇心愿，也解释了该剧中必然被认为最愚蠢、最根本的错误。 158

我特别高兴地发现，赫伯特－勃特拉姆供认的那些语词“迷人的娇态”（“时髦的优雅”）适用于玛丽·菲顿。有些评论家认为“时髦”（“modern”）应该读作“谦恭”（“modest”），但我更喜欢“时髦”这个词给我们的感觉。我认为该短语是莎士比亚对玛丽·菲顿奇特魅力的认可。这种“时髦的优雅”是我一直在寻找的一种无法解释的魅力，以理解他的“黑暗女王”的永生魅力。在后来的一幅更优秀的莎士比亚爱情的画像中，她的这种特性被最冷酷和最公正的法官选来做赞美。在《安东尼和克莉奥佩特拉》中，恺撒说死了的克莉奥佩特拉看起来

> 她像要抓住另一个安东尼
> 用她强大的优雅之网。

在这部戏里，有一两句话比较笼统：那是莎士比亚对这个角色不屑一顾。

就像他最近的作品一样，在这部戏的末尾，每当他被个人感情牵走时，他就漫不经心地塞进这个或那个几乎无足轻重的角色。比如，第一个贵族说： 159

> 我们的生活之网是一团缠在一起的纱线，好的和坏的缠在一起：如果我们的缺点鞭笞他们，我们的美德将会感到骄傲；如果他们不被我们的美德所珍视，我们的罪行就会绝望。

这当然是我们文雅的、公正的莎士比亚，他自己不戴面具的话。

拉弗（Lafeu）读帕洛（Parolles）书信的好奇方式，简直就跟哈姆雷特后来读吉尔登斯吞（Guildenstern）和罗森格兰兹（Rosencrantz）和奥斯里克（Osric）一模一样。最后，莎士比亚看清像他这样的年轻的奉承者：“在这么

轻的坚果里，肯定没果仁……”又说“这个人的灵魂就是他的衣服”。

很可能在背叛了他之后不久，赫伯特就从莎士比亚身边消失了。无用的自爱通常教我们忽视那些伤害过我们的人，一旦有权势的保护者开始疏远，其他人就会跟随大贵族的样子行动。莎士比亚领教了：只能同安乐不可共患难的朋友的价值。奇怪的是，他一开始并不痛苦。

160 他的痛苦是一种由他的道德判断所支撑的后期生长。这个拉弗（Lafeu）并没有像哈姆雷特谴责吉尔登斯特和罗森格兰兹那样严厉谴责帕洛。事实上，他最终接受了他，并要求他陪他回家；至少他会觉得他身上的乐趣。正如圣保罗（St. Paul）建议的那样，文雅的莎士比亚可以乐观地容忍愚人，因为他管理着，正如拉弗告诉我们的那样，和他们一起“开玩笑”。

莎士比亚把拉弗作为一位睿智的老贵族来素描，让他作为老伯爵夫人画像旁边的一个陪伴，但拉弗的画像却被莎士比亚本人认同为自己。就像成年早期的莎士比亚一样，他喜欢描绘自己的一个方面——尤其是他的快乐、机智与饶舌——在俾隆、葛莱西诺和迈丘西奥身上，所以在成熟的时候，他喜欢把他诚实的忠诚融入那些直言不讳的老绅士身上，比如拉弗、冈萨洛、弗拉维奥斯、梅尼纽斯和肯特。

然而，对我们来说，这出戏的精华在于赫伯特－勃特拉姆的供认。它标明了修改日期，这次谈话是新鲜的，它带有一点契据的味道，最终解决了莎士比亚与威廉·赫伯特勋爵的关系问题。现在，我可以继续以完美的自由来应对莎士比亚与玛丽·菲顿漫长的爱情斗争了。

第八章　《裘力斯·恺撒》《哈姆雷特》《奥赛罗》 161

给你我的全部的爱情。——米开朗基罗

尽管莎士比亚对他的吉卜赛荡妇的热情在十四行诗中达到了燃烧的顶点，但漫长的欲望悸动之午后，却比丰满的正午要热得多。当他在歌中抒情诗中呼喊他的爱情时，他仍然希望能赢得或吸引他的情人；但她那持久的不忠使他的感情与温柔渐渐衰落、干枯至根，只留下了肉体的性欲。一遍又一遍，残酷的欲望被嫉妒所鞭笞以致暴怒，随着他的爱逐渐消逝，他的欲望变得越来越强烈。顺便说一句，我将会表明他所有的重大悲剧都是他对这个女人无情之激情的阶段。她激发了他青春的第一首情歌《罗密欧与朱丽叶》；她也激发了更为精致的、成熟激情的更可怕悲剧《安东尼和克莉奥佩特拉》。

所有的戏剧从 1597 年她的浮现开始，莎士比亚健康之崩溃是因为在 162
为她朴实—粗俗的服务中荡竭了自己的身体和灵魂。最后，在经历了 12 年激情和20 次背叛之后，她最终离开了他，在 1608 年早些时候，她第二次结婚了，他倒下了，用但丁（Dante）的话说，“像一具遗体一样倒下了”——再也没完全恢复起来。若曾有个人是激情的奴隶，那人就是莎士比亚。我们现在要跟随他的痛苦从十四行诗抵达一个又一个从无导引的高度；因为情人是莎士比亚，发疯的狂热的每一个波动都有一个新的杰作做标记。

许多英国评论家都想告诉我，用这种方式来画莎士比亚，我是在贬低他，把他从一个半神变成一个纯粹的人。在我刚开始这趟工作的时候，梅雷迪思（Meredith）警告我说："英国人不会轻易地接受莎士比亚的这个肖像，因为它是在枯萎和燃烧。"但他们会有接受的那一天的，因为事实说服的魔力会让他们发现，我不是让莎士比亚枯萎和受贬，而是在通过呈现莎士比亚这个纯粹的人，而让他更靠近他们的爱和情感。

163 最伟大的灵魂，往往就是那些最肯定会成为这种激情牺牲者的人。歌德最精彩的戏剧场景，源于他对弗雷德里卡（Frederica）的爱，如果他写了他对醉醺醺的烹饪妻子的痴迷激情，那么他可能会做得比推测光学理论好得多。他对激情、无限的宽恕与放纵非常了解，但对色波知之甚少。

但丁也告诉我们，温柔的心是多么容易被感动以至于爱恋：

> 爱情，是温柔的学徒的向往。

比阿特丽斯（Beatrice）不得不责备他有许多不忠。

米开朗基罗（Michelangelo）当然是最强壮的人，但他不得不承认他完全没有能力从欲望的束缚中解脱出来：

> 爱啊，你从何处来，
> 天哪，能够把我从欲望的束缚中解脱。

我们温柔的莎士比亚也被困在同一张网里，这不是耻辱，因为不曾有人把他的奴隶变成这样。他的激情可以在一部部戏剧中进行研究，而这也便成了人类意识中的悲剧象征。

164 在他的亲密行为的前三四年里，他不断地从现实主义和理想主义两方面描绘他的情人的肖像。大约在1600年，他停止了理想主义画像。其原因已被表明。在最后一首写给他的黑爱人的十四行诗中，有个诗行从绝望的深处涌出：

> 我对你所有的诚实的忠贞都失去了。

从这时开始，他放弃了把玛丽·菲顿理想化的尝试。稍后，他将残酷地描绘她的生活，剥脱她的衣服、露出光身子，用自己的轻蔑和痛恨鞭笞她，直到我们被迫怜悯她、偏袒她而反对作为诽谤者和漫画家的他，而他已经忘记自己艺术家的崇高公正力，而深陷嫉妒愤怒。但是，所有的想法都是他的理想化倾向，如果他不能把玛丽·菲顿画成朱利娅、鲍西娅或者比阿特丽斯，他就得把它用在想象的形象上。他情人的不忠使他渴望获得干净纯洁的、忠诚的爱情，他意识到自己本质欲望的现实存在，他才用了奥菲利娅（Ophelia）、苔丝狄蒙娜（Desdemona）和考狄莉亚（Cordelia）等名字来表达。

莎士比亚比其他任何伟大的艺术家都需要现实生活的支撑。给他现实主义的容貌，他就会画一幅永生的肖像，有时是莽汉（Hotspur），有时是侍女（Nurse），但若没了现实生活的助佑，他便会飘荡在闷闷不乐中。

他的奥菲利娅和他的苔丝狄蒙娜也没有任何可弥补的缺点或弱点。奥 165
菲利娅只有在被哈姆雷特侮辱时才会哭，才会发疯；当奥赛罗凌辱、打击苔丝狄蒙娜时，她也会哭泣并原谅他，同时想知道她那流泪的眼睛意味着什么。玛丽·菲顿超乎寻常的脾气与阳刚之气把莎士比亚从爱的精神与勇气以及显著的个性中分离出来：奥菲利娅和苔丝狄蒙娜只是耐心与情感的抽象物——苍白的姐妹灵魂——实际上是没有血缘的姐妹肖像；二人中，谁都很难沾上世俗性情的污点，或温暖人性的痕迹。

在《第十二夜》中，我们看到了第一种朝向模糊理想化的倾向浮现出来。有着顺从与耐心的薇奥拉，可以说，她就是奥菲利娅的第一张速写。但提纲摇摆不定，“她从未向她谈起爱情”，我们在一个著名段落中得到保证，而在不久之后，我们得知她一次又一次地告诉了她对公爵奥西诺（Orsino）的爱。

蔑视我的努力，教授们不会看到作为恋人的莎士比亚与他的《哈姆雷特》二者经历之间的任何联系。赫福德（Herford）教授说：“我们对莎士比亚的个人历史一无所知，这确实解释了哈姆雷特个人特征之惊人与突然强烈，或者说，它改变了人们对这个世界的看法，后者在此第一次变得清晰起来。”

人们只能盯着这颗黑钻石看。莎士比亚在每个舞台上都唱出了他的 166
爱：朱丽叶（Juliet）和鲍西娅（Portia）的年轻快乐，罗瑟琳（Rosaline）和罗瑟琳德（Rosalind）的求爱与欺骗。他在十四行诗中为我们描绘了他嫉妒的痛苦；他喝下的“魔药”是“塞壬的眼泪”，他忍受了“地狱般的时间”。正如布鲁特斯，他爱上了绝望，心甘情愿地死去。然而，这些自封的导师却发现，这一切都无法解释他们所乐称的“变了的世界观”，他们在《哈姆雷特》中宣称“第一次变得明显”。现在让我们思考一下这个问题，这是伟大悲剧的第二个。

《哈姆雷特》的日期通常是借由儿童演员成功演出的资料来标记它是1601年的。它紧跟《裘力斯·恺撒》和《十四行诗》出现。正如我在其他地方所展示的，哈姆雷特的主导激情是嫉妒他母亲的罪恶，以及想要报复叔叔之欲望，他对奥菲利娅的爱只是附带的。该剧有最标志性的特质，它如此怪异乃至令人震惊的是：从未见哪个儿子有如哈姆雷特这般用充满激情的怨恨斥责母亲的不贞。

167 尽管鬼魂警告他，不要让他的思想受到玷污，也不要谋划对抗他的母亲，只是让她去天堂、自己去懊悔，可哈姆雷特已经有了谋杀她的念头。这个主意令人震惊，但他的话是这样的：

> 让我做一个凶徒，可是不要做一个逆子。
>
> 我要用利剑一样的说话刺痛她的心，可是决不伤害她身体上的一根毛发。①
>
> ……

一两行后，这种念头又蹿出来了，他比他被谋害的父亲要更充满仇恨。

从他过度夸张的愤怒中可以看到，哈姆雷特－莎士比亚正在考虑的是他情人的而非他母亲的淫荡，他朝她喊道：

> 你有眼睛吗？
> 你甘心离开这一座大好的高山，
> 靠着这荒野生活吗？嘿！你有眼睛吗？……
> ……那是什么魔鬼
> 蒙住了你的眼睛，把你这样欺骗呢？
> 有眼睛而没有触觉、有触觉而没有视觉，
> 有耳朵而没有眼或手、只有嗅觉而别的什么都没有，
> 甚至只剩下一种官觉还出了毛病，

① 译者注：《莎士比亚全集》（五），第361页。

也不会糊涂到你这步田地。
羞啊！你不觉得惭愧吗？[①] ……

他嫉妒得发狂，用自己淫荡的想象鞭打自己，像奥赛罗和波斯蒂默斯 168
蹂躏自己一样。这只是一位教授或评论员，或某个与世隔绝的无知专家所相信的：一个男人会因为母亲的罪恶而产生如此强烈的嫉妒。该想法比荒谬更糟。用这类词汇说话，无疑是一个人的自我激情折磨。哈姆雷特不断地出现狂躁，一次次猛敲这些音符，又一次次地为他的疯狂嫉妒找到不朽的描绘语词。尽管王后恳求他“不要说下去了”，但他仍旧咆哮：

……嘿，生活在
汗臭垢腻的眠床上，
让淫邪熏没了心窍，
在污秽的猪圈里调情弄爱——[②]

就是这种行为使他发疯，因为它总是使莎士比亚发疯。但是，即便哈姆雷特对他母亲的（玛丽·菲顿的）罪恶的看法是那样满含怨恨，这仍然是一种受挫之爱的痛苦，并非毫无希望，他会让她忏悔，不再通奸，变得纯洁而又善良：

……向上天承认您的罪恶吧，
忏悔过去，警戒未来；
不要把肥料浇在莠草上，
使它们格外蔓延……
王后： 哈姆雷特，你把我的心劈为两半了！
哈姆雷特： 啊！把那坏的一半丢掉， 169
保留那另外的一半，让您的灵魂干净一些。
晚安！可是不要上我叔父的床；
即使您已经失节，也得勉力学做一个贞节妇人……
因为习惯简直有一种

① 译者注：《莎士比亚全集》（五），第366—367页。
② 译者注：同上书，第367页。

改变气质的神奇力量[①]……

这一切都指向他的情人：他仍旧希望她能洗心革面；他也根本看不出国王有什么好。国王（赫伯特）与他这样一个温和的诗人相比，对手——“一个好色的亥伯龙神[②]（Hyperion）”简直无疑是霉臭的、肮脏的：

一个连你前夫二十分之一的小份
都比不上的奴隶……

这种比较的夸张性呈现出的是一种个人情感，它能加快这整个戏剧进程。即便是鬼魂说的，也要仔细阅读：

嗯，那个乱伦的、奸淫的畜生，
他有的是过人的诡诈，*背叛的天赋*，
凭着他邪恶的诡诈与天赋，他便拥有了
肆意诱惑的冲力！——满足他那无耻的兽欲
我那*外表最为贞淑的*王后的欲望：
啊，哈姆雷特，那是一个多么卑鄙无耻的背叛！[③] ……

斜体是我加的。这一切也都是符合角色特征的，但如果你一开始认为会这样，可它很快又从角色特征中尖叫了出来：

……她却会对一个
天赋的才德远不如我的人
降心相从！[④]

170 这无疑交代了莎士比亚对彭布洛克（Pembroke）的真实感受，而不是对鬼魂的，那么，我们下面来看一个肯定是莎士比亚本人思想投射的内容：

---

① 译者注：《莎士比亚全集》（五），第369—370页。本处引用时，个别字词略有更改。

② 译者注：亥伯龙神，是希腊神话中的人物，是乌拉诺斯与盖娅的儿子，为提坦神族十二位成员之一，有“高人云层者”之意。

③ 译者注：《莎士比亚全集》（五），第306页。结合英文原文，部分字句有改译。

④ 译者注：同上。

尽管淫行以一种天堂的形式在诱骗它，
但德行是永不会被撼动的，
所以尽管有个光芒四射的天使心系它，
但色欲，这个饱享天堂的混蛋，
还要贪食垃圾……

这部戏的主要缺点可以用我的这一假定自然而然地解释，而且仅凭这一假定就足以解释。哈姆雷特听到帷幕后面波洛涅斯的声音，拔剑杀了他，他误以为对方是国王。仁慈的、高尚的、冥思的哈姆雷特自然会为这轻率鲁莽、考虑不周的行为而感到懊悔。首先，这个音符是莎士比亚敲击出来的：哈姆雷特回答他母亲，称之为“血腥的行为”，他说“我真后悔”。但后来，当我们期待他更冷静的悔恨以完成自己的表达时，他却对波洛涅斯表达一种难以置信的、严厉的轻蔑：

我要把这贪食者拖进隔壁房间。……

有人愕然，对哈姆雷特的这种不自然的残酷感到震惊，这完全是不符合人物性格的。

在我看来，莎士比亚在这里再次想到他所讨厌的实际对象——赫伯 171
特，这人通常是在他的想象中被他一个猛刺而毙命，并将其当作“一个愚蠢的、唠唠叨叨的无赖”从记忆里除名。

有大量非常鲜明的证据表明，莎士比亚是通过某种虚构的悲剧，将其主要角色认同为他的情敌和他的情人，以此获得一种强烈的激情。该剧中的差异是不能做另外解释的：例如，我们都希望从哈姆雷特那里得到他为奥菲利娅做一些神圣温柔的表达，但他应当深爱的这位纯贞投入的女孩，我们能意识到她的存在的场次没有一半，还不如那位有罪的母亲在场次中的效果强烈。然而，一个人的爱情应该比他对母亲的嫉妒更强烈。莎士比亚没有足够的兴趣来给奥菲利娅赋予有血有肉的生命。

另一个冲突是扮演告密者。雷欧提斯（Laertes）发现给她不幸的姐姐的最好的词是：她把一切“变成善行与漂亮”。那么，为什么当她疯了的时候，莎士比亚就会让她的谈话变得肮脏呢？为什么哈姆雷特甚至在戏中的剧场里还会对她说些暗示性的话呢？当然，我要告诉大家，这一切都是因为莎士比亚对人性的深刻见解；但在诸如奥菲利娅本来将是的一个轻微又迷人的素描中，这一淫秽粗俗是个错误。

172 事实是，当莎士比亚在写这个剧本时，他正在嫉妒的痛苦中打滚；他看到性行为无处不在，于是用他情妇的淫行玷污了他的女主人公。

在他们首次碰面时，哈姆雷特给罗森格兰兹（Rosencrantz）与吉尔登斯吞（Guildenstern）谈污秽之语，尽管暗示的讲话与徘徊不去的忧郁不协调。事实是，我们可以在他身上追溯其始发的性欲狂热，由此开始，几乎所有悲剧中都能找到这种狂热。我将不再费力陈述，它是不言自明的，它的明证得让我一次又一次地重复。遭遇他的背叛后，莎士比亚开始把他的嫉妒心培育至疯狂，以至于他也培育复仇赫伯特的思想，尽管他很清楚地知道，他没有不顾一切的决心将其付诸行动。像拉克（Lackey）一样，他不得不承认，单是考虑到位置和权力就会让他停下来：赫伯特远高于他：

> 有这样一种神性，它能对冲国王的叛国行为，
> 但却能窥视到他的意图。

173 但是莎士比亚非常敏锐地发现，任何一个青年贵族若站在他的位置，都会毫不犹豫的。雷欧提斯迈步复仇，靠的是转眼间血气方刚的决断。莎士比亚知道他自己的文雅与厌弃暴力的行为本身，是要更高贵一些：

> 更珍贵的行动
> 是美德，而不是复仇……

因此，我们觉得对流血的犹豫和恐惧，使得哈姆雷特变得更可爱了。《哈姆雷特》是一种对文学气质伟大研究的结果，其肖像画被戏剧化，靠的是男主人公对嫉妒与复仇的渴望而受激情现实驱使。

哈姆雷特对奥菲利娅的爱不够强烈，乃至不配称其名字，但他的嫉妒是一种愤怒的、灼烧的狂热。

> 进尼姑庵去吧！为什么你要生一群罪人出来呢？①

---

① 译者注：《莎士比亚全集》（五），第343页。

这就是他能对奥菲利娅说的话，但对他的母亲来说，他就像一个着了魔的人一样胡言乱语：

> 我不能禁止您不再
> 让那肥猪似的僭王引诱您和他同床，
> 让他拧您的脸，叫您做他的小耗子；
> 我也不能禁止您因为他给了您一两个恶臭的吻，
> 或是用他万恶的手指抚摩您的颈项[①]……

嫉妒的愤怒已经近乎疯狂地强烈了。 174

《奥赛罗》是一个比《哈姆雷特》更细致、更完整的关于嫉妒和复仇的研究，在《哈姆雷特》中，十四行诗的嫉妒之怒被提升到一个更高的音调，而《奥赛罗》则进一步强化了致命的威胁和谋杀，这是一个极好的、自然的情节。哈姆雷特的嫉妒是不自然的；但是奥赛罗对苔丝狄蒙娜（Desdemona）的嫉妒几乎是不可避免的；它是根据肤色、教育和环境的不同而建立，并被邪恶和嫉妒的建议所激发的推论。

哈姆雷特是莎士比亚本人，而奥赛罗一开始是一个我们没有亲近理解的人。我在其他地方指出，从他作为男人的外在行动直至他变成莎士比亚自己嫉妒激情的代言人，奥赛罗都是一个很好的素描。作为一个男人统帅，奥赛罗是一个令人惊奇的容易嫉妒的人，他很快会变得极度恐惧，并且会轻易相信一个猜测。他也会立即复仇，不仅会把仇恨倾泻给苔丝狄蒙娜，也会给卡西奥。

但在刻画奥赛罗肖像的过程中，从直率的船长到作为情人的诗人的快速变化，并未像莎士比亚在《奥赛罗》中用最美的言辞来表达欲望和嫉妒的事实那样揭示灵魂： 175

> ……啊，你这野草
> 如此美丽，如此可爱，气味如此甜美，
> 以致一看到你，伤痛心肺！

---

① 译者注：《莎士比亚全集》（五），第370页。

表达激情，再找不到更精彩的短语了，而且它并不孤立。当苔丝狄蒙娜登岸时，卡西奥以莎士比亚的声音中喊道：

船上的珍宝岛岸上来了。[①]

稍后，奥赛罗叫苔丝狄蒙娜：

我灵魂深处的欢喜……
还有：
绝美的小坏蛋。

如果欲望被赋予了迷人的吸引力，嫉妒就会发现一个更令人激动的音符。奥赛罗的呼喊是惊人的：

要是全营的将士，从最低微的工兵起，
都曾领略过她的肉体的美趣，
只要我一无所知，我还是快乐的。[②] ……

那“肉体的美趣”是无可匹敌的。

这就直白地证明了所有这些都是莎士比亚把自己放在奥赛罗的位置上，说给玛丽·菲顿的。

176 奥赛罗称赞苔丝狄蒙娜是一个“甜美的小家伙……一位令人钦佩的音乐家”，“啊，她会唱出一只熊的野蛮之处，她有着如此高妙的才智和创造力”。

现在我们来思考这些品质。我们以前从不知道苔丝狄蒙娜是一个“令人钦佩的音乐家”，而我们已经从小丑那里了解到奥赛罗“不太喜欢听音乐”。我们如何解释这种明显的矛盾呢？莎士比亚让他所有的行动中的男角色，诸如莽汉和亨利五世，都不喜欢音乐，他自奥赛罗开始赋予他同样的缺点；但是在他此处的嫉妒愤怒中，他忘记了他这个木偶的品质，而只想到他自己。他喜欢音乐，就像他在二十部戏中所展示的那样，十四行诗

---

① 译者注：《莎士比亚全集》（五），第584页。

② 译者注：同上书，第621页。

中他的“黑暗女王”常常用她的演奏迷住他。第128首十四行诗开始是：

> 多少次，我的音乐，当你在弹奏

这就是莎士比亚觉得“能从熊身上唱出野性”的玛丽·菲顿。也很有趣的是，他告诉我们：可怜的、耐心的、迷信的苔丝狄蒙娜有“崇高而丰富的智慧和创造力”。正如我们所知，莎士比亚的罗瑟琳是机智的，十四行诗中他的“黑暗女王”也是机智的，但苔丝狄蒙娜几乎不能算是。显然，莎士比亚在这里思考着他自己的情人。

一旦嫉妒被触动，莎士比亚就无意识地把自己放在奥赛罗的位置，而 177
苔丝狄蒙娜则成了他的荡妇情人。从那一刻起到戏剧的结尾，莎士比亚就是奥赛罗，在所有的文学作品中，没有哪一页有比这更亲密的自我揭示。仅凭他那文雅的正直，我们就应该认出他：

> 啊，伊阿古，这太遗憾了！太遗憾了，伊阿古！

但事实上，正如莎士比亚所设想的那样，所有的激情都是嫉妒的激情。正如我在我的书《男人莎士比亚》中所展示的：莎士比亚的另一个自我的波斯提莫斯（Posthumus）谈起伊莫金（Imogen），就好像奥赛罗谈起苔丝狄蒙娜一样。哈姆雷特对他母亲过错的胡言乱语，就像《冬天的故事》（*The Winter's Tale*）里国王猜想他妻子的过失并胡言乱语一样，两者是同一种扭曲；他们都描绘对方的那个行为，继而凭借自己的想象来刺激自己以至于疯狂的愤怒。在所有这些戏剧中，男主人公都怀疑某些女人不忠，而这些女人通常是他所爱的女人。

《奥赛罗》中还有一段，我相信，它在暗示莎士比亚与玛丽·菲顿的联系，某种程度可以肯定，他给我们暗示他是如何解释为何她要欺骗他。伊阿古说：

> 情欲在一阵兴奋过了以后而渐生厌倦的时候，必须换一换新鲜的 178
> 口味，方才可以把它重新刺激起来，或者是容貌的漂亮，或者是年龄的相称，或者是举止的风雅①……

① 译者注：《莎士比亚全集》（五），第589页。

如果你愿意接受，这一切都是适用于摩尔人的，但它也适用于莎士比亚，以及他的地位。对我而言，“举止”那个词是对年轻的赫伯特与玛丽·菲顿的扫视，要不然为何把它引入呢？——因为在奥赛罗与苔丝狄蒙娜间丝毫没有这种差异的暗示，尽管该差异是可以被假定的。我在这句话中找到了一种亲密的体贴，这告诉我这些话是个人化的。它们也提供了一个原因：为何莎士比亚得处理一个年长男人对他所爱女人的自卑主题，用如此强烈的激情来完成它。像他的奥赛罗一样，莎士比亚爱得“不太明智却非常充分”。

也许，值得注意：即便经受着嫉妒发疯的愤怒猛增，奥赛罗－莎士比亚还是保持了一个英国男人和道德家的风范，或者，作为外国人可能会说，这是一个伪君子。奥赛罗将用“正义”之剑来杀死苔丝狄蒙娜，甚至会出于崇高的、无私的动机去杀死她——以阻止她背叛更多的人。

179 但正如我在其他地方说过的，我们对奥赛罗感兴趣的不是他的力量，而是他的弱点，也是莎士比亚的弱点——他的激情与同情心，他的痛苦、愤怒、嫉妒和悔恨，他灵魂的各个连续的阶段都是不同的。

在这里我只需要看麦克白一眼，因为我已经在其他地方进行了很长一段时间的分析处理，在此我意在证明麦克白在每一个品质和每一个缺点上都是哈姆雷特的翻版。麦克白夫人显然是诗人的情人的力量与决心明显的具体化。事实上，这些都是莎士比亚所推崇的他的“黑暗女王”的显性特征。来看第150首十四行诗：

> 哦，从什么威力你取得这力量，
> 连缺陷也能把我的心灵支配？
> ……
> 何来这化腐朽为神奇的本领，
> 使你的种种丑恶不堪的表现
> 都具有一种灵活强劲的保证，
> 使它们，对于我，超越一切至善？[①]

但尽管麦克白通过与莎士比亚的男女主人公都保持密切联系，但《麦

---

① 译者注：《莎士比亚全集》（六），第674页。

克白》作为一个戏剧却是在莎士比亚的活动范围内的。这让我想起了《理查三世》。这一行动不适合莎士比亚的性格，尽管他在麦克白身上发现了他内心深处的感情。

我们的同情永远被这样的确信所伤害，它认为：这个精通文学的、可 180
爱的、仁慈的、虔诚的莎士比亚－麦克白连一只苍蝇都不愿捏死，更别说
去谋杀善良的、彬彬有礼的邓肯（Duncan）了。

麦克白夫人并非莎士比亚较快乐的创造之一。把一个男人的决心和勇气借给她，以便使一个女人的行为让我们觉得可信，这个想法实现不了。实际上，麦克白夫人完成谋杀后崩溃了，但事实是，我们几乎对她什么也不知道。甚至她爱麦克白吗？她只是像希腊悲剧女主人公那样的一个大理石轮廓。

《麦克白》的兴趣并不像角色甚或戏剧艺术的兴趣那样多，尽管这个动作在所有的良心与发展成熟的作品中，都是足够令人兴奋的，但它仅是神性诗歌的兴趣。莎士比亚把他自己的“唱袍”借给他的另一个自我——麦克白了，并在他自己的幻想破灭和绝望之后，用一首接一首华丽的抒情诗来润色它。

181 # 第九章　李尔与泰门：性躁狂

紧跟十四行诗之后出现的悲剧以不断增加的激情和痛苦而著名。仅仅其名字就像踏进欲望的黑暗之地以及绝望：《裘力斯·恺撒》《哈姆雷特》《奥赛罗》。

《麦克白》比这几个任何一个都苦，但它里面没有性欲，因此，它并不算莎士比亚灵魂那么太完整的指针。

随后的两部悲剧中的行为根本与激情无关：李尔女儿们的忘恩负义与性无关，而泰门非常浓厚的愤世嫉俗则延伸为一种极端行为，而不是欲望。

这些悲剧的兴趣并不主要依赖对女性肖像画的描绘，而仍旧是描绘那些身上投射了作家精神状况与紧张激情的女性。两部戏剧中作家的紧张激情直接来自于莎士比亚对自己荡妇情人的失望。

182 用这种探查事物的洞察常识，托尔斯泰（Tolstoi）指出了《李尔王》的缺点；他说，李尔是一个非常愚蠢的老人，未能更好地了解他的女儿们。正是这种愚蠢的盲目，就是莎士比亚想要为我们夸大的，他想以此加深李尔遭受不相称惩罚的悲怆感：

> ……我是一个
> 比罪犯更罪孽深重的人。

我认为莎士比亚把“情色狂热”放进《李尔王》中去观察，此观点曾让我饱受批评。但找不到任何更温和的话来使我印象的强度得到表达。高纳里尔（Goneril）和里根（Regan）都是荡妇，也都发情要找爱德蒙（Edmund）。高纳里尔是特别的，由于她的大胆的激情和决心，让我想起了麦克白夫人（Lady Macbeth），所以她让我想起了一个人——莎士比亚的黑暗情人，她谈到她丈夫奥本尼（Albany）时，就像麦克白夫人谈到她的丈夫一样。麦克白夫人说：

> 然而，我害怕你的本性，
> 它满载着人类太多的仁慈之情，
> 无法扭开最捷的便门。

而这位高纳里尔轻蔑地数说奥本尼“奶油般的腻柔”，并宣称他将会：

> ……更勇敢地追求智慧， 183
> 胜过靠贻害无穷的温和去获取赞扬。

但这并不是说只是高纳里尔无条件地淫荡，而里根就不这样。这就给了《李尔王》性躁狂的特征。剧中几乎每一个角色都在每一个可能的场合里谈论妓女，尽管这与行动无关，但也整体上让该悲剧无法保持严肃性。

爱德蒙，这个恶棍通过攻击男人的虚伪来开始角色表演，他把自己的过失归结于“行星的影响”——“一个嫖客男值得赞扬的借口，把他淫荡的性情交给天空明星管理。”然后，仅仅是作为公众常识化身的傻瓜，他没有机会表现出同样的偏见：在第一幕的第五场中，他未受任何激怒就开始了：

> 哪一个姑娘笑我走这一遭，
> 她的贞操眼看就要保不牢。①

爱德伽，也像我在其他地方所呈现的那样。是莎士比亚本人的另一个自我，几乎是一个嘴很松、话很多的人。他告诉李尔他是一个服务男——“服务于我情人内心的性欲，与她做黑暗中的行为”，而且，就这还好像没说够，继续声称他是“出局情人土耳其马”，最后警告可怜的老李尔说：

---

① 译者注：《莎士比亚全集》（五），第460页。

世上所有的男人，要保证自己“足不涉妓院大门”“手不解女子腰带”。

184 就像借爱德伽的口率直地说话一样，莎士比亚在《李尔王》的最后行动中[1]借李尔之口来说话，满头银发的李尔自己痴迷于同样的等级思想。当葛罗斯特（Gloucester）问：

> 他不是我们的君王吗？

李尔回答：

> 嗯，从头到脚都是君王；
> 我只要一瞪眼睛，我的臣子就要吓得发抖。
> 我赦免那个人的死罪。你犯的是什么案子？
> 奸淫吗？
> 你不用死；为了奸淫而犯死罪！不，
> 小鸟儿都在干那把戏，金苍蝇
> 当着我的面也会公然交合哩。
> 让通奸的人多子多孙吧；因为葛罗斯特的私生的儿子，
> 也比我的合法的女儿
> 更孝顺他的父亲。
> 淫风越盛越好，我巴不得他们替我多制造几个兵士出来。
> 瞧那个脸上堆着假笑的妇人，她装出一副守身如玉的神气，
> 做作得那么端庄贞静，
> 一听见人家谈起调情的话儿就要摇头；
> 其实她自己干起那回事来，
> 比臭猫和骚马还要浪得多哩。
> 她们的上半身虽然是女人，
> 下半身却是淫荡的妖怪；
> 腰带以上是属于天神的，
> 腰带以下全是属于魔鬼的：

---

① 译者注：作者要引述的《李尔王》里一些话，作者的原话说“Shakespeare speaks in the last acts”，这些话既不在最后一幕（《李尔王》的第五幕），而是在第四幕第六场；也不是李尔最后的话或行动，因而李尔在第五幕还有话语和行动。故作者的表述略有出入。

那儿是地狱，那儿是黑暗，那儿是火坑，
吐着熊熊的烈焰，发出熏人的恶臭，把一切烧成了灰。啐！啐！啐！呸！呸！
好掌柜，给我称一两麝香，让我解解我的想象中的臭气。① ……

难怪他乞求麝香来甜蜜他的想象力。话语的整个主题都被他的头发拖 185
住了，这些话与他的年龄、地点和条件无关，事实上，根本与这三者都不协调。李尔的下一段演讲也同样糟糕：

你这可恶的教吏，停住你的残忍的手！
为什么你要鞭打那个妓女？向你自己的背上着力抽下去吧；
你自己心里和她犯奸淫，
却因为她跟人家犯奸淫而鞭打她。② ……

事实上，情人的不忠使莎士比亚的神经受到了损害，他的思想也受到了她的堕落的玷污。不是李尔的女儿们忘恩负义，而是因为李尔－莎士比亚想到的，远比哈姆雷特想到他母亲的好色要多的是：他不忠的情人，这女人已经污染了诗人的想象力。菲顿小姐已经进入了莎士比亚的血液，这种沉迷使他为李尔提供了那个特有的词：

……一种疾病深藏我肉里，
它须召唤我：你经受艺术煎熬
一种瘟疫之痛，像一颗浮雕的红宝石
镶嵌在我败坏的血液里的。……

为了让我们相信该解释是真实的那个，相信莎士比亚总是在想他的荡妇情人，那个傻瓜告诉我们说“他疯了，他相信狼能被驯服……*少年会有*
真爱，妓女能守诺言”。斜体是我加的。《李尔王》的悲剧是基于莎士比亚 186
对自己如何理解男人与女人之间疯狂的、盲目的信任；但是，正如我必须再次坚持强调的那样，这部剧的强烈激情源发于对性爱的狂热，也源发于

① 译者注：《莎士比亚全集》（五），第524—525页。
② 译者注：同上书，第526页。

清醒意识到对于爱情清单而言，他的年龄越来越大。也许当李尔想要飞向天堂的时候，莎士比亚的想象力从来没能带他飞得更高，因为他们也都太老了：

……哦，上天，
如果你真爱老男人，如果你的爱在摇摆
请允许我归顺，如果你自己老了，
那就把它变成你的目标吧。

泰门让我产生新想法，这是一部拙劣的戏剧，但它却增加了我对莎士比亚的智慧的赞赏，而且，这也相应地打消了我对莎士比亚评论家业已形成的贬抑看法。

诗人和教授们都一致认为："大量的迹象表明《雅典的泰门》并非莎士比亚作品。"职业评论家们把这些线索都勾勒描绘出来，事实上，所描绘的事情，一些线索是他的，而另一些则是别人的。很久以前，我发现有理由把比人们普遍认为的内容更多的东西归功于莎士比亚名下。

187 但教授们不可思议地大胆，他们意见一致地、平静地、确信我有罪。多年来，我一直相信，一定有真相的某种盔甲在支撑着这个果冻样的伟大断言。我第一次被怀疑是老师，因为在他们都否认归于莎士比亚的那些段落里，我找到了毋庸置疑是其作品的证据。长时间官方方法的经历，只能加强和拓展这一信念。

我越读《雅典的泰门》就越确信：这是莎士比亚的作品，且是独属莎士比亚的，从头到尾都是如此。

我想，若没有证据，我的读者们现在就会相信我；但当我通读剧本以挑选最具特色的段落时，我必须注意到一个事实：所有评论家都把最优秀的作品归于"无名作家"。令人奇怪的是，评论家们一致拒绝，并非莎士比亚的粗俗与浅薄，而是他思想的精华，他最纯粹的洞察力的光芒。《雅典的泰门》是他的全部，我又故意说。剧本中最薄弱的工作，与艾帕曼特斯（Apemantus）和其他人的争执的言辞，都是以莎士比亚的方式进行的；剧中那平淡无奇的单调，是由于他灵魂的极度痛苦。

188 例如，泰门的贵族们去为他们的主上告贷，当他们被拒绝时，他们不再以自己的智慧去微笑着寻找期望之实现途径，而是诅咒泰门人脉中那些忘恩负义的朋友。生活挫伤了莎士比亚，他是一个伤痛者，他的灵魂伤得不轻。他最视为神圣的爱情与友谊背叛了他；他的朋友被证明是一个粗俗的无赖，他爱的女人是个荡妇。他一直试图鄙视的黄金，他现在才看清它是打开世上每一把锁子的万能钥匙。

> 这黄色的奴隶①
> 可以使异教联盟，同宗分裂；
> 它可以使受诅咒的人得福，
> 使害着灰色的癞病的人为众人所敬爱；
> 它可以使窃贼得到高爵显位，和元老们分庭抗礼；
> 它可以使鸡皮脸黄的寡妇重做新娘，
> 即使她的尊容会使身染恶疮的人见了呕吐，
> 有了这东西也会
> 恢复三春的娇艳。② ……

理想的幻灭，孕育了莎士比亚的新智慧。他现在对所有国家都有谴责，而不是爱国主义；亚西比德（Alcibiades）概括了这一思想：

> 荣誉，在大多数土地上都是争执不一的。

角色很粗心，莎士比亚把他洞察力最深刻的光芒借给了第二个人，第 189
一个评议员说：

> 他是一个真正的勇士，能够明智地忍受
> 人类所能呼吸到③的最坏的情况，并使他的错误

① 作者注：这几乎是不可思议的，但这一段被赫福德教授（Professor Herford）选为“不知名”的合作者的“肤浅修辞”的样本，与莎士比亚“满满当当的耐人寻味的诗”形成了对比！

② 译者注：《莎士比亚全集》（五），第62页。

③ 作者注：这是所有评论家都不承认的另一段。这是他的思想中最遥远的一个拐弯；当他那苦涩的幻灭之水已经淹没他的时候，他在深渊中找到的那颗珍珠，它开启了现代道德的新篇章。“原谅你的敌人”，异教徒说，因为与他们战斗会浪费你的时间和精力。“忘掉你的伤痛吧”，莎士比亚说。绝不培养他们。对错误的沉思会使人的心变硬，使人的本性退化。挥拳轻点儿。看待你受的不公正，就像穿你的衣服一样——大不咧咧一些，为了你自己也该如此。莎士比亚的评论家们还不明白这一点，只是因为他们确实不了解他，没达到他的水平，也没人能看清他自己的脑袋。

与自己无关，就像穿他的衣服一样粗心大意，
从不让他受到的伤害触及心扉，
使自己陷入心灵危险。

但是，和我们其余所有人一样，莎士比亚的见解比他的实践更深入；他清楚地看到，伤害应该被轻视，但他却禁不住宁可让它们伤害自己的心灵健康，泰门是一个长叹痛苦的人。

泰门－莎士比亚的苦难的本质是不能弄错的：是泰门的男性朋友背叛了他，但这是女人泰门的主要障碍，剧中的女人未做伤害她的事。这超出了戏剧谴责她们的范围。唯一的解释是，这是一个在生活上伤害莎士比亚最深的女人。

190 就像高纳里尔（Goneril）和里根（Regan）被描绘成严厉、残忍、好色的妓女一样，菲莉妮娅（Phrynia）和提曼德拉（Timandra）在这里被讽刺描画为遭人类拒绝的对象，除了黄金，没有任何欲望。

李尔色情狂的尖叫，在泰门那里也是一种尖叫：

……那凛然不可侵犯的中年妇人，——
外表上虽然装得十分贞淑，
其实却是鸨妇，让她死在你的剑下吧。也不要因为处女的秀颊
而软化了你的锐利的剑锋①……

又有一次：

把痨病的种子
播在人们枯干的骨髓里
让他们胫骨疯瘫，不能上马驰驱。嘶哑了律师的喉咙，
让他不再颠倒黑白，
为非分的权利辩护，鼓弄他的如簧之舌。
叫那痛斥肉体的情欲
自己不相信自己的话的祭司害起满身的癞病；

① 译者注：这是《雅典的泰门》的第四幕第三场“海滨附近的树林和岩穴”里的内容。参见《莎士比亚全集》（五），第65页。

叫那长着尖锐的鼻子
一味钻营逐利的家伙烂去了鼻子；
叫那长着一头鬈曲秀发的光棍变成秃子；
叫那不曾受过伤、光会吹牛的战士
也从你们身上受到一些痛苦；
让所有的人都被你们
害得身败名裂。① ……

他的疯狂与李尔没什么区别：“该死的土地”甚至是： 191

……人类共同的娼妓②，
在国家动荡中，它也不可靠。……

但即使是在《雅典的泰门》中，莎士比亚也表现出了自己的敏感的反应与最大的慷慨。当泰门发现他的管家很诚实时，他就抛弃了他的厌世与哭泣：

请原谅我的慷慨和一贯的鲁莽，
你是永恒严肃的神！我得宣称
我是一个诚实的人。……

这种用华丽的表达来做出对自己的强烈反应的内容，被所有的评论家都否认是莎士比亚的了。然而，莎士比亚作品中再没比这更有特色的了。

这些批评都受到了德国人刻板的影响。一个例子可能代表一千。莎士比亚发现了两个被认为是泰门写的铭文：其中一篇里，泰门宣称他将是无名的，另一个他署了名。这两者都是很特征化的：

这里躺着一具可怜的尸体，属于一个可怜的伤感的灵魂：
不要去寻找我的名字：一场瘟疫吞噬了你，而留下了邪恶的胆小鬼！

---

① 译者注：《莎士比亚全集》（五），第66页。
② 作者注：这段话也被批评家们叫喊着认为是“不知名的作家”所作。

……

192 这里是我——泰门在说谎。他，还活着，凡活着的人都憎恨他。
若你逝去，会咒诅你的名，只是别在此驻足。

莎士比亚把这两个墓志铭一个接一个写下来，他似乎并没注意到二者的矛盾。也可能他看到了，想要去更正却全忘了，但评论家们却一直对此嗡嗡不停，它从高到低整个传染了整部戏："两只手"，他们叫道，"明明是两只手在工作"。绅士们，两只手是你们的意愿，但这两个铭文显然都是出自莎士比亚一人之手。

在这五部悲剧中，也许除《奥赛罗》外，我们一直在外围晃悠，可以说，是晃悠在莎士比亚激情的龙卷风的外围。现在我们来到风暴中心。莎士比亚一再被他所爱的女人欺骗：他画出的她是什么样的？整个问题对他和我们都一样。根据他的回答，我们将能够衡量他的灵魂。受折磨、遭欺骗、被背叛，他的虚荣心受伤很深，他的真情被耻笑，他引以为豪的被藐视——若他仍可保持灵魂完好无损并给予对方公正的评判——照她原样描画，善恶同样真实——那么，他至少在艺术家这个层面，做到了无可再高，也让我们由此感知到了人性之峰顶。

193 能达到这个高度的，是他的假朋友赫伯特勋爵，后者从他手里偷走了他的爱情。莎士比亚为我们提供了赫伯特－勃特拉姆非常公正的照片，他向我们展示了勃特拉姆的第一个不耐烦，他急于离开朝廷：这位男孩战士不会是一个年长妇女的侍从，"一个嘲笑的前奏"，因为他自己也会冒着国王的不快，去参加战争。他赢得了各方的黄金意见：甚至拒绝他恳求的戴安娜都告诉我们"他们说法国伯爵做了最尊贵的服务"，那个寡妇回答说他已经"是他们最大的指挥官，他亲手杀了公爵的兄弟"。尽管勃特拉姆年轻，但他被证明是天生的勇士，就像英国贵族经常做的那样。

的确，莎士比亚用阴影——深紫色的阴影来平衡这些强光。勃特拉姆对女性的评价很低，是一种难以形容的粗糙与普通，但我们觉得他的肖像是公平的，非常令人惊讶地吻合了其生活里善恶混合的真实。

莎士比亚对玛丽·菲顿公平吗？我们知道，勃特拉姆－赫伯特以一种"青年的放荡不羁的方式"背叛了他。

194 但为何玛丽·菲顿不忠呢？从我们对莎士比亚的了解中，我们应该倾向于猜想：他会把玛丽·菲顿对别人的偏爱归咎于势利。我们想象：他会

把她势利奉承的虚情假意铭刻在心，她会更喜欢赫伯特，因为他是那么大一个地方的领主。但不是这样！连这甚至都没暗示过。显然，玛丽·菲顿出身很好，她对自身极其出色的女人气质足够自信，她把同事、演员等所有的男人都放在人类的水平上评判。她一定是一个伟大的人物；因为在英国不势利的人比任何头衔都要少。莎士比亚的另一个缺陷自然是他的年龄。他可能会说，玛丽·菲顿年轻，因此相对于一个年老的伶人，她更喜欢年轻的朝臣。但是他的奥赛罗明确地问了他自己这个问题并予以回答：

> ……或是因为我
> 已年老，可我并不算老。

事实上，就是这个“不算太老”。因为当莎士比亚第一次遇见菲顿小姐时，虽然她只有 17 岁或 18 岁，但他也只有 33 岁。

实际情况是，当《奥赛罗》被写出来的时候，年龄反差更大：她 24 195
岁，而他将近 40 岁了。就这样，我们仍倾向于回应还“不算太老”；尽管这对他的年龄来说是一个大问题，但这表明他可能有某种身体上的弱点。

那么，为什么那个侍女更喜欢这位勋爵、那位爵士，而不是喜欢这个崇拜她的莎士比亚？这全是玛丽·菲顿的错吗？这一切都是因为她好色淫荡吗？莎士比亚这么说，且指证她的证据乍一看似乎是压倒性的。见她第一眼，是在《罗密欧与朱丽叶》里以罗瑟琳的身份出现，他说她有着戴安娜的智慧和冰冷的贞洁；但是，即使是这个罗瑟琳，他也注意到她并非完全的冷酷无情，紧跟着在《爱的徒劳》里，罗瑟琳再次出现，他宣称她将是一个荡妇：

> 啊，凭上天起誓，即使百眼怪物阿尔戈斯把她终日监视，
> 她也会什么都干得出来。

一次又一次，通过俾隆、勃特拉姆和其他人，他赋予她这种冷酷骄傲的狡猾外表，掩盖的只是她的淫荡。这种组合是如此的罕见，以至于仅凭其中一点也能轻松识别出他的情人，就像她的雪白皮肤与漆黑眼睛一样。但允许玛丽·菲顿像猴子一样性欲旺盛，她定然有一些自己的偏爱，莎士比亚对此有什么标记？

196 他如何向自己解释自己对她的征服？就在他遇见她之前，他总是在吹嘘，正如我们所见：

> 我说，徒有舌头的男人算什么，
> 若不能用舌头赢得女人，那他就不是男人。

是他的甜蜜的恭维话引诱了她？还是靠的是他英俊相貌，或是他的忠诚奉献？她知道爱她的人是世界上最伟大的男人吗？是她预言了他的额头上能戴王冠吗？或者她低于他太多了，对真相没有任何暗示，就好像因为芬妮·布朗（Fanny Brawne）低于济慈（Keats）太多？最重要的是，为什么莎士比亚爱她，却没能抓住她？我们现在必须看看这些谜语是否有可能被回答。

无论答案是什么，都必须在他为美妙的吉卜赛人所绘的最后画像——《特洛伊罗斯与克瑞西达》与《安东尼与克莉奥佩特拉》中找出来。在考虑这些剧本之前，让我们先回顾一下我们的来路。

第十章　特洛伊罗斯与克瑞西达 197

特洛伊罗斯与克瑞西达；虚假的克瑞西达；
“美人的心灵之血”；“爱是无形的灵魂”

我们已经追寻到莎士比亚爱情的踪迹，从开始的罗瑟琳与朱丽叶，通过现实主义的画像，比如《爱的徒劳》里的罗瑟琳，以及理想主义素描，诸如朱利娅、鲍西娅、比阿特丽斯和罗瑟琳德等，再到十四行诗里他对“黑暗女王”激情的巅峰。

最后，他终于失去了对他的吉卜赛情人的信任，他的爱情信任感被净化，感情硬化为性欲，在《哈姆雷特》和《奥赛罗》里表现出其自身的嫉妒愤怒。在《李尔王》里，嫉妒滋生了绝望，而绝望则变成了疯狂，更可怕的是对疯狂的恐惧。在《雅典的泰门》里，怒吼逐渐泯灭在呻吟与诅咒里，直到不可避免的结局。

这些悲剧的每一个都标志着莎士比亚痛苦的一个阶段。我们可以通过他痛苦的血迹来追溯他的堕落到人类苦难的极限。这些血迹，是他流血的脚踏在粗糙道路上的燧石与荆棘上的印记。在《雅典的泰门》之后，没有什么可说的了。

但是生活的节奏从来没有像艺术的韵律那样匀称完美。当莎士比亚写 198
《李尔王》和《雅典的泰门》时，他尝到了那种绝望与死亡的痛苦：他的黑暗情人可能在某种新的迷恋中完全离开了他；但过了一段时间，当他写了《特洛伊罗斯与克瑞西达》和《安东尼与克莉奥佩特拉》的时候，天空又变得更轻了，太阳闪耀着穿过云层。《安东尼与克莉奥佩特拉》足以证明他的情人待他很好；可以说，他的激情正是圣马丁（St. Martin）的夏日：温暖、阳光和得意忘形均在其中。

这种不规律的生活节奏比不可避免的艺术抛物线更可悲。如果莎士比亚已经从十四行诗稳步下降到绝望，经由《哈姆雷特》《奥赛罗》《麦克白》到《李尔王》与《雅典的泰门》，我们不应该被《特洛伊罗斯与克瑞西达》里的敏锐、强烈的生活新鲜感与爱情如此感动，继之而来的是有狂喜激情的《安东尼与克莉奥佩特拉》，这部戏里的鲜花再次盛开在温暖的阳光下，在剧终的废墟到来前，爱情小鸟在欢唱。

199 后两部戏包含了莎士比亚对他伟大情人最精美的肖像画。《特洛伊罗斯与克瑞西达》可能修订在1605—1606年：我觉得它的修订比《安东尼与克莉奥佩特拉》早，这一看法的理由我已在其他地方讲过了。除了《雅典的泰门》，《特洛伊罗斯与克瑞西达》是莎士比亚所写过的最粗糙的剧本：它沉浸在对可怜人性的蔑视中。我在诗人的生活中找到了这种痛苦加剧之因。他不仅忍受着对他那不忠的吉卜赛荡妇几乎要过期的希望，而且还被诗人查普曼（Chapman）的竞争所困扰，他在十四行诗中以敏锐的洞察力描绘出卖弄学问者的样子。查普曼翻译了荷马史诗，并以精通希腊语而荣。因此，莎士比亚嘲笑他在“为女裙腰扣而战”……他告诉我们，“所有的争论就是一顶绿帽子与一个破鞋”。他使阿基里斯成为一个懦弱的无赖，而“男人之王”则成为一个怪脸的蠢人。他甚至不会给我们留下赫克托耳（Hector）与安德罗马克（Andromache）的理想形象：赫克托耳挑战阿贾克斯（Ajax），随之又从被称为他“神圣姑姑”之鲜血的拼战中退出，该血液流淌在阿贾克斯的血管里。

就像我在其他地方说过的，没有人比莎士比亚更适合欣赏古希腊人的
200 优雅与古希腊塑料艺术的魔力；如果他拥有琼生（Jonson）对语言的了解，他就会给我们留下古希腊生活的神圣画面。但查普曼（Chapman）已经对赫伯特做出了弥补，他的卖弄学问与过分赞扬《荷马史诗》已经开始压迫莎士比亚的神经，他这时在《雅典的泰门》和《特洛伊罗斯与克瑞西达》中向对手的古代经典学习表达了唾弃与蔑视。

有可能比这更能接近莎士比亚生活的，是展示他的个人经历是如何影响乃至促使他艺术成熟的。对于本·琼生（Ben Jonson）跟德克（Dekker）与马斯顿（Marston）二人的尖刻争吵，我们知道得很多。看起来可能是：莎士比亚在创造阿贾克斯（Ajax）的时候，通过把本·琼生特性中尖锐的古希腊学家的某种特点借用过来，从而使得阿贾克斯的性格更生活化、更

易被识别。也许为塞尔西忒斯（Thersltes）①“排序列”的行为显示了莎士比亚对德克（Dekker）的评价。

这是亚历山大口中的阿贾克斯（Ajax）肖像：

“小姐，这个男人强占了许多野兽的额外特性：他像狮子一样勇猛，
像狗熊一样粗暴，像大象一样迟缓。这样一个多种天性如此集中的男人，
以致他的英勇被挤压成愚蠢，他的愚蠢行为又被谨慎地运用了：没有哪个
人的美德，他看不见；也没有谁的污点，不对他造成压力；他毫无缘由地 201
忧郁，违背本意地愉快——他掌控一切事物的关节点，但所有事物又都混
乱脱臼，他是痛风的百手巨人布里亚柔斯，有许多手但没用；或者是半盲
的百眼巨人阿格斯，有很多眼睛但都看不见……”

对于一个历史人物来说，这是一种过于精确的描述；很明显，当他这样把阿贾克斯（Ajax）个性化的时候，莎士比亚脑海里有一些同时代的人。我只能认为他是在斜视本·琼生（Ben Jonson）——他那经常但不总是的公正批评家，在这个惊人的现实描述中。那个“痛风的百手巨人布里亚柔斯”是一种非常恶毒的聪明，“半盲的百眼巨人阿格斯，有很多眼睛但都看不见”是用完美的技巧轻轻跳过不成熟的点。在我看来，莎士比亚似乎是在以嘲笑他的批评家们的方式来清算旧账；他对琼生（Jonson）的漫画讽刺，是在整体愉快且极其实在的情况下，而他对德克（Dekker）——这位被认为是其推崇者的看法，则被傲慢的厌恶所加剧。没什么比这些对他同时代人的蔑视能更好地了解莎士比亚的非凡洞察力了。我们知道，这些人并未使莎士比亚的生活变得非常愉快，但他的反驳是：搁置滤去琼生（Jonson）的笨拙和不称职等这些有损其形象的力量与纠缠，因为后者使德克（Dekker）没法给天地一个公正的反应。

但即使在这里，他也会用敏锐的眼光来判断戏剧，他用至高无上的公 202
平来评判：他身边的朋友比他的对手更糟糕。

在《特洛伊罗斯与克瑞西达》里，与他的其他悲剧一样，诗人痛苦的主要涌流，都是从他失望的、被玷污的爱情而来。终于，他找到了自己的机会：自从他第一次在《爱的徒劳》里借罗瑟琳的形象为我们速写他那骄

① 译者注：塞尔西忒斯（Thersltes）是荷马史诗《伊利亚特》中出现的一个人物，他在议事会的厅议中指责“众王之王”阿伽门农而被伊萨卡国王奥德修斯当众羞辱、责骂和杖击，被认为是一个喜剧式人物。

傲的、富于机智的荡妇情人，至此已经过去十年了；现在他又给了我们另一幅关于她的真实画像。但这一次，他不仅会告诉我们她是一个有着黑眼睛的“轻松女孩”，他还会呈现她的行为，她将为我们生活，在我们眼前玩古老的游戏。我想，时至此时，莎士比亚已经开始意识到，他的激情是非凡的、有意义的、有目的的、有自我意识的艺术，他开始努力去描画它。

通过体貌特征而识别出克瑞西达就是罗瑟琳和十四行诗里的“黑暗女王”，这都是最初的轻视，仅是显示事实而已，而且只能这样解释，因为他们在剧中完全没有必要。

这场悲剧以特洛伊罗斯与克瑞西达的舅父潘达洛斯（Pandar）的对话开始。

203 特洛伊罗斯通过谈莎士比亚“跟自己的残酷战争[①]”关键压力来开始说话的，他继续说：

> ……我比女人的眼泪更脆弱，
> 比睡眠更驯服，比愚昧更痴情。……

在同样的压力下，哈姆雷特为他的温顺而悲叹，他缺乏“使压迫更苦的胆汁”，但这句“比愚昧更痴情”是莎士比亚后来的供认。

潘达洛斯（Pandar）称赞克瑞西达（Cressida）的美貌：“她的头发倘不是比海伦的头发略黑了点儿——嗯，那也不用说了，她们两个人是不能相比的；……我当然不好意思……夸奖她，不过我倒很希望有人听见她昨天的谈话，就像我听见的一样。令姊卡珊德拉（Cassandra）的口才固然很好，可是……”[②]

过了一会儿，他又喋喋不休地说了一遍：

> 我不在乎她的脸黑得像个摩尔人，这对我来说都是小事。

这身份识别是显而易见的：克瑞西达是一个有着惊人智慧的黑美人。每个笔触都是莎士比亚的狡猾的情人罗瑟琳 - 菲顿，特洛伊罗斯像罗密欧一样叫道：

---

① 作者注：在《裘力斯·恺撒》中，莎士比亚的另一个化身布鲁特斯谈到了“在自我作战”。

② 译者注：《莎士比亚全集》（四），第 249 页。

她顽强的贞操都拒绝所有的恳求。

然后，克瑞西达被介绍去谈特洛伊罗斯，当潘达洛斯赞扬特洛伊罗斯时，她一路跟下去，直到潘达洛斯恼火了： 204

谁也不知道你采用了一套什么护身符。①

这个坚守贞操的克瑞西达回答立即回答道：“我靠在背上好保卫我的肚子；靠我的聪明好守住我肚子里的玩意儿；靠我守住秘密好保持我的清白”② 如此等等，越来越淫荡。当潘达洛斯离开的时候，她称他为“一个氤氲使者”③，这是这位处女如何给她自己说话的：

然而我从特洛伊罗斯身上所看到的
比我从潘达洛斯的谀辞之镜中所见的，要清晰千倍。
可我仍不答应他。女人在被人追求时，是天使；
目标一得手，就完了；事情进行中，兴致最浓。
恋爱中的女子，不知此，则一无所知。
男人珍视未获之物，远超其实；
不经此事，不懂此理；
恋爱变得如此甜蜜，那是欲望在暗中促使④……

---

① 译者注：从剧情来看，这是《特洛伊罗斯与克瑞西达》第一幕第二场里内容，参见《莎士比亚全集》（四），第263页。

② 译者注：《莎士比亚全集》（四），第263页。

③ 译者注：朱生豪先生此处的译文很文雅，原文“a bawd”直译为“一个老鸨”。而“氤氲使者”就是泛指男女婚姻的撮合者，即媒人。

④ 译者注：英文原文是“But more in Troilus thousand - fold I see/Than in the glass of Pandar's praise may be；/Yet hold I off. Women are angels，wooing：/Things won are done；joy's soul lies in the doing. /That she beloved knows nought that knows not this ：/Men prize the thing ungain'd more than it is：/That she was never yet that ever knew/Love got so sweet as when desire did sue.”朱生豪先生的译文未以诗行形式排列，具体是“然而我从特洛伊罗斯本身所看到的比之从潘达洛斯的谀辞的镜子里所看到的，还要清楚千倍。可是我却还不能就答应他。女人在被人追求的时候是个天使；无论什么东西，一到了人家手里，便一切都完了；无论什么事情，也只有正在进行的时候兴趣最为浓厚。一个被人恋爱的女子，要是不知道男人重视未获得的事物，甚于既得的事物，她就等于一无所知；一个女人要是以为恋爱在达到目的以后，还是像热情未获满足以前一样的甜蜜，那么她一定从来不曾有过恋爱的经验。”［《莎士比亚全集》（四），第264页］本书译者认为：朱先生的译文还可以更精练并避免重复、避免个别脱漏原文的表达（如原文中的“恋爱变得如此甜蜜，那是欲望在暗中促使”就几乎漏译了，而这句话在本书作者的表述观点中，应该算是很重要的，故本书译者选择自译这一部分。

这个女人，与《终成眷属》里勃特拉姆给我们描述的显然是相同的女人，那个女人假装“克制”“无限狡猾”、自我放弃；安东尼将要描述为“狡猾地经历过男人的思想”。这是“白皮肤的荡妇”罗瑟琳，她喜欢用言辞做掩护——越淫荡越好。还没哪个处女有克瑞西达这一科学严谨的态度。

205 我们再没看到克瑞西达，直到在第三幕，潘达洛斯把她带到果园里找特洛伊罗斯。莎士比亚为我们描绘了爱情场景，其甘美程度空前绝后。他的情人对他得有多么大的魔力，才会使他在与其多年亲密接触后，意识到激情的这种复发有着如此悸动的强度！他的喉舌特洛伊罗斯喊道：

> 我觉得眼前迷迷糊糊的，期望使我的头脑打着回旋。
> 想象中的美味是这样甘芳，
> 它迷醉了我的神经。要是
> 我的生津的齿颊果然尝到了经过三次提炼的
> 爱情的旨酒，那该怎样呢？
> *我怕我会死去，昏昏沉沉地倒下去不再醒来；*
> *我怕那种太微妙深渊的快乐，调和在太芳冽的甘美里，*
> *不是我的粗俗的感官所能禁受；*
> *我怕，我更怕在无边的幸福之中*①，
> 我会失去一切的知觉，
> 正像大军冲锋，敌人披靡的时候，
> 每个人忘记了自己一样。②

---

① 作者注：斜体是我加的。这是所有莎士比亚作品中最强烈的激情表达，这种担心情绪的强烈程度将会使身体的“粗鲁力量”跛脚无能，只能在男人对女人的爱中感受到。在鲍西娅对巴萨尼奥的爱中，她担心感情“太多”，但很自然，没有任何对身体的指涉。在第23首十四行诗中，我已经把它描述为在任何一种莎士比亚作品中对年轻人激情的唯一呼喊，我们面对着同样强烈的欲望和同样的恐惧：现在我们应该由此中推断出什么？对我来说，只有一种推论是可能的。这种紧张不安的恐惧，唯恐会减弱欲望的关键力量，进而会损害他的表演，这一情况显然是取自莎士比亚对他情人的欲望；当对年轻人讲话时，它完全是造作的、不真诚的。恰是以同样的方式，莎士比亚描画了维纳斯（Venus）一次又一次地祈求阿多尼斯（Adonis）别让他的美貌未被任何小孩继承就泯灭。然后，又在最初的18首十四行诗中向他男朋友表达了同样的祈求，在这些十四行诗里，从一个男人到另一个男人，祈求者整个是格格不入的，也是不真诚的。

② 译者注：《莎士比亚全集》（四），第303—304页。

潘达洛斯也以同样的方式描述了克瑞西达： 206

> 她正在打扮；她就要来了……慌张得气都喘不过来……他真是个顶可爱的坏东西；就像一头刚给人捉住的麻雀似的慌张得喘不过气来。
>
> **特洛伊罗斯：**我自己的心里也感到了这样一种情绪；
> 我的心跳得比一个害热病的人的脉搏还快[1]……

起初，这对恋人的谈话并没有什么美妙之处，只是她的犹豫与他的赞赏。但克瑞西达是第一个停止防御的人。我必须抄写一页。莎士比亚的作品再没有比这更精妙、更真实的了：

> **克瑞西达：**我现在已经没有了勇气：特洛伊罗斯王子，我朝思暮想，已经苦苦地爱着几个月了。
>
> **特洛伊罗斯：**那么我的克瑞西达为什么这样不容易征服呢？
>
> **克瑞西达：**似乎不容易征服，可是，殿下，
> 当您第一眼看着我的时候，我早就给您征服了——恕我不再说下去，
> 要是我招认得太多，您会看轻我的。
> 我现在爱着您；可是直到现在为止，
> 我还能够控制我自己的感情；不，说老实话，我说了谎了；
> 我的思想就像一群顽劣的孩子，
> 倔强得不受他们母亲的管束。瞧，我们真是些傻瓜！
> 为什么我要唠唠叨叨说这些话呢？要是我们不能
> 替自己保守秘密，谁还会对我们忠实呢？
> 可是我虽然这样爱您，却没有向您求爱；
> 然而说老实话，我却希望我自己是个男子，
> 或者我们女子也像男子一样
> 有先启口的权利。[2] ……

---

① 译者注：同上书，第 304 页。

② 译者注：《莎士比亚全集》（四），第 307 页。

207 然后她就会离开：

> ……我自己也不知道自己在说些什么话。[①]
>
> **特洛伊罗斯：** 说着这样聪明话的人，是不会不知道自己所说的话的。
>
> **克瑞西达：** 殿下，也许您会认为我所吐露的不是真情，
> 我不过在耍着手段[②]，故意用这种不害羞的招认，
> 来试探您的意思，可是您是个聪明人，
> 否则您也许不在恋爱，因为智慧和爱情只有
> 在天神的心里才会同时存在，人们是不能兼而有之的。……

最后两行显然是莎士比亚自己的反映。特洛伊罗斯以一种呈现莎士比亚所有极渴望之愿景都已醒悟的方式，来回答克瑞西达的疑惑：为何年轻的特洛伊索罗斯不相信自己的爱？整个段落都是一段亲密的坦白，在最后两行中莎士比亚再次感叹：面对情人色彩斑斓的善变趋势，自己单纯的坚守不变，实际是一种缺点。

208

> 啊！要是我能够
> 相信一个女人会永远点亮
> 她的爱情的不灭的明灯，
> 保持她的不变的忠心和不老的青春，
> 她那永远美好的灵魂
> 不会随着美丽的外表同归衰谢；
> 只要我能够相信
> 我对您的一片至诚和忠心，
> 可能会面对如此精选的纯洁的
> 爱情的匹配与分量，

---

① 译者注：同上书，第308页。

② 作者注：这让我想起了朱丽叶的宣言，也展示了莎士比亚在10年或12年经历中对他情人的了解有多少：

> 但是相信我，先生们，我将会证明我比那些更狡猾的人要真实得多。

那时我将要怎样地欢欣鼓舞呢！可是唉！
我的忠心是这样单纯，
比赤子之心还要简单而纯朴。①

第二天早上，克瑞西达就像“朱丽叶”一样迷人而坦率地说：“黑夜太短暂了”，特洛伊罗斯像罗密欧一样希望“忙碌的一天未被百灵鸟唤醒”。

几分钟后，当克瑞西达被告知她将不得不离开特洛伊时，她发誓说她“不会离开特洛伊”，她甚至不会听到她的悲伤中有节制。

悲伤是精致的、饱满的、完美的，这是我品尝到的。
一定程度而言，暴力是很强悍
正如其策动力一样：我怎样才能节制它呢？

她将是快乐希腊人中的一个“悲伤的克瑞西达”。然后，尽管只是个 209
年轻人，但特洛伊罗斯却又一次以醒悟了的莎士比亚的洞察力来发言：他怀疑克瑞的真实及他自己的价值。尽管篇幅不允许我抄写其中的一部分内容，但整个段落都值得被逐字逐句地斟酌，他对他的情人说：

……我不是怀疑你的忠心，
只是不相信自己有什么长处：我不会唱歌，
不会跳舞，不会讲那些花言巧语，
也不会跟人家勾心斗角，
这些都是希腊人最擅长的本领；
可是我可以说在每一种这一类的优点中间，
都潜伏着一个不动声色的狡猾的恶魔，
引诱人堕入他的圈套。希望你不要被他诱惑。

---

① 译者注：这一小段引文的英文原文共有 13 行，其中第 9—10 行的英文原文是“Might be affronted with the match and weight/Of such a winnow'd purity in love;”朱生豪先生的译文是“会换到您的同样纯洁的爱情，”这显然有一定对原文的“跳跃”和“忽略”，如果莎士比亚之所以用了两个诗行 15 个词汇来表达，而且还有不常用的词汇，一定有他自己的“表情”与“达意”两个方面的努力，我们在文学研究中不应该只顾“达意”而忽略“表情”这一层面。因此本书译者特别强调：这两个诗行不应合译为“会换到您的同样纯洁的爱情，”而应还原为“可能会面对如此精选的纯洁的/爱情的匹配与分量，”其余诗行引自《莎士比亚全集》（四），第 308—309 页。

克瑞西达：你想我会被他诱惑吗？
特洛伊罗斯：不。
*可是有些事情不是我们的意志所能作主的。*①

我把最后一行用斜体标出，我会在下文再次谈起它。

然后，我们在第五幕中看到了可怕的场景：克瑞西达千方百计地对博取狄俄墨得斯（Diomedes）的青睐，就像她从前对竭力博得特洛伊罗斯的青睐一样。奥德修斯与特洛伊罗斯目击了整个场景。她以恳求开始，这本身就是一种忏悔：

甜甜蜜蜜的希腊人，别再诱我干那些傻事情了。②

然后，她假装羞怯，而狄俄墨德斯则向她道了晚安并说“我不愿再被愚弄了”。特洛伊罗斯－莎士比亚的评论是惊人的：

比你更好的人也被她愚弄过了。③

210 然后，她抚摸狄俄墨得斯的脸颊，他向她要信物作担保。她把特洛伊罗斯送她的衣袖给了他。当他们说“晚安”时，她提醒狄俄墨得斯，他的承诺是“请你，一定来”，然后用这种方式对自己说：

别了，特洛伊罗斯！我的一只眼睛还在望着你，
可是另一只眼睛已经随着我的心转换了方向。
啊，我们可怜的性欲！我发现了我们身上的这种缺点，
我们的眼睛所犯的错误支配着我们的心④……

---

① 译者注：《莎士比亚全集》（四），第332页。

② 译者注：同上书，第351页。

③ 译者注：同上书，第352页。

④ 译者注：著者所引这一小段话共是四个诗行，其中第三诗行的英文是“Ah, poor our sex! this fault in us I find,”朱生豪先生译为“唉，我们可怜的女人，我发现了我们这一个弱点，”但我们认为应当译为“啊，我们可怜的性欲！我发现了我们身上的这种缺点，”理由是：其一，“我们”不应是“我们女人”而应是这四行之第一行中她所呼唤的“特洛伊罗斯”与她自己，即“我们”是指此情侣二人；其二，“our sex”不是我们这个性别——女人，而是“我们的性欲”，莎士比亚已经太多次让主人公说“欲望”和“性欲”了，故结合上下文和莎士比亚的一贯表情达意的风格，此处的“our sex”应译为“我们的性欲”。其余译文引自《莎士比亚全集》（四），第355页。

前两行虽然很弱，但对我们来说很重要，最后两句话当然是莎士比亚的评论。

在这之后，毫无疑问的是奥德修斯想要走：

> 那我们还留在这儿干吗？

特洛伊罗斯 - 莎士比亚回答说：

> 我要把他们在这儿说的话
> 一个字一个字地记录在我的灵魂里。[①] ……

有一首著名的十四行诗，莎士比亚在其中警告他的黑情人不要让他目睹她的不忠，因为这可能会使他发疯并复仇。我常常想知道，莎士比亚到底目睹了她对赫伯特说了些什么，或者她对他做了些什么，从而榨干了她那文雅诗人情侣的野蛮威胁。

当我读到《特洛伊罗斯与克瑞西达》的这一场景时，我觉得莎士比亚 211
要么看到他的情人背叛了他，要么在她献身给他人时他听到了。特洛伊罗斯的这些语词在我的脑海中响起：

> 我要把他们在这儿说的话
> 一个字一个字地记录在我的灵魂里。

我们很久以前就知道，这是莎士比亚的一个小把戏，他强烈感动地想要创造一个新的单词或单词形式时，他敏锐的鉴赏力总能创造出一个新的符号，这个单词“记录”（recordation）就是对我的一种坦白。

没有为克瑞西达的“不忠”提供理由。她散漫地像个嬉戏的小男孩子一样。愚蠢诱惑了她：希腊人和特洛伊人都是她的蜂蜜，白昼与黑夜随时都合胃口。

作为这部戏的智慧人物，第一眼看到她的奥德修斯，就谴责了她，正如莎士比亚在《错误的喜剧》中让主持尼谴责了他嫉妒心强的妻子阿德里安娜。我听到莎士比亚对他情人的严厉的道德评价的每一个词汇：

---

① 译者注：《莎士比亚全集》（四），第 356 页。

……算了，算了！
她的眼睛里、面庞上、嘴唇边都有话，
连她的脚都会讲话呢；她身上的每一处骨节，
每一行动，都透露出风流的心情来。
呵，这类油腔滑调的东西，
厚着脸皮，侧步前进；
她们把心里的话全部打开，
引人上钩；
简直是街头卖俏，唾手可得。[①] ……

212 然而，尽管她的虚伪是如此清晰，被如此痛苦地诅咒着，她却未受任何惩罚。

在我离开这部戏之前，我必须先回顾一下特洛伊罗斯的警告：我在前文用斜体字标出的那些语词。特洛伊罗斯告诉克瑞西达“有些事情不是我们的意志所能作主的”，他说，希腊人擅长“狡猾的游戏”。那么，这些“引诱人堕入他的圈套”的爱情“狡猾游戏”是什么呢？我们注意到，在《终成眷属》里，帕洛（Parolles）在给勃特拉姆－赫伯特的话中也有同样的暗示。在第三幕中，帕洛说他知道勃特拉姆的一个婚姻承诺*以及那些会让我说不出口的事情*；赫伯特随后做得甚至比婚姻承诺还要糟糕。莎士比亚想给我们留下这样的印象：他的情人是那样地获得了感官上的愉悦享受，以致在她的情人中，最微妙、最狡猾的感官主义者才会对她影响最大。他想暗示：玛丽·菲顿喜欢赫伯特和其他男人而不是他，那是因为他们练就了“微妙的”爱的游戏，而这却是他不愿屈尊去做的。

213 ……这一指控可能是真的，尽管我怀疑其隐含的优越感。

莎士比亚随之让克瑞西达向我们保证，即便是她的另一只眼睛在狄俄墨得斯（Diomedes）或她的新相好身上，她也总有一只眼睛留在特洛伊罗斯－莎士比亚身上，我想这是真的。她对莎士比亚的爱是克瑞西达－菲顿的唯一可取之处，否则，她就像在十年前的1597年，我们在《爱的徒劳》第一次见到的罗瑟琳一样散漫。

① 译者注：《莎士比亚全集》（四），第337页。译者引用中有个别字词有改动。

在所有文学作品中，没有一个形象如莎士比亚的克瑞西达那样一个令人愉快又坦率的荡妇，她是一个太没灵魂的“游戏之女”① ——“伺机乐享淫荡运动”——而几乎不能算是个人。但在莎士比亚的吉卜赛情人身上，肯定有比引诱和淫荡更多的东西。我们从十四行诗中得知，她的个性中有威力和大胆，但是没别的了吗？我们很快就会看到。

① 作者注：就像但丁对意大利语、路德对德语的贡献一样，莎士比亚也使这成为我们的英语语言。今天，在伦敦街头，妓女的一句话是：“我在玩游戏。”

214

第十一章　克莉奥佩特拉－菲顿

《安东尼与克莉奥佩特拉》：克莉奥佩特拉—菲顿；“巫术结合美貌，二者再加性欲！”

《安东尼与克莉奥佩特拉》是莎士比亚激情的杰作，在该作中，他给我们画了他创作史上最伟大的女性肖像；在这里，我们终于可以看到他那放荡情人在她的最佳状态下的女王表现。

这一长剧的全部兴趣集中在安东尼及埃及艳后克莉奥佩特拉这二人身上。安东尼被教授们说成是“一个像哈姆雷特一样独一无二的最高的诗歌创作”，我们可以在有据可证之前来假设一下：莎士比亚将把自己放在剧中情人安东尼身上。但我们肯定对这幅画的完美性有一丝怀疑，因为安东尼是一个伟大的首领和战士。即使在普鲁塔克（Plutarch），他作为一个行动型男人的品质也只是被他对克莉奥佩特拉的热情所掩盖；她“泯灭了善良……他心中升起的希望……并激起了许多恶习”；但他是一名伟大的战
215 士。温柔敏感的莎士比亚，我们可以确信，他的哈姆雷特式的诗性，将为我们描绘生活里的恋爱者，但是，他将如何呈现首领呢？

普鲁塔克（Plutarch）并没有给他多少帮助，他也视男性领袖为理所当然，而莎士比亚也未从他身上发现什么魔力来改善他的模型。这部戏中呈现给我们的安东尼是一个恋爱者，一个慷慨而宽容的诗人—恋爱者，仅此而已。《安东尼与克莉奥佩特拉》更像是一首抒情诗，实际上它是一首比《罗密欧与朱丽叶》更强烈的性欲抒情诗，安东尼的贞操特征因莎士比亚让普鲁塔克为他记战功而模糊。“世界三巨头”与莎士比亚没有亲属关

系，即使是“把他变成一个妓女的傻瓜”，也对他没有吸引力。哈姆雷特－莎士比亚在这里扮演的角色只是部分适合他，因此安东尼并不是莎士比亚最优秀的人物肖像之一。

但可以说，在罗马将军如此透薄的铠甲庇护下，莎士比亚为我们描绘了自己的生活。在几乎每一个场景中，这位安东尼－莎士比亚都可以很容易地辨认出来。事实上，莎士比亚的某些品质有时在安东尼身上，要比他在其他任何男主角身上都表达得更出色、更完美，因为此时莎士比亚的妙手特技已升至顶点。

我向来把莎士比亚称为世上拥有最好舌头的理想爱人。请听他在第一 216
幕第一场里怎么说：

> **克莉奥佩特拉：**要是那真的是爱，告诉我多么深。
> **安东尼：**可以量深浅的爱是贫乏的。
> **克莉奥佩特拉：**我要立一个界限，知道你能够爱我到怎么一个极度。
> **安东尼：**那么你必须发现新的天地。①

在第一幕中，安东尼以莎士比亚的清晰视野看到：他必须打破这些“强大的埃及镣铐”，否则就会“在沉迷中丧失自己”。但他不够强悍地将此洞见付诸行动。莎士比亚在安东尼身上打上自己理解的标识，认为所有的懊悔都是有害的：

> 已经过去的事，我决不再介意。②

安东尼也明确地、反复地表达了对真理不惜一切代价地热爱，你能一下子就看出这是莎士比亚智慧的标记：

> 谁告诉我真话，即使他的话里藏着死亡，
> 我也会像听人家恭维我一样听着他。③ ……

---

① 译者注：《莎士比亚全集》（六），第5页。
② 译者注：同上书，第11—12页。
③ 译者注：同上书，第12页。

217 这位莎士比亚－安东尼又一次叫喊起来：

> 直接痛快地把一般人怎么批评我的话告诉我，不要吞吞吐吐地怕什么忌讳
> 罗马人怎么称呼克莉奥佩特拉，你也怎样称呼她；
> 富尔维娅怎样责骂我，你也怎样责骂我；
> 尽管放胆指斥我的过失，无论它是情真罪当的，
> 或者不过是恶意的讥弹。啊！只有这样才可以使我们反躬自省，
> 平心静气地拔除我们内心的莠草，耕垦我们荒芜的德性。
> 你且暂时退下①……

莎士比亚说，听到人家指正我们的错误，就像心灵沐浴犁耕与施肥一样。说明在44岁时，他在精神上还朝气蓬勃。

安东尼也带着尊严向恺撒承认自己的过失，他自己也宣告免罪。这是莎士比亚的智力骄傲的典型特征。

然而，克莉奥佩特拉认为安东尼是“世界上最伟大的战士”的这个看法并没有说服我们。庞贝（Pompey）声明说：他的“士兵是另两个人的两倍。……”这也没能说服我们。当莎士比亚通过恺撒告诉我们：莎士比亚－安东尼是一个成熟的孩子样的人，他会“以他的经历来展示快乐”时，我们更倾向于相信莎士比亚。这是对艺术家—恋爱者智力的判断。

当他无知无觉的激情把他毁灭的时候，安东尼－莎士比亚就自然地达到了至高无上的地位。当他被打败的时候，这个古老的短语脱口而出：

218
> 我在这世上盲目夜行，
> 已经永远迷失了我的路。② ……

这可能是理查二世的说法，或者哈姆雷特，或者莎士比亚的其他化身的说法。这个安东尼有一艘满载黄金的船，用来馈赠他的朋友们。

当克莉奥佩特拉请求他原谅她的背叛时，他必须把他的过失归咎于她；但当爱诺巴勃斯（Enobarbus）——可以说，他是这部戏里知识分子的

---

① 译者注：《莎士比亚全集》（六），第12页。

② 译者注：同上书，第74页。

良心——在被问及谁错了的时候，他说出了那个简单的事实：

> 只有安东尼才能成为
> 他自己理性意愿的主人……

尽管有这样的谴责，但莎士比亚的脑海中仍有玛丽·菲顿的想法，坚持让安东尼指责克莉奥佩特拉，尽管责骂该女主角是安东尼的一个不必要的弱点。

> 你把我带到什么地方去，埃及女王？

他喊道，又用莎士比亚灵魂里送出的话说：

> ……埃及女王，你完全知道
> 我的心是用绳子缚在你的舵上的，
> 你一去就会把我拖着走；你知道
> 你是我的灵魂的无上主宰，只要你一点头一招手，
> 即使我奉有天神的使命，也会把它放弃了
> 来听候你的调遣。[1]

他的吉卜赛女王再次请求原谅，他以迅速改变的语气最为宽宏大量 219
地说：

> 不要掉下一滴泪来；你的一滴泪的价值，
> 抵得上我所得而复失的一切。给我一吻吧；
> 这就可以给我充分的补偿了。
> ……
> ……叫他们预备酒食！
> 命运越是给我们打击，我越是瞧不起她[2]。

---

① 译者注：《莎士比亚全集》（六），第 76 页。

② 译者注：同上书，第 77 页。

但过了一会儿，他发现她允许恺撒的信使赛琉斯（Thyreus）吻她的手，他对她的愤怒，就像我们看到莎士比亚将自己对玛丽·菲顿的愤怒一次又一次地反复出现在六部不同的悲剧中一样；尽管在这里，也许他的责备比他敢吻他伟大情人的脸要更大胆：

你一向就是个水性杨花的人；
可是，不幸啊！当我们沉溺在我们的罪恶中间的时候，
聪明的天神就封住了我们的眼睛，
把我们明白的理智丢弃在我们自己的污泥里，
使我们崇拜我们的错误，
看着我们一步步陷入迷途而暗笑。
克莉奥佩特拉：唉！竟会一至于此吗？
安东尼：当我遇见你的时候，
你是已故的恺撒吃剩下来的残羹冷炙；你也曾做过
克尼厄斯·庞贝口中的禁脔；此外不曾在
食宿的口碑上的，还不知道有多少
更荒淫无耻的经历；我相信，
你虽然能够猜测想得到贞洁应该是怎样一种东西，
可是你不知道它究竟是什么。
……
我不能像一个绳子套在脖子上的囚徒一般，向行刑的人哀求
早一点了结他的痛苦；我要到高山荒野之间大声咆哮，
发泄我的疯狂的悲愤！[1]
……

这是有关玛丽·菲顿的最后真相：她不知道她情人的脾性及其痛苦煎熬。

220 但是，所有这些伴着“野蛮目标”的疯狂嫉妒，仅是该男人强烈欲望的对立面。他很快就原谅她；称她“我的心”，叫道：

① 译者注：《莎士比亚全集》（六），第83—84页。

……来，
让我们再痛痛快快乐它一晚[①]……

这位失去一切包括名誉的安东尼－莎士比亚却在他的放纵中发现了他灵魂中丰富的宝藏。当他听到爱诺巴勃斯（Enobarbus）已离他而去，他用高贵而慷慨的莎士比亚的话送还其钱财：

去，爱洛斯，把他的钱财送还给他，不可有误；
听着，什么都不要留下。写一封信给他，
表示惜别欢送的意思。写好了让我在上面签一个名字；
对他说，我希望他今后再也不会有同样充分的理由，
使他感到更换一个主人的必要，唉！想不到我的衰落的命运，
竟会使本来忠实的人也变起心来。[②]
……

当然，这是最温和、最聪明的灵魂，在文学中揭示了它的甜蜜。

在被克莉奥佩特拉再次背叛后，安东尼发现了给他的爱与他的蔑视的 221
最好表达：

……我被出卖了。
啊，这负心的埃及女人！这外表如此庄严的妖巫，
她的眼睛能够指挥我的军队的进退，
她的酥胸是我的荣冠、我的唯一的归宿，
谁料她却像一个奸诈的吉卜赛人似的，凭着她的擒纵的手段，
把我诱进了山穷水尽的垓心。[③] ……

一听说克莉奥佩特拉死了，安东尼这位情人便合起生命的芳香之书，急切要跟去：

① 译者注：《莎士比亚全集》（六），第 86 页。
② 译者注：同上书，第 94 页。
③ 译者注：同上书，第 101 页。

把战铠脱下吧，爱洛斯；永昼的工作已经完毕，
我们现在该去睡了。① ……

他对他的吉卜赛荡妇的激情一直持续到生命终了：

我只求死神稍候，
容我把生命里那可怜的最后一吻
印上你的唇边。②

我宁愿给安东尼的性格赋予了更多的余地，而不是只为写成这些文章，因为莎士比亚从未透露过在他整个成熟生活中燃烧着的强烈欲望，如此全然地像这位安东尼。

222 但是罗马将军的盔甲并不适合莎士比亚，所以安东尼的最后一句话，虽然对罗马人来说是真实的，但对诗人却不是这样的：

因为我曾经是全世界最伟大、最高贵的君王，
因为我现在堂堂而死，
并没有怯懦地向我的同国之人抛下我的战盔；
我是一个罗马人，英勇地死在一个罗马人的手里。
现在我的灵魂要离我而去；
我不能再说下去了。③

莎士比亚本人对这一总结并不满意，他借恺撒的朋友阿格立巴

① 译者注：《莎士比亚全集》（六），第 104 页。

② 译者注：这三个诗行台词的英文原文是“I here importune death awhile, until/Of many thousand kisses the poor last/I lay upon thy lips.”朱生豪先生的译文是“我只请求死神宽假片刻的时间，让我把最后的一吻放在你的唇上。”本书译者认为该译文有如下可商榷之处：其一，因为这句话的上句是“我要死了，女王，我要死了；”所以，与其译为“只请求死神宽假片刻的时间，让我……放在你的唇上。”不如译为“只求死神稍候，容我……印上你的唇边。”尤其是原文的“until…… I lay upon ”译为“容我……印”更有情味；其二，原文的“Of many thousand kisses the poor last”在朱生豪先生的译文中似乎未能有效体现说话人此时近似英雄悲歌的悲伤与痛惜之情——“千百（无数）个吻”中“可怜的”“最后一个”。我们可用“生命里”来涵盖“many thousand kisses”之悲慨，从而通句译为“我只求死神稍候，/容我把生命里那可怜的最后一吻/印上你的唇边。”

③ 译者注：《莎士比亚全集》（六），第 111 页。

（Agrippa）的嘴把他自己作为一个最具创造力的艺术家的真心话说了出来：

> ……从未有过这样罕见的人才操纵过人类的命运；
> 可是神啊，你们一定要给我们一些缺点，
> 才使我们成为人类。① ……

但如果说莎士比亚穿着罗马将军的僵硬盔甲不是很自在，如果他的激情过于诗意，他的慷慨与高贵太不节制，那么，他的华丽情人玛丽·菲顿在克莉奥佩特拉这个位置上却是完美适合的角色担当。所有伟大的工匠都会偶尔得到神助，幸运时会有某种超乎想象的杰作。但莎士比亚得到的，比其他任何艺术家都要多，这部分原因是他不断涌来的同情，部分原因是他不知疲倦的勤奋，莎士比亚有幸源源不断地得到了这些财富。

我们在《罗密欧与朱丽叶》中看到，他的薄弱环节是如何被其先驱布 223
鲁克（Brooke）在那位饶舌的老女仆画像中所提供的现实特征完善的。因此，在这里，他想要剥脱并斥责他的情人，就像他对克瑞西达形象被那个事实所完善那样。这一事实就是克莉奥佩特拉最终成就了无私的伟大，并了结了她自己的生命。她的自杀，可能出于骄傲地认为由此可以避免被拖进恺撒的胜利展示中，或是出于对安东尼的爱，或是两个动机都可能动摇了她。但她确实自我了结，这让我们赎解而考虑她有个虽不善良却伟大的灵魂，因为说她善良，那就会使我们宽恕她永恒追求的放荡血脉，而把她抬升至悲剧高度。

在我的《男人莎士比亚》这本书中，我仔细而充分地分析了克莉奥佩特拉的性格；然而，该角色之性格描画是如此丰富，我很高兴用一种新的或许更有利的光线来展示这幅非同寻常的画面。

玛丽·菲顿的两组特质似乎从一开始就对莎士比亚产生了冲击：她狡猾地伪装自己，以高冷来掩饰无条件的放荡，同时，她又用敏捷才智、火药脾气来装备她的优势个性。

在他所有更好的人物肖像中，他把所有这些特殊品质赋予她，而且他 224
通常把压力放在一组性格上，而让另一组被淡化一些。例如在《爱的徒

① 译者注：《莎士比亚全集》（六），第114页。

劳》里，他凸显了罗瑟琳的冷漠高傲、放荡和才智；而我们感觉克瑞西达是一个更强烈的罗瑟琳：她的不忠在行为中表现出来，她承认她的冷淡只不过是一种伪装，用以加速她情人的欲望。另外，在十四行诗中的“黑暗女王”身上，莎士比亚强调了他情人个性中的掌控力，他告诉我们，她身上的恶习变成了美。而在克莉奥佩特拉身上，这种个性力量又一次被坚持强调，而且还掺了些甜言蜜语、敏捷才智和暴躁脾气。这种性格魔力与崇高精神的机智大胆，显然是莎士比亚在他的情人身上最欣赏的品质，就像他在十四行诗和戏剧中所抱怨的：诡诈狡猾与放荡纵欲是“肮脏的缺点”。当他写《特洛伊罗斯与克瑞西达》时，他们之间的激情重新燃烧起来，而且很可能又出现新的背叛。在他写《安东尼与克莉奥佩特拉》之前，他享受了一个印度的快乐之夏。从莎士比亚的作品来看，他的一个独特之处似乎是，他特别一以贯之地把他每一年甚至每个月的经历，熔铸进他的艺术并以之涂色。

225 这样，他的戏剧与诗歌就变成独特而又亲密的自我揭示的窗口、文件。可以说，经由它，我们可以紧跟他的灵魂冒险。

《安东尼与克莉奥佩特拉》的第一个场景表明莎士比亚的爱情是幸福的，而且是洪水泛滥式的爱。当他不断遭受的失望使他怨恨时，他需要幸福感以便从根本上给他情人画一个美丽肖像；即使在他现在的最佳状态下，他也可能会因为把人像画得过重而犯错。这部戏里的欢乐是一个好兆头。在最开始的时候，克莉奥佩特拉嫉妒地取笑安东尼。来自罗马的使者要到了，她喊道：“富尔维娅也许在生气了”，又说“也许那乳臭未干的恺撒会降下一道尊严的谕令来”。安东尼是不会听的，但我们再次在戏剧结尾听到这敲响了关键音符，他与他的爱情是这世界上没有同行者的一对。至少，莎士比亚肯定如此感受。

“被克莉奥佩特拉的嘲笑和嫉妒所激起的”安东尼会给自己“爱情的爱意和她的温柔时光”。

但克莉奥佩特拉奚落他：

> 接见罗马的使者[①]。

---

① 译者注：《莎士比亚全集》（六），第7页。

他回答： 226

……嗳吆，淘气的女王！
你生气、你笑、你哭，都是那么可爱；
每一种情绪在你的身上
都充分表现出它的动人的姿态！①

莎士比亚在第150首十四行诗中，对他的“黑暗女王”准确使用了同样的字眼：

何来这化腐朽为神奇的本领，
使你的种种丑恶不堪的表现
都具有一种灵活强劲的保证，
使它们，对于我，超越一切至善？② ……

似乎是为了给我们留下一个奇怪的事实，爱诺巴勃斯也以同样的曲调吟诵：

……卑鄙的事情
成为她的自己……

她的嫉妒又被巧妙地渲染了出来：

富尔维娅的死讯被宣布后，安东尼像下定决心，正如莎士比亚一千次下定决心一样：

我必须割断情丝，离开这个迷人的女王；
千万种我所意料不到的祸事
已在我的怠惰之中萌蘖生长。③ ……

---

① 译者注：《莎士比亚全集》（六），第7页，稍有变动。
② 译者注：同上书，第674页。
③ 译者注：同上书，第13页。

但爱诺巴勃斯告诉他说：

> 克莉奥佩特拉只要略微听到了这一个风声，就会当场死去；
> 我曾经看见她为了一点点的细事死过二十次。……
> **安东尼：** 她的狡猾简直是不可思议的。①

227 爱诺巴勃斯将不会受打击。他看得更清楚了：我称他为“这部戏的良心”，是莎士比亚的辨别力的化身。他说：

> 唉！主帅，不，她的感情完全是从最纯洁微妙的爱心里提炼出来的。……
> **安东尼：** 但愿我从来没有看见她！② ……

但是，莎士比亚的公正的智力不会接受这个蹩脚而又脾气暴躁的结论。爱诺巴勃斯回答说：

> 啊，主帅，那您就要错过了一件神奇的杰作；失去这样的眼福，您的壮游也会大大地减色的。③

在接下来的场景中，克莉奥佩特拉再次为我们描绘了自己的生活：她的思想全是安东尼的：

> 克莉奥佩特拉：他呢？
> 查米恩：我后来一直没看见他。
> 克莉奥佩特拉：瞧瞧他在什么地方，跟什么人在一起，在干什么事。
> 不要说是我叫你去的。要是你看见他在发恼，
> 就说我在跳舞；要是他样子很高兴，
> 就对他说我突然病了。快去快来。④

---

① 译者注：《莎士比亚全集》（六），第 13 页。
② 译者注：同上书，第 13—14 页。
③ 译者注：同上书，第 14 页。
④ 译者注：同上书，第 15 页。

她是在激情之风中被翻卷着的一根羽毛。她调侃、嘲笑、嫉妒——都来自于强烈的爱。当她看到安东尼打算离开她的时候，她马上就会送上温柔的奉承和良好的祝愿；因为她下定决心想再次把他争取回来：

愿所有的神明和您同在吧！ 228
愿胜利的桂冠悬在您的剑端！[①] ……

即便安东尼不在时，她满脑子都是他。跟太监玛狄恩在一起的那一场，是一个无与伦比的杰作——一个完美的配角。

她接着跟查米恩（Charmian）因为后者把恺撒跟“男人中的男人”安东尼比较而争吵起来。对于她曾经只喜欢恺撒，她解释说：

那时候我年轻识浅，
我的热情还没有煽起[②]……

她用对安东尼的思念喂饱自己，将其作为“最美味的毒药”。
她说：

魔法中加入了美貌，性欲伙同二者！……

在这第一幕中，克莉奥佩特拉已被如此轻松、熟练、完美、生动地描绘进生活里，还未见其他剧作家、甚至小说家曾如此展示过。莎士比亚已经深爱玛丽·菲顿多年了。她已经融化在他的血液里，他只能以十几种不同情绪一幕接一幕地为我们描画她。

甚至莎士比亚的智力良心爱诺巴勃斯在谈到她时，也没法控制自己：

我有一次看见
她从市街上奔跳过去，
一边喘息一边说话；
那吁吁娇喘的神气，也是那么楚楚动人，

---

① 译者注：《莎士比亚全集》（六），第19页。
② 译者注：同上书，第25页。

在她破碎的语言里，自有一种天生的媚力。[①]

229 对我而言，这一插曲就是莎士比亚对玛丽·菲顿实景色表演的报道。该情景必定在他脑海里留下了难以抹去的深刻烙印。不是爱诺巴勒斯失去了他的完美平衡，而是因为它本身太奇特而难以想象，你根本没法把它与性感女王的特征相联系。它太直接地提醒我们注意大胆的十四行诗女主角。在第150首十四行诗里，那位坚持主张“权力”的人也敲响了同一个音符：

哦，从什么威力你取得这力量？……[②]

在该剧的第二幕第五场，克莉奥佩特拉又一次被细描给我们：她以要求音乐开始：

……对于我们这些以恋爱为职业的人，
音乐是我们忧郁的食粮。[③] ……

接着是对安东尼的回忆：

那时候我笑得他恼羞成怒，可是一到晚上，
我又笑得他回嗔作喜；第二天早晨
我在九点钟以前就把他灌醉上床，
替他穿上我的衣帽，
我自己佩带了他那柄腓立比的宝剑。[④] ……

230 想到一个女人都能够把安东尼灌醉上床，这令我们震惊，但我们知道莎士比亚“可怜又不幸的大脑不适合饮酒”。还有克莉奥佩特拉用自己的衣帽打扮安东尼，而自己则佩带安东尼的宝剑、高视阔步，我们意识到为我们呈现的整个场景既真实又令人钦佩。

---

① 译者注：《莎士比亚全集》（六），第36页。
② 译者注：同上书，第674页。
③ 译者注：同上书，第39页。
④ 译者注：同上书，第40页。

一位使者自意大利来了，她的话里藏着令人震惊的性冲动喊道：

请把你硕果饱满的消息（潮汐）撞塞进我的耳朵吧，
它已空洞好久而荒芜了。①

如果是好消息，就会给他赏黄金：

……而且在这儿
你还可以吻一吻我这只手……

臻于完美的狐狸精。

她很焦虑，想要在他开口前打动他。当她听到此前单身的安东尼又刚完婚时，她在愤怒里迷乱：她亲手击打信使，揪着他的头发满屋子拉扯殴辱；拔出刀想要杀他，然而，这个出身高贵的女人又转而克制了自己：

这一双手太有失自己的尊严了，去殴打
一个比我卑微的人。② ……

她一定得知道“奥克泰维娅的容貌怎样……年纪多大……性格怎样……头发是什么颜色”，尤其是“她有多高”。那儿曾经有这样的肖像画！

每一个笔触都很到位，精微地好似完成了一幅缩影。形象如此精确， 231
使得莎士比亚的情人穿过画布、浮现在我们眼前。

重复样貌特征重现了。在接下来一幕以后的场景中，克莉奥佩特拉与信使再次被介绍，第一个问题是：

克莉奥佩特拉：她像我一样高吗?

---

① 译者注：剧本此处的英文是“Ram thou thy fruitful tidings in my ears. /That long time hath been barren.”朱生豪的译文是“我的耳朵里久已不听见消息了，你有多少消息，一起把它们塞了进去吧。”［《莎士比亚全集》（六），第 40 页］本书译者要强调的是：本书作者的话也并非空穴来风，词汇大师莎士比亚在只有 14 个单词的两个诗行中，他连用的直接或间接“性暗示”类的词汇就接近一半，急于听信使传达消息的表达可以多种，他却偏用了这种，所以，本书译者结合原语境与本书作者的表意目的，将这两行语句译为“请把你硕果饱满的消息（潮汐）撞塞进我的耳朵吧，/它已空洞好久而荒芜了。”

② 译者注：《莎士比亚全集》（六），第 43 页。略有改动。

使者： 她没有您高，娘娘。①

但使者说：“她的声音是很低的。”克莉奥佩特拉承认“那就不大好”。但立即变为男人的荣耀感来责备那女人。对她而言，奥克泰维娅是“矮矮的个子，说话又不伶俐！”② 当她听到她对手的脸是“圆的，太圆了”时，她判定：

面孔滚圆的人，大多数是很笨的。
她的头发是什么颜色？
使者： 棕色的，娘娘；她的前额
低到无可再低。③

她立刻赏了黄金给他，发现他是个很可靠的人。

这儿，在另一个很早前的画像中，我们了解玛丽·菲顿的额头是高的，她的脸型是椭圆的而不是圆的。

232 随后就是那场大祸。爱诺巴勃斯支持安东尼在陆地作战，但克莉奥佩特拉希望他在海上作战：

我有六十艘船舶，恺撒的船不比我们多。④

在战斗中，她一遇敌就转舵逃走；安东尼也跟着她逃走，结果：

惨败，江山大半丧失。⑤

---

① 译者注：《莎士比亚全集》（六），第61页。

② 译者注：同上。

③ 译者注：同上书，第62页。

④ 译者注：同上书，第71页。

⑤ 译者注：这句话的英文原文是“In the fight she flies; he follows and /The greater cantle of the world is lost.”第一行是本书作者的话，第二行是作者引用莎士比亚剧本中的话（实际是剧中人物安东尼的将佐斯凯勒斯的话），本书译者译为“在战斗中，她一遇敌就转舵逃走；安东尼也跟着她逃走，结果/惨败，江山大半丧失。”朱生豪先生对第二行的翻译是“大半个世界都在愚昧中失去了；”原文表述中没有“愚昧”一词，这只是一种意译。本书译者也是一种意译：把第一行最后一个顺接词“and”译为“结果”，并在下一行行首铺垫（添译）一个“惨败”，这样既吻合原文，又句意畅通。

当然，她乞求安东尼的原谅，也被原谅了。

随后到了那个场景，她把手伸给恺撒（Cassar）的信使赛琉斯（Thyreus）让他亲吻，她说，请告诉恺撒：

> ……我随时准备
> 把我的王冠跪献在他的足下①……

这一剧变，正如我在其他地方说过的，它是与整个剧本不一致的，也是没必要的。这对于克瑞西达，无疑是真的；对莎士比亚的情人，也有可能是真的；但对克莉奥佩特拉，则不真实。克莉奥佩特拉不能取信于恺撒，只有死。其实这也是不必要的，因为莎士比亚将在这一场景里，向我们揭示她最恶劣的一切，她的司库②证明她隐瞒了她财富的大部分。人物性格阴影已经涂抹得够暗沉的了。

这正如曾经说过的：历史证明，克莉奥佩特拉杀了她自己，这迫使莎士比亚去公正地对待他的辉煌情人。

安东尼可能会把她诅咒为一个“三翻其身的娼妓”，她 233

> ……很快换人，一点不牢靠，
> 诱骗我醉心沉迷，再失坠无着。

但这不是真的。克莉奥佩特拉只是一个非常性感的女人，她在危急关头失去勇气而被恐惧驱使，当她从亚克兴角（Actium）逃离时就逃到了堡垒中。但对她而言，安东尼还是她的整个世界，他死时，她声明（或者说莎士比亚带着对赫伯特的轻蔑暗示来宣告）——没有一个女人，尤其是没有一个老荡妇会轻视年轻人：

> ……一群无知的儿女；
> 杰出的英雄已经不在人间，

---

① 译者注：《莎士比亚全集》（六），第 82 页。

② 译者注：这里的司库指的是在《安东尼与克莉奥佩特拉》第五幕第二场她的司库塞琉克斯投敌恺撒，当面说“您所藏起的珍宝的价值，可以抵得过您所呈献出来的一切。”［《莎士比亚全集》（六），第 122 页］

月光照射之下，
再也没有值得注目的人物了。[1]

最后一场[2]是最好的。克莉奥佩特拉对伊拉丝（Iras）说：

我的孤寂已经开始使我得到了
一个更好的生活。[3] ……

这位伟大艺术家的这种口是心非，并不是她被骗了，而是她不信任恺撒：

……姑娘们，他用好听的话骗我，使我不能做一个光明正大的人[4]。……

她不愿因他的胜利而优雅高贵，也不愿被“迟钝的奥克泰维娅严厉的眼神所惩罚……”她有自己“永生的渴望”，在最重要的时刻，莎士比亚暴脾气的情人突然开始嘲笑：她想听那小毒蛇“称那伟大的恺撒为一头无谋的驴子！”[5]

234 亚里士多德已经极度赞美过，因为在其《诗学》中他告诉我们，一部伟大悲剧的同情和恐惧应当如何总是被引导至一种“卡塔西斯”或净化。也许更好的短语应当是某种安慰——和解。亚里士多德（Aristotle）从索福克勒斯（Sophocles）戏剧中总结出了他的理论，而莎士比亚（Shakespeare）与古希腊诗人都认为要优化悲剧“适恰”，但他仍想优化它的意识要更强一些。他总是给他最喜欢的人物一些能增值的收尾话语，这可能使我们在某种程度上与他们的不幸命运和解。哈姆雷特最终被称为“高贵的心”；布鲁特斯（Brutus）是“他们中最高尚的罗马人”；奥赛罗是“伟大的心灵”，所以现在我在该剧的结尾寻找关于克莉奥佩特拉－菲顿的最重要话语。我承认，我记得那“迷人的娇态”，甚至连那尖刻的勃特拉姆－

① 译者注：《莎士比亚全集》（六），第 111 页。
② 译者注：这里指的是《安东尼与克莉奥佩特拉》的第四幕的最后一场。
③ 译者注：《莎士比亚全集》（六），第 116 页。
④ 译者注：同上书，第 123 页。
⑤ 译者注：同上书，第 128 页。

赫伯特也承认她身上的那种“迷人的娇态”；我很高兴地发现，莎士比亚也把同一个词给了冷淡的恺撒。他说：

> 瞧她好像睡去一般，
> 似乎在她温柔而有力的最后挣扎之中，
> 她要捉住另外一个安东尼的样子①。

这是恺撒再次向情人发表的最重要的告别词，它是这部戏最开头安东 235
尼话语的回响：

> 世上再也不会有第二座坟墓
> 怀抱着这样一双著名的情侣②……

真可惜莎士比亚和玛丽·菲顿没有一起睡在这个伟大的大修道院里！

在这张克莉奥佩特拉的画像中，我们看到了迄今为止最精美、最复杂的莎士比亚情人画像；我们甚至从它身上学到了一些新的体貌特性；她个子高挑，额头高耸，是椭圆脸而非圆脸蛋。高傲的气质适宜她华丽的吉卜赛荡妇的白皙皮肤，漆黑眼珠和头发。这部剧还给了她两三个精神特征，但在这里被省略，或只在其他人物的素描中出现。尽管我们在十四行诗中读到“塞壬的眼泪”，但在戏剧的展示中，莎士比亚的情人并没有哭泣；但她在这里使用了这个弱点，而且走得更远，爱诺巴勃斯说，为了征服她的情人，她甚至会经常死亡：难怪安东尼－莎士比亚宣称“她的狡猾超越男人的思想”。

在这里，她的激情之爱被展示出来，而她的放纵却几乎被忽略了；另 236
外，她的崇高勇气与蔑视死亡的精神，就像她身上的光环——我称之为最惊人、最真实、最华丽的画像，在所有文学作品中，精美之无与伦比，堪与哈姆雷特和福斯塔夫永远并立。她的激情之爱为莎士比亚也为我们奉献了如此之多。

---

① 译者注：《莎士比亚全集》（六），第130页。

② 译者注：同上。

237 # 第十二章　莎士比亚的母亲肖像

科利奥兰纳斯；伏伦妮娅，莎士比亚的母亲肖像

在我考虑他最后四五部戏剧（或按它们的适当别称“浪漫故事”）之前，我必须看一看他崩溃前写的一部剧本。《科利奥兰纳斯》是比《雅典的泰门》更可怜的一部戏剧。它们属于诗人同一时期的生活。其中只有两件值得注意的事情：科利奥兰纳斯无限钦佩他母亲；他对普通人的蔑视与厌恶。

在这些研究过程中，我们一次又一次地看到，莎士比亚是如何获益于故事讲述者、诗人和历史学家的，他从这些人身上采撷了他的戏剧骨架。《科利奥兰纳斯》是个相反的例子，它展示了他如何被他的权力引入歧途的，而通过对罗马历史的绝对无知，可以将一幅肖像变成一幅可怕的讽刺漫画。

238 《科利奥兰纳斯》的来源是由诺斯（North）翻译的普鲁塔克（Plutarch）的生活。普鲁塔克对科利奥兰纳斯时期罗马平民的看法，源于他自己时代里的暴民，并经个人偏爱染色而成。另外，这种观点还受到他强烈的贵族偏见的影响。他将民众领袖称为“扰乱治安的护民官”，并把平民百姓描绘成一个贫穷的乌合之众。但普鲁塔克面前有清晰的事实，他不得不承认：可怜的乌合之众和他们的护民官，是国家的军事支柱，他们的英勇常常使上层阶级羞愧。平民通过撤回到圣山（Sacred Mount）才赢得洗雪无法忍受之冤屈的胜利，这是一种令人信服的自控与自律内乱的证明。

莎士比亚把所有这些画成讽刺漫画。正如我们所看到的，他本人是一

个天生的贵族，热爱生活中所有的荣誉、尊严与佳肴，一个有着最优秀的诗歌敏感性的贵族艺术家，作为一个伊丽莎白时代的诗人—戏剧家，他天生的贵族气质被发展到过量的程度。他当时的中产阶级是清教徒，这些人误解且憎恨他的艺术，又被他鄙视为“说谎的店主”与疯狂的非教会派新教徒。对他来说，这些人只不过是底层的人，是一群缺乏理解力与品位的卑贱暴民。

尽管他忠于真理，但他把反对朝廷的胜利归功于国王和贵族，尽管这 239
是靠普通英国弓箭手赢得的，而且尽管这一历史事实摆在他面前，但他却被霍林斯赫德（Holinshed）要求担保。在《科利奥兰纳斯》里，他再次歪曲事实以适合他的贵族偏见。他把百姓描绘为卑鄙的人，“兔子和鹅”，他们的帽子都是“油腻腻的”，他们的呼吸是“臭烘烘的”。对此，会有人说，莎士比亚这里考虑的是英国人而不是罗马人，但像英国普通民众可能会有的那么糟糕：愚蠢如他们，羞怯如他们，他们仍有足够的勇气，真正的勇气，一种崇高的好脾气的仁慈，但莎士比亚否认他的暴民勇气与实际的每样美德。

从艺术视角看，这并不是他贵族偏见的最大缺点。在早期的戏剧中，他一次又一次地表现出他对男人的行动知之甚少；战斗人员与冒险者是那个竞争时代里最有特征的产品，可这不是他的偏爱。他从未给我们描画过任何德拉克人（Drakes），甚至是拉尔夫人（Raleighs）的肖像，在这里，他必须描绘出一个勇气豪迈的贵族，他是一个任性而固执的人，他夸大了他的缺点，把科利奥兰纳斯变成了一个不可忍受的自夸者和恶霸，从而使他的悲剧变得荒唐可笑。在事实的帮助下，普鲁塔克（Plutarch）在这个实例中是一个远比莎士比亚好的艺术家。

他说科利奥兰纳斯：他的“天生的智慧与伟大的心，极大地激发他 240
的勇气去做、去尝试引人注目的行为”；但由于缺乏教育，他暴躁易怒、没有耐心，他不愿屈服于任何生物；这使他变得没礼貌、不文明，完全不适合与任何人交谈。正是这种“缺乏教育”一直是英国贵族中最明显的缺点；他一直都像马修·阿诺德（Matthew Arnold）所说的那样“不受思想的影响”，人们会期望：热爱书籍与书本知识又喜欢大幅概括的莎士比亚，会注意到这一点，并从中吸取教训。可他没有这样。他的科利奥兰纳斯并不是出于无知与对思想的憎恨而犯罪；而是因为对骄傲没感觉。布鲁特斯（Brutus）的论坛（the tribune）说，科利奥兰纳斯（Cori-

olanus）冠于“其他吹嘘者”之顶，他自己也想证明这点，他宣称自己一人能敌“40 个市民”，而这也并非其最差吹嘘。当被流放离开罗马时，他与奥菲狄乌斯（Aufidius）去避难。在他主要敌人的房子里，他忍不住要吹嘘他战胜了那些他要逃去求接纳避难的人。令人难以置信的是，奥菲狄乌斯还赞美他：

241 说，你叫什么名字？
你有一副凌然不可侵犯的容貌，你的脸上
有一种威严；虽然你的装束这样破旧，
却不像是一个庸庸碌碌的人。你叫什么名字？
科利奥兰纳斯：准备皱起你的眉头来吧。你还不认识我吗？
奥菲狄乌斯：我不认识你。你的名字呢？
科利奥兰纳斯：我的名字是卡厄斯·马歇斯，我曾经把
极大的伤害和灾祸加在
你和一切伏尔斯人的身上；
我的姓氏科利奥兰纳斯就是最好的证明。[①] ……

这种没有信号的信号枪，并非单个。科利奥兰纳斯这般自吹自擂又专横霸道，从而让我们对他失去了同情，而愿与暴民及其护民官一起。莎士比亚一次次犯至少同样严重的错误；公平地说，这是他所有作品中最严重的错误，比如这幅可笑的科利奥兰纳斯吹嘘图，令人厌恶的圣女贞德讽刺漫画，以及在《威尼斯商人》的可怕场景中，年轻贵族侮辱夏洛克（Shylock），后者先被骗、后被诡辩把戏毁掉一生，这些都是直接归因于莎士比亚的势利。作为一个艺术家，他的过度健谈，甚至不算是致命的弱点。

这部戏的另一主题则被十分精细地操控，这对于我们理解莎士比亚的生活来说是非常必要的。在普鲁塔克的笔下，剧本的这场危机中，科利奥兰纳斯之母比其妻更有影响力。莎士比亚夸大了这种倾向。

242 在普鲁塔克（Plutarch）的笔下，科利奥兰纳斯之妻是亲切而迷人的，

---

① 译者注：这是《科利奥兰纳斯》第四幕第五场里的话语，见《莎士比亚全集》（四），第 468—469 页。

但莎士比亚发现并赋予了她一种新的极其独特的个性气质。我们已经看到他年轻时有多么讨厌自己的妻子，因为她暴躁的脾气和尖刻的骂声。科利奥兰纳斯在此对他妻子说：“我的彬彬有礼的沉默。”一个人不能不对他这种窝心的怨恨与好奇的赞美表示微笑。

其妻在剧中几乎没有多大的戏份，她所有的兴趣都集中在母亲和儿子身上。是伏伦妮娅敦促她儿子要“温和些”并赢得领事的职位；是她责备他急躁的专横脾气，是她引导他最后放弃对罗马人的报复，并饶恕他的故乡之城。当科利奥兰纳斯让步于他母亲的请求时，他的言语是不可能出现在罗马将军口中的，但这时，所有的话都更多显示出莎士比亚的性格特点：

像一个愚笨的伶人似的，我现在
已经忘记了我所扮演的角色，
将要受众人的耻笑了。……
……天啊！我是多么饶舌，
忘记了向全世界最高贵的母亲致敬。
母亲，您的儿子向您下跪了；
我应该向您表示
不同于一般儿子的最深的敬意。[①] ……

当然，在这段自我呈现的感言的最后几行中，我们听到了莎士比亚对 243
自己的骄傲和对母亲的强烈钦佩的回音。为什么科利奥兰纳斯要向我们赞美他的母亲呢？我们期待他在这里会让她分享他胜利的喜悦、成功的欢欣。但他所做的就是赞美她，仿佛她已经死了；而事实是，就在《科利奥兰纳斯》写作前不久的1608年，莎士比亚的母亲刚去世。在我看来，他写这出戏的主要原因是为了记录下他对母亲的仰慕之情。过了一会儿，他让她说：

……这个世界上，再没人

---

① 译者注：这是《科利奥兰纳斯》第五幕第三场里的话语，见《莎士比亚全集》（四），第492—493页。

比他母亲跟他关系更亲了[1]……

也许，我的一些读者可能希望我能更进一步，把我的猜测工作或对莎士比亚真正意图的预测再稍推进一小步。他母亲伏伦妮娅说：

……可是他现在却让我像一个
用脚镣锁着的囚人一样叨叨絮语，置若罔闻。
你从来不曾对你亲爱的母亲表示过一点孝敬；
她却像一头痴心爱着它的头胎雏儿的母鸡似的，把你教养成人，
送你献身疆场，又迎接你
满载着光荣归来[2]……

现在来看这鲁莽夸张的台词：

……你从来不曾
对你亲爱的母亲表示过一点孝敬……

244 正如我们所看到的，科利奥兰纳斯已经非常礼貌地向他的母亲示好，一次又一次地听从她的建议。这是陷于哀悼和悲伤中的可怜的莎士比亚觉得他“亲爱的”母亲在世时，他做得还不够好，没能给她足够的恩惠。我想或可从最后一行中看出：莎士比亚年轻时向他母亲吐露他想去伦敦的打算，她母亲曾鼓励过他。

到目前为止，我的猜测工作都是由文字证实了的；但现在我要把它放到看起来比文本更合理的地方。当科利奥兰纳斯屈服并同意与罗马人和解时，他就是这样说话的：

啊，母亲，母亲！

---

① 译者注：这两行语句的英文原文是“……There's no man in the world /More bound to's mother. ……”朱生豪先生的翻译是“……没有一个人和他母亲的关系更密切了……”［《莎士比亚全集》（四），第496页］译者认为：朱先生的译文似乎是这位母亲觉得自己孤单，没有关系密切的人。而原文实际意思是强调母亲与儿子关系之天生紧密——亲（近），是希望自己的话，儿子能听进去。故译为“……这个世界上，再没人/比他母亲跟他关系更亲了”应更切合原文。

② 译者注：《莎士比亚全集》（四），第496页。

> 您做了一件什么事啦？瞧！天都裂了开来，
> 神明在俯视这一场悖逆的情景
> 而讥笑我们了。啊，我的母亲！母亲！啊！
> 您替罗马赢得了一场幸运的胜利；
> 可是相信我，啊！相信我，
> 被您战败的您的儿子，
> 却已经遭遇着严重的危险了。[1] ……

人们也许会问，为什么上帝应该嘲笑这一场。科利奥兰纳斯也不知道他屈服的结果将是他的谋杀；这一切也都与性格背离：因为一个勇敢到疯狂的人，更忧虑自身安全考虑而不是他母亲。

缺点很小，但它杵在那里，这些表达并不非常吻合该情景；他们有点 245
紧张和勉强；这足以让我觉得：他躺在临终病榻上的母亲，很可能乞求莎士比亚某事，他非常不情愿地答应了，这对他而言，有点儿苦涩幽默的感觉。我觉得他母亲是要他答应与他妻子和好。请琢磨这些话语，让他们在耳朵里下沉：

> 啊，我的母亲！母亲！啊！
> 您替罗马赢得了一场幸运的胜利；
> 可是相信我，啊！相信我，
> 您的儿子，却已经遭遇着严重的危险了。

尽管这一切都是软弱的、温柔的，对科利奥兰纳斯来说却是错误的；但对莎士比亚却是最真实的，因为他知道与妻子的和解，不是别的，而是让他拘谨，而且会更糟——事实上是“最危险的！”他永远不能原谅他妻子在强迫他娶她的过程中，她的所作所为对他的伤害；或者她在把他驱离斯特拉福（Stratford）时，用她严厉斥责强加给他的危险。

科利奥兰纳斯的崇高兴趣就是，莎士比亚意在向我们展示他是多么热 246
爱他的母亲，她是他童年梦想与抱负的知己，以及他对她有多么深切的遗憾：……“这世上再没人”把更多的都归功于母亲……“这世上最高贵的

---

① 译者注：《莎士比亚全集》（四），第497页。

母亲”……

他也为我们描绘了她，伏伦妮娅（Volumnia）是个急性子，但更有洞察力和判断力；她总是能克制自己尊重判断。莎士比亚的母亲——玛丽·雅顿（Mary Arden），既不会读书也不会写字，她的智慧是最优秀的英国人的智慧；她看到了自己的缺点和儿子的缺点，通常会建议节制。这不是莎士比亚所崇拜的那个急躁、冒险又不幸的父亲，而是他聪明、慈爱的母亲。剧中每一提到她，都沉浸在温柔中；即使是微不足道的、有偏见的论坛西西涅斯（Sicinius）也不得不承认科利奥兰纳斯“深爱着他的母亲”。

保守派教授们自然会唾弃所有这些，仿佛这是一种非常过度的猜想；但终究还是由读者在他们与我的观点间来做判断。

第十三章　莎士比亚的女儿：朱蒂丝 247

我的生命如此脆弱
被死神差点攫取
回到家乡
这是的安心之地。

——福斯特

在第十一章中，我们看到了以克莉奥佩特拉形象出现的他的“黑暗女王”的肖像，这立刻成为他荡妇情人最真实、最复杂的画像；这也是莎士比亚给她的最后一幅画像。《安东尼与克莉奥佩特拉》可能早在1608年就写出来了，那是在玛丽·菲顿第二次结婚前稍早些时候，玛丽·菲顿从此永远地离开了宫廷和莎士比亚。所有未熄灭的欲望，他漫长的热情中所有说不出口的悔恨与悲伤，都在垂死的安东尼的临终遗言里：

容我把生命里那可怜的最后一吻
印上你的唇边。

当玛丽·菲顿离开他时，莎士比亚陷入了绝望。他青年人的勇力被消耗殆尽，精神一下子崩溃了，他缓缓地挪回到家乡斯特拉福，完全是一个报废的人。

248 很明显，正如我们将从《暴风雨》中看到的那样，那是他年轻的女儿朱蒂丝的爱心照顾与温柔体贴，以及在故乡空气中的静心休憩，这些休整延长了他的生命。当他挣扎着再次沐浴到阳光下时，他浑身颤抖、虚弱不堪，这时他 45 岁了，当他再次提笔时，他作品的每一行都削弱了男性雄风；他一下子变老了。正如我在《男人莎士比亚》中所展示的那样，他后来的“浪漫故事”都只是早期喜剧的苍白复制品。他身上的幽默以及对生活的热爱微弱模糊起来；他很难不辞劳苦地去找新故事，或者更确切地说，只是那些旧故事吸引他，他自我重复着。《冬天的故事》（*The Winter's Tale*）这部戏的故事原型来自《无事生非》（*Much Ado*）；赫米温妮（Hermione）又是一个被诬陷的英雄；有两个公爵故事的《暴风雨》（*The Tempest*）重复了《皆大欢喜》（*As You Like It*）的主题。《辛白林》（*Cymbeline*）也不仅仅是这些早期喜剧主题的混合体：伊摩琴（Imogen）像个男英雄一样被诽谤，像罗瑟琳一样游走在世界上。但在《泰尔亲王配力克里斯》《冬天的故事》与《暴风雨》里，我们有了一个全新的形象，一个年轻纯真的女孩。

249 正如我们所见，莎士比亚非常明白地呈现了对他母亲的去世与儿子的去世的悲痛。我们现在要了解他的小女儿朱蒂丝在他心目中留下的深刻印象。

1608 年，玛丽·菲顿结婚并离开宫廷的那一年，莎士比亚的母亲去世了。他很可能被母亲生病的消息叫回斯特拉福镇，在那里，他开始深入了解自己的女儿朱蒂丝（Judith），父女关系亲近了。她已经 22 岁了。以前他回家探访，也没看到她的太多表现，或者也许是他那个时候还没这么需要她的温柔给予。现在她不仅对他很亲近，而且还是一种安慰，一种力量的源泉。从这一刻起，她就为我们而活在他的艺术里了。从《泰尔亲王配力克里斯》里的玛丽娜（Marina）身上，《冬天的故事》里的潘狄塔（Perdita）身上，《暴风雨》里的米兰达（Miranda）身上，你都可以发现他女儿朱蒂丝的肖像，这会令一些读者惊讶，但证据的确非常充分。每个人都应该感到高兴的是，所有这些戏剧都是温暖的，可以说，这跟重聚的亲情快乐有关。所有这些少女主人公，也有抽象的名字，都显然是同一个女孩的画像，这个女孩对她父亲（潘狄塔）无动于衷，但现在受他（米兰达）钦佩。她很孝顺，性情温和，但最重要的是精神与身体的端庄。

正如我们所看到的，莎士比亚在他崩溃之前描画的所有女孩的照片，都被粗俗所污染，而且常常粗俗至异常淫荡的那种不可能的境界；但玛丽娜、潘狄塔和米兰达不惜一切代价宣称，自己是贞洁的。而不是朱丽叶和鲍西娅的那种兴高采烈的言论自由——我们现在已经谨慎地回避了他的女孩们的暗示性的映射。 250

这种变化是突然的、显著的，而且其本身是非凡的。我只能用推测来解释，那就是女儿给莎士比亚带来了更好的知识。在《暴风雨》中，他一改此前的风格，告诉我们说：当漂流到死亡的时候，是他的天使女儿让他恢复了生命和忍耐。出自一个魔术师之口的坦白是如此不寻常，以至于你可以原谅我的坚信：这是莎士比亚对女儿的真实描述，那是深陷痛苦与孤独中的莎士比亚。这是莎士比亚对女儿的描述——她实际上是如何对待这个深陷痛苦与孤独中的父亲的。

> ……啊，你是个小天使，
> 幸亏有你我才不致绝望而死！
> 上天赋予你一种坚忍，
> 当我把热泪向大海挥洒、因心头的怨苦而呻吟的时候，
> 你却向我微笑；为了这
> 我才生出忍耐的力量，
> 准备抵御一切接踵而来的祸患①。

只有三岁大的婴儿如何能表现出“坚忍”，普洛斯彼罗（Prospero）不会告诉我们的；但现在让我们来依次考虑下这些“浪漫故事”。 251

《泰尔亲王配力克里斯》是它们中最早的，对我而言是非常有趣的，原因有十多个，尽管肯定不是最重要的，但最明显的是评论家都认为：“该剧中的大部分不是莎士比亚写的。”诗人们像往常一样定了调子。柯勒律治（Coleridge）从中发现了莎士比亚“冷漠”的最初迹象，史文朋谈到了“这些开放式装扮的贫乏又贫瘠的风格”。这就鼓励那些保守者们大胆放言了。赫福德（Herford）教授将前两幕绑在一起干脆剔出莎士比亚的作品，他说“它们同样缺乏他的青春光辉，也没有他成熟的微妙技巧。他们

① 译者注：《莎士比亚全集》（一），第13页。

把学徒有缺点的手工，与熟练工人的萎靡结合在一起”。可以肯定的是，在谴责可怜学徒莎士比亚时，这些教授们该有多么绝对，人家莎士比亚已有十几部杰作保有他的声望，而这些杰作，他们都懂不了！

甚至玛丽娜的故事也不能让这位教授完全高兴起来。他向我们轻盈地保证：妓院里的“博尔特及其成员强有力的现实主义”是“包括许多詹姆斯一世时期戏剧家在内的人的指南针”。

252 现在我的目的之余，就是证明所有这些都是别的东西，而非莎士比亚的无能。

我在《泰尔亲王配力克里斯》的几乎每一页都发现了大师。配力克里斯的角色证明该剧自始至终都是莎士比亚的作品：他确实是莎士比亚本人的化身，他的言辞具有奇妙的典型性与迷人特征。我们拿该剧第一幕第一场他第一次台词来说，这时安提奥克斯（Antiochus）的女儿进来了，配力克里斯说：

> 瞧，*她像春之女神一般姗姗地来了；*
> *无限的爱娇追随着她，她的思想*
> *是人间一切美德的君王！*
> 她的面庞是一卷赞美的诗册，
> 满载着神奇的愉快，
> 那上面永远没有悲哀的痕迹，
> 暴躁的愤怒也永不会做她的伴侣。①

除了莎士比亚，谁还能在别的什么地方找到像我用斜体标出的如此华丽的诗句？史文朋（Swinburne）关于“贫乏又贫瘠的风格”的想法很有趣。我想知道英语诗句的所有宝藏中，有多少能比下面这个诗句更精妙：

> 瞧，她像春之女神一般姗姗地来了；

253 这正是莎士比亚神圣措辞的灵魂；他是一个多么乐观的人，甚至直到终了；他总有这样的想法，那就是“美德给人声望”，无论善恶，鉴于它

---

① 译者注：《莎士比亚全集》（六），第273页。

也肯定是不同寻常的、独特的，实际上都是“夸耀”。尼禄（Nero）可能会因为他的罪行而被人记住，就像马可·奥里利乌斯（Marcus Aurelius）的美德会被人记住一样。

整篇作品都是莎士比亚的特色，正如在他所有作品中都能找到的其他什么一样。她的面庞是“一卷赞美的诗册，那上面满载着神奇的愉快，别无痕迹”，让我满心惊奇于它独特的坦率，我希望莎士比亚能继续告诉我们更多关于他情人的事。我们很快就会看到：我的希望在某种程度上是合理的。现在我必须用证据来推进：是莎士比亚写的作品，且是他一人所写。

这种“性急愤怒”与“温和陪伴”富有意义的混杂，应该让教授们知道，因为这是莎士比亚过于草率的思想的一个很好的例子。

配力克里斯的下一段台词就像他的特点一样。它开口就说：

> 安提奥克斯，我谢谢你，你教我认识
> 我自己的脆弱的浮生①……

我不需要引用更多，这就是莎士比亚在发言，正如他通过哈姆雷特说话一样，没有伪装。

然后配力克里斯接到一个让他读的一个谜语，一旦他理解了他爱的女 254
孩，并寻求结婚，这女孩就会陷入和亲生父亲乱伦之罪孽。这就是配力克里斯－莎士比亚何以遭受这个打击：

> ……要命的药剂！
> 用无数的天眼炯查人类行为的神明啊！
> 这些读了之后使我勃然变色的怪事要是果然属实，
> 为什么不把你们的眼睛永远闭上了呢？
> 美丽的明镜，我曾经爱过你，倘不是
> 灿烂的宝箱里盛满着罪恶，我将继续爱你；
> 可是我必须告诉你现在我的思想叛变了，
> 因为一个堂堂男子要是知道

① 译者注：《莎士比亚全集》（六），第274页。

罪恶在门内，是会裹足不前的。
你是一个美妙的提琴，你的感觉便是它的琴弦，
当它弹奏出钧天雅乐的时候，
所有的天神都会侧耳倾听；
可是奏非其时，却会发出刺耳的噪音，
只有地狱中的魔鬼会和着它跳舞。
凭良心说，我对你已经没有一点留恋之情了。① ……

这段话具有非凡的趣味与重要性：它既可看作是莎士比亚的爱情坦白——“光荣的棺材”——也可看作是对他情人放荡的谴责。这并不是让配力克里斯震惊的乱伦，而是他所爱的女孩在此之前就已经“利用别的感情”了。玛丽·菲顿在16岁遇到莎士比亚之前一直在“利用别人的感情”。

255 他对她的过错极为严厉，她来到他身边，听着另一个人的演奏，他发现能证明他严厉的言辞是：

因为他不是一个期待中的完人
知道内在的罪恶会触及大门……

莎士比亚的头脑多么美好啊！——“一个期待中的完人”当然，这是与《哈姆雷特》里那篇绝妙赞美人的赞词相同的一首诗。但我无法忍受他传统的、遵守表面虚礼的性道德。我很高兴他在行动上比在言语上更宽容，而且在谴责它之前，已经多次证明了他的这一点。

配力克里斯的下一次发言更显著地吻合当时的情形，而莎士比亚的特点也同样如此。他说了一些讽刺的话：

大王，
很少人喜欢听见别人提起他们所喜欢干的罪恶；
要是我对您说了，一定会使您感到大大的难堪。
谁要是知道君王们的一举一动，

① 译者注：《莎士比亚全集》（六），第275—276页。

与其把它们泄露出来，还是保持隐秘的好；
因为重新揭发的罪恶就像飘风一样，
当它向田野吹散的时候，会把灰尘吹进别人的眼里①……

沉默寡言以及惧怕辩护，都是古怪的英语人。

很难在莎士比亚的作品的第一幕第一场发现，他以如《泰尔亲王配力 256
克里斯》这个第一场里如此坦率、如此娴熟的技巧来揭示自己。

在第二幕里，配力克里斯又回到了泰尔（Tyre），他不为自己的逃离感到高兴，而是说他满怀忧郁，没韵诗抒情，也没原因解释——他的无前因的忧郁又一次出现了，这是杰奎斯的，哈姆雷特的，安东尼②的。下面是他的话：

不要让什么人进来打扰我。
为什么我的思想变得这样阴沉，
眼光迷惘的忧郁做了我的
悲哀的伴侣、长期的宾客，
……
各种娱乐陈列在我的眼前，我的眼睛却避过它们③……

我不需要再继续下去了。现在要说明的是，在第二幕中，渔夫们的那一场是如此具有莎士比亚的特征，以至于你可能会从其他剧本中找出几乎每个诗行都能与之相似的台词来。事实似乎是，在这部戏中，莎士比亚经常表达新想法，自然他的文字音乐也会受到影响。但即使是柯勒律治和史文朗读莎士比亚作品，也是借助于重音和形容词，借助于节奏和文字的技巧，但也只能知道其灵魂的少许；他的思想范围完全超出了他们的范围，他们也认不出他的一些最好的作品。

赫福德教授断言："靠着文学中最令人惊叹的转变之一，第三幕一开 257
场就一下子把我们带进了崇高的诗歌氛围。"但没见过这样的转变，像教

① 译者注：《莎士比亚全集》（六），第276页。

② 译者注：杰奎斯是《皆大欢喜》里的哲人，哈姆雷特是《哈姆雷特》里的独白王子，安东尼是《安东尼与克莉奥佩特拉》里的将军。

③ 译者注：《莎士比亚全集》（六），第279页。

授这样的人会把妓院里的院主、龟奴和鸨妇的这一场归因于任何人而绝非莎士比亚，正如法国人说的“无所不能”。在某一页上，我发现龟奴朝玛丽娜（Marina）叫喊：“她能让魔鬼变成清教徒，他能贬低她的吻”，就在下一页，拉西马卡斯（Lyslmachus）说：

> 她会做黑暗的事。

这句话也正是爱德伽在《李尔王》里说过的。

也许有一天，你可以翻看这部喜剧，正如我所看到的一样，你在每一页上都能看到莎士比亚的作品；但这里也许已经做得够多了。

一旦我们接受这个现实：配力克里斯是莎士比亚本人的化身，这部戏就是他写的。那么，这两点一定会引起我们的兴趣。首先，《泰尔亲王配力克里斯》是莎士比亚最受欢迎的戏剧之一，因此被嫉妒他的琼生（Jonson）责难为“一个发霉的故事”。它的名气主要源于妓院那一场。莎士比
258 亚是不是故意虚构这些场景来赢得许多人的掌声？我相信他就是这样，正如他在《亨利五世》（*Henry V*）中敲击爱国鼓一样，而那是他不再感到非常爱国的很久之后。其次，最让莎士比亚震惊的是女儿朱蒂丝－玛丽娜的稳重。她天生的纯洁，确实使他震惊程度如此之强，给他真诚印象如此深刻，以致他这样展示她女儿：把她放在一个妓院里，把她描绘成能把所有到访者乃至淫荡的仆人，都立即转变到信仰其天使般纯真。她仅用一只崇高的手，就彻底实现了这个目标。尽管莎士比亚有幻灭与绝望，但他仍把生活理想化到一个非凡的程度。

尽管莎士比亚一再将其歌唱长袍借给她，但玛丽娜仍几乎不为我们生活。她喊道：

> 啊！要是天神们
> 把我从这暗无天日的所在解放出来，
> 即使他们叫我变成一只最卑微的小鸟，
> 我将要多么快乐地在纯洁的空气中任意翱翔！①

---

① 译者注：这是《泰尔亲王配力克里斯》第四幕第六场里的台词，见《莎士比亚全集》（六），第344页。

但就在下一页，她告诉龟奴，他是：

> ……永远受罪的管门人，必须侍候每一个
> 探望他的下贱的情妇的下贱的男子[1]……

这就是优秀的莎士比亚，他学会了与俊妞—男人玩偶（Doll Tearsheet） 259
以及福斯塔夫（Falstaff）谈吐卑劣粗俗，但肯定不会取悦无瑕的玛丽娜（Marina），在接下来的一页中，当龟奴问："可是你真的会教授这许多功课吗？"玛丽娜回答：

> 要是事实证明我没有这样的能力，
> 我愿意让你们把我带回到这儿来，
> 叫我向你们这儿最下贱的客人出卖我的肉体。[2]

"要是证明我办不到，尽管把我带回这儿"，这句话在沉默中力量是巨大的，但正如短语所代表的，尤其在接下来的两行中被放大，变成了一种恶臭的冒犯。它显然比李尔的"香猫"更能让莎士比亚的想象力丰富起来。

当然，这个玛丽娜必须继续夸耀她的温柔出身：

> 我的祖先却是
> 和庄严的君主们分庭抗礼的[3]……

草图没有实现，尽管玛丽娜热爱鲜花与自身的纯洁，但不能说她为我们而活，但这最后的品质使她在莎士比亚作品中显得如此奇怪，我们可以把她作为真实世界的一种反映，而非一个想象人物。

《冬天的故事》有第二个动机：它不仅能带着亲情重聚的欢欣而绚丽夺目，还能像《辛白林》（*Cymbeline*）、《泰尔亲王配力克里斯》（*Pericles, Prince of Tyre*）、《亨利八世》一样，也触及悲剧——谤毁女性。若说玛丽

---

① 译者注：《莎士比亚全集》（六），第346页。
② 译者注：同上书，第347页。
③ 译者注：同上书，第353页。

·菲顿是对的，若说他的嫉妒诽谤了她，那么重新回归生活并有了些力量的莎士比亚，便禁不住悲哀地玩弄起他曾经拥有的快乐。当里昂提斯（Leontes）看到他妻子的形象时，他叫道：

260 世界上没有任何一种安定的感觉可以匹敌
这种疯狂的乐趣……

我找到了进一步的证据，证明莎士比亚在《冬天的故事》中想到了他爱的人玛丽·菲顿，关注程度不亚于他正在考虑与女儿的重聚，后者出现在该剧结尾。宝丽娜责备这位先生在赫米温妮（Hermione）之外还赞扬了潘狄塔（Perdita）：

你自己曾经亲口说过，亲手写过这样的句子：“她是空前绝后的”；
你曾经这样歌颂过她的美貌，可是现在你的文字
已经比给你歌咏的那人更冷了。
你怎么好说你又见了一个更好的呢?① ……

那句“她的美貌空前绝后”对我来说意义重大。

很明显，莎士比亚把玛丽·菲顿（Mary Fitton）的勇气与急脾气给了宝丽娜（Paulina），外加忠贞，使她变成了另一个比阿特丽斯（Beatrice）。但最让人信服的证据证明了这出戏的个人情感实际上基于这样一个事实：这儿的里昂提斯就是莎士比亚，只是拷贝了他已在哈姆雷特和奥赛罗身上描画过的嫉妒，他还将在波斯蒂默斯（Posthumus）身上再描画嫉妒。就是这一行动总在激怒他，并非伤及温柔，也非失去影响：

261 ……他自己池子里的鱼，
已经给他笑脸的邻居捞了去。② ……

---

① 译者注：《莎士比亚全集》（二），第597页。

② 译者注：这是《冬天的故事》的第一幕第二场里昂提斯的话，见《莎士比亚全集》（二），第517页。

就是虚假的外表和可见的迹象使他发疯：

> 难道那样悄声说话不算什么一回事吗？
> 脸贴着脸，鼻子碰着鼻子，
> 嘴唇咂着嘴唇，笑声里夹着
> 一两声叹息，这些
> 百无一失的失贞的表征①……

这种莎士比亚－里昂提斯式的人物，也会像李尔王和泰门一样泛化他的痛苦和折磨：

“正像有一个荒淫的星球，照临人世，到处惹是招非……我们中间有千万个人都害着这毛病，但自己却不觉得……”②

他精神崩溃后所写的这些罗曼史的主要特征，是莎士比亚再次回到他积习难改的理想主义。禀性难移。在第一幕第一场里，年轻的迈密勒斯（Mamillius）王子被所有嘲笑现实的绅士们用最高级形容词称赞。

宝丽娜（Paulina）称他为“孩子的宝贝”，这是很合适的，但男人不 262
会如此过度地赞美别人的孩子。莎士比亚显然是在想着他童年就夭折的儿子哈姆奈特（Hamnet）。但他的理想主义在他给潘狄塔（Perdita）的画中表现得最为清晰。潘狄塔就像一幅依照玛丽娜（Marina）肖像复制的素描。两人同样爱花，但她现在被却捧高至以最罕见的美丽来表达；两人同样是与生俱来的纯洁；她依照自己来评价她爱的人：

> 用我自己的思想作为例子，我可以看出
> 他的真诚来。③ ……

潘狄塔也喜欢谦逊的言谈，她请求弗罗利泽（Florizel）警告奥托里古

---

① 译者注：这是《冬天的故事》的第一幕第二场里昂提斯的话，见《莎士比亚全集》（二），第520页。

② 译者注：《莎士比亚全集》（二），第517页。

③ 译者注：本书作者表述中在众多人物中仍喜用第三人称代词“她”在几个女性中作指代，易于搞混。请注意，这里的话语，不是宝丽娜说的，也不是玛丽娜说的，而是潘狄塔说的，汉语译文请参见《莎士比亚全集》（二），第578页，但标识为《冬天的故事》第四幕第三场；英文为“By the pattern of mine own thoughts I cut out /The purity of his.”在全英文版的资料中，又是在第四幕第四场里，参见《莎士比亚全集》，上海世界图书出版公司2010年版，第418页。

斯（Autolycus）："他可不许唱出粗俗的句子来。"① 但莎士比亚还是时不时地会把潘狄塔（Perdita）的少女贞洁用他自己的排名想象，就像给玛丽娜列的，尽管不是很严重。潘狄塔给弗罗利泽说说：

……像是给爱情所偃卧游戏的水滩，
不是像一个尸体；或者是
抱在我臂中的活体，而不是去埋葬的②……

263 但一个女孩不能靠两三点简单笔触来描绘，比如只画她端庄，对花朵的喜爱，以及为自我意愿而生气，因为这些品质在少女时代是很常见的。这里缺乏足够的个人特征让潘狄塔为我们活，最糟糕的是没缺点，她便无投影而获立体感。

教一个男人懂得什么是女人，这需要激情；不管怎么说，教莎士比亚是需要有激情的，因为没有激情，他甚至没法描绘他所爱的女儿。潘狄塔比玛丽娜更漂亮，也更优美，可实际上潘狄塔毕竟只有最美丽的素描。

《冬天的故事》所有说的，可能会在《辛白林》重复说。他后来写的浪漫故事的两个动机也都在复现：与亲人团聚的欢乐；诋毁女性之悲剧。但莎士比亚已经通过《辛白林》中他自己的肖像（一个更为沉着的哈姆雷特）波塞摩斯（Posthumus）仔细丰富了该作。一次又一次，他时而通过这个角色，时而通过那个角色，怀着一种旧时回忆的坦率来谈起玛丽·菲顿以及他自己对这个女人的爱。他的理想化在这部戏里渐至花朵绽放。他会为我们画出女性玫瑰伊摩琴（Imogen），以及十分之九的读者，还有所有的诗人，都为这一长串女性完美的肖像画热情欢呼。

264 当然，像潘狄塔一样，伊摩琴并不鲜活，她完美无瑕，完美到不合人性，没有哪个男人或女人能真实地活着而没有缺陷、恶习，而这其实与美德有着微妙的关系。莎士比亚也看到了这一点，但他理想化的倾向阻止了他采取行动。在《暴风雨》中，他的费迪南（Ferdinand）说：

从没人
有如此饱满的灵魂，她总会有一些缺点

① 译者注：《莎士比亚全集》（二），第571页。

② 译者注：同上书，第568页。

减损她最高贵的优雅
衬托她的美，[①] ……

这个伊摩琴（Imogen）不仅是一个完美的抽象物，她还是由虚弱老年人想象出来的完善存在，而非由精力充沛的青年所渴望的快速反应者。你只能把她在朱丽叶（Juliet）身边放一会儿，以此意识到莎士比亚是如何下滑进岁月低谷的。朱丽叶说：

展开你密密的帷幕吧，成全恋爱的黑夜！
遮住夜行人的眼睛，让罗密欧
悄悄地投入我的怀里，不被人家看见也不被人间谈论！
恋人们可以在他们
自身美貌的光辉里互相缱绻……[②]

波塞摩斯给伊摩琴说：

她不让我享受我的合法的欢娱，
常常劝诫我忍耐克制，她的神情是那样的贞静幽娴，
带着满脸的羞涩，那楚楚可怜的样子，
便是铁石心肠的人，也不能不见了心软；[③]

这两种表达都不算是精美的特征化表达，但两者中，朱丽叶的话更为 265
真实，更有说服力。朱丽叶的激情有一个更深层次的现实，在她强韧的脾气和对女仆的轻视中，我们抓住了生活模式的特征——给生活赋予了理想

---

① 译者注：这是《暴风雨》第三幕第一场末尾部分费迪南的话，英文原文是“... never any/With so full a soul, but some defect in her /Did quarrel with the noblest grace she owed/And put it to the foil...”朱生豪先生的译文是“从不曾全心全意爱上一个，总有一些缺点损害了她那崇高的优美。但是你啊，这样完美而无双，”［《莎士比亚全集》（一），第50页］可以看到朱先生忽略了这个重要表达“And put it to the foil”（衬托她的美），而换成了“但是你啊，这样完美而无双”，本书译者认为foil（衬托）这个词不可以略过，它恰好也吻合哈里斯·弗兰克的论证意图。

② 译者注：这是《罗密欧与朱丽叶》第三幕第二场开始，朱丽叶的大段独白中的话，见《莎士比亚全集》（四），第665页。

③ 译者注：这是《辛白林》第二幕第五场唯一一段话语（波塞摩斯的独白），见《莎士比亚全集》（六），第180页。

化的草图。莎士比亚最伟大的女性形象不是潘狄塔也不是伊摩琴，更不用说像奥菲莉娅或苔丝狄蒙娜这样的讨好卖乖的无足轻重者了。但是朱丽叶、比阿特丽斯、罗瑟琳、克瑞西达，尤其是克莉奥佩特拉“这条古尼罗河里的毒蛇”。

《辛白林》的灵魂将会在作为莎士比亚自画像的波塞摩斯及对其疯狂的嫉妒描述中看到。他一直待在死亡暗影的幽谷里，终于从里面爬出来，沐浴到阳光下，浑身虚弱地发抖，可当血液开始在他的血管里再次流动时，他那已失情人之记忆又开始悸动，疼痛。她的不忠引发的嫉妒之怒在他身上燃烧，直到他死去。李尔王形象是他崩溃后最优秀的词汇塑造：

你们不应该把我从坟墓中间拖了出来。
你是一个有福的灵魂；
我却缚在一个烈火的车轮上，
我自己的眼泪也像熔铅一样灼痛我的脸。①

266 我们不得不承认从与波塞摩斯的这种嫉妒狂怒中，识别出了它是《哈姆雷特》与《奥赛罗》同样疯狂激情的回声，并且尖叫的雷欧提斯（Leontes）使用的是哈姆雷特的同样话语，他谈到了“划动的手掌”（《哈姆雷特》第三幕第四场②），波塞摩斯将把他的愤怒泛化，直至《李尔王》与《雅典的泰门》里对女人的普遍谴责。他说：

难道男人们生到这世上来，
一定要靠女人的合作的吗？我们都是私生子③……

---

① 译者注：这是《李尔王》第四幕第七场发生在法军营帐中，小女儿考狄利娅在医生提醒下问候李尔时，暂时还疯疯癫癫的李尔的回答，见《莎士比亚全集》（五），第533页。

② 译者注：本书作者在此处罕见地用括号注出“Hamlet，Act iii，sc. 4”即《哈姆雷特》第三幕第四场。可是在这一场中，不仅没有雷欧提斯根本就没有上场，所有角色在这一场里的台词中，都未见到使用这个短语“paddling palms”。值得一提的是，本书作者弗兰克·哈里斯先生在本书的论述中信手拈来的提到莎士比亚作品中某个人物的某些台词时，几乎从不提及来自哪一幕哪一场。仅有这一次提到了具体的幕与场，可惜与实际内容不符。也许是作者引注不准，也许是版本差异问题，有待进一步确认。

③ 译者注：这是《辛白林》第二幕第五场仅有的一段台词（波塞摩斯独白）的开口前几句，见《莎士比亚全集》（六），第180页。

这又是一种激怒他的行为：

我以为她是像
没有被太阳照临的白雪一般皎洁的。啊，一切的魔鬼们！
这卑鄙的阿埃基摩在一小时之内——
也许还不到一小时的工夫？——也许他没有说什么话，
只是像一头日耳曼的野猪似的，
一声叫喊，一下就扑了上去，
除了照例的半推半就以外，
并没有遭遇任何的反抗。[1] ……

这位波塞摩斯考虑到了一个女人所能有的每一个过错，他心怀嫉妒地过了很多年：

但愿我能够 267
在我自己的一身之内找到哪一部分是女人给我的！
因为我断定男人的罪恶的行动，
全都是女人给他们遗留的性质所造成的：
说谎是女人的天性；谄媚也是她的；欺骗也是她的；
淫邪和猥亵的思想，都是她的、她的；报复也是她的本能；
野心、贪欲、好胜、傲慢、
虚荣、诽谤、反复，
凡是一切男人所能列举、地狱中所知道的罪恶，
或者一部分，或者全部分，都是属于她的；
不，简直是全部分；
因为她们即使对于罪恶也没有恒心，
每一分钟都要更换一种新的花样。
我要写文章痛骂她们、厌恶她们、诅咒她们。
可是这还不是表示真正的痛恨的最好的办法，
我应该祈求神明让她们如愿以偿，

① 译者注：《莎士比亚全集》（六），第 180 页。

> 因为她们自己招来的痛苦，是远胜于魔鬼所能给予她们的灾祸的。[1]

我想，在最后这两行诗中，莎士比亚想到了玛丽·菲顿与赫伯特勋爵的私通，以及她后来带给他的失望。

正如我在其他地方所展示的，波塞摩斯不只拥有莎士比亚的嫉妒，并且拥有莎士比亚的每一个错误和每一个美德。我们在《李尔王》中首次听到的莎士比亚的可怜同情，再次出现在这里，他提到众神：

> 我知道你们比万恶的世人仁慈得多，
> 他们从破产的负债人手里拿去三分之一，
> 六分之一，或是十分之一的财产，让这些债户留着
> 有余不尽的残资，供他们继续的剥削[2]……

听听莎士比亚对辛白林破产法案的看法是很有趣的，这些法律中，同样“卑鄙的人”从他们的“破产债务人”手中拿走的不是十分之一或六分之一，而是他们所有的东西，然后再让他们未来被奴役。但即使是从莎士比亚那里，英国人也只能汲取能让他们快乐的教训，而不是更高贵的教益。

268 莎士比亚的爱国主义观念也在这里被明确了，波塞摩斯说：

> 因为现在是英国人的支持者，
> 就不再是个英国人了[3]……

他也跟生命中的哈姆雷特一样聪明，带着一点绝望，除了坟墓，他什么也看不见：

---

① 译者注：《莎士比亚全集》（六），第180—181页。

② 译者注：这是《辛白林》第五幕第四场发生在英国牢狱的剧情，被拘囚的波塞摩斯向两位狱卒说的话（近似于独白，因为这是两位狱卒分别给他说完话同时离开后他说的话），见《莎士比亚全集》（六），第240页。

③ 译者注：这两句话的英文原文是“For being now a favourer to the Briton，/No more a Briton.”

我告诉你，没人需要眼睛指导他们
沿着我走的道前进，除了
眨眨眼，人们用不着眼睛了。

和普洛斯彼罗（Prospero）一样，这个波塞摩斯找到了一个新奇的世界——梦境。

莎士比亚将波塞摩斯的父亲放进戏中来，作为一种简单的方法来再次谈论赫伯特，当我这么说的时候，可能会被认为太过头了：

为什么让阿埃基摩，
意大利的伧奴，
用无稽的猜疑嫉妒
把他心胸玷污；
落得那万恶的奸人
一旁讥笑揶揄?①

对我来说，“意大利的伧奴”是对威廉·赫伯特勋爵（Lord William Herbert）的意大利恶习、意大利风格的英国人的斜视一瞥——帕洛的污秽建议以及《特洛伊罗斯与克瑞西达》里的情景，都在此重现并强调。

当辛白林（Cymbeline）为他盲目的爱上王后而辩解时，莎士比亚很明 269
显地想到了玛丽·菲顿：

我的眼睛
并没有错误，因为她是美貌的；
我的耳朵也没有错，因为她的谄媚的话是婉转动听的；
我更不责怪我的心，它以为她的灵魂和外表同样可爱，
对她怀疑也是一种罪过。可是，啊，我的女儿！
你也许会说，这是我的痴愚，

① 译者注：波塞摩斯的父亲不在《辛白林》演员列表中，这是第五幕第四场英国牢狱中，波塞摩斯在两位狱卒话语后独白，随即入睡，睡后的梦境中，亲人鬼魂显于梦中，其父西塞律斯的话语，见《莎士比亚全集》（六），第242页。

并且用你的感觉证明你的判断的正确。愿上天弥缝一切!①

在我看来，莎士比亚把他的爱情故事告诉了他年幼的女儿，可结局奇怪的是："愿上天弥缝一切!"我禁不住在此回想起：16年前，当他第一次见到他的爱并意识到她是一个荡妇时，莎士比亚－俾隆的表达是："愿老天修正我们，愿老天修正我们!"这就是自莎士比亚而来的特征，但并非我们所期望的他对玛丽·菲顿及对她的激情的最后一句话。"没用"，他叫道，"我和她都有毛病……愿老天修正我们……愿老天修正我们。"

我一直认为《暴风雨》是莎士比亚的最后一部作品，他的遗嘱已经昭告英国人。但在谈其中的崇高伦理内容之前，我想说的是，一个女性人物
270 米兰达（Miranda），虽然画得更仔细，但并不如像潘狄塔那样成功。潘狄塔有一种任性和激情，这给了她一种生命力，她带着少女的优雅和花冠在我们面前跳舞。米兰达满怀怜悯、热爱与谦卑。莎士比亚的女儿已不再闪现在莎士比亚面前了；尽管他的诗歌有魔力，但米兰达只是一个虚无缥缈的影子，几乎不作为人的形象。实际上，如爱丽儿（Ariel）②，让我们承认她的爱。她对费迪南说：

……凭着我
最可宝贵的嫁妆——贞洁起誓：
除了你之外，在这世上我不企望任何的伴侣；
除了你之外，我的想象也不能再产生出
一个可以使我喜爱的形象。
但是我的话讲得有些太越出界限③……

"除了你之外，在这世上我不企望任何的伴侣"这是最纯净的水的一颗结晶；但我不能忍受"贞洁"的事情，那"闲聊"让我心烦意乱。这听起来像是一个轻浮的四十五岁的年轻人，简直受不了。一会儿，费迪南向

---

① 译者注：这是《辛白林》第五幕第五场辛白林营帐中，辛白林听到医生考尼律斯报告王后处心积虑的奸谋（装作深爱辛白林而欲让辛白林将王冠让于她跟前夫的儿子后，毒死辛白林）未成而死，辛白林当众解释自己荒唐的爱，见《莎士比亚全集》（六），第250页。

② 译者注：爱丽儿（Ariel）是《暴风雨》中一个角色——缥缈的精灵。

③ 译者注：这是《暴风雨》第三幕第一场普洛斯彼罗洞室之前，费迪南与米兰达的对话中后者的话，见《莎士比亚全集》（一），第50页。

她吐露了情怀，米兰达以一种早期维多利亚时代的时尚，哭着告诉他她渴望什么。我的赞美之意被冲走，米兰达太多情善感了——这仅作为在莎士比亚生命疲惫的尽头，他理想化的一个学院规划。

当她看到朝侍臣们，发现他们是“优秀的人”，她大声喊出： 271

> 人类是多么美丽！啊，新奇的世界，
> 有这么出色的人物！①

温柔的莎士比亚。尽管他身体虚弱，状态欠佳，但他仍然对这个世界充满钦佩，热爱这个世界上的勇气和新奇。

在他所有创作的十几篇杰作中，《暴风雨》是最不寻常的。我们从一开始就注意到他是一个诗人—哲学家的奇异结合；有段时间，他被赋予抽象思维并将其普遍化，用一个短语串起无数的经历；接下来他满怀激情与诗意，带着具体实例，没有别的。

随着年龄的增长，优秀的头脑会变得更有哲理性，用类型和抽象的方式来让自己更忙碌，而不是忙于思考人类和人类的激情。莎士比亚在《暴风雨》中表现出这种冲动，正如歌德（Goethe）在《浮士德》（*Faust*）第二部分所做的那样清晰。但莎士比亚的抽象更人性化。当他的思想一飞冲天，他的诗歌艺术也随其思想一并升华，与人类激情的抒情性共呼吸，并且把生命的脉动注入思想的不可言喻的精神之美。

莎士比亚操控自己想象中正在塑形的精神，直至生命终点，爱丽儿这 272
位精灵直至被放飞从未离开他。另外，歌德从纯粹的智力中提取了他的抽象：在他最糟糕的时候，他就像 H. G. 威尔斯先生（Mr. H. G. Wells）一样死气沉沉，他的类型没有血气活力，没有现实，他甚至只给他们抽象的名字——“穷”和“无”。但凯列班（Caliban）是鲜活生动的，他带着土气息泥滋味。我们知道他酗酒，知道他的欲望，他的脾气，甚至爱丽儿偶尔也会重温一下月亮的一瞥光芒。

我发现在每个不同的地方都有莎士比亚神圣智慧的证明。歌德直到生命尽头乃至耗尽残存的精力，才完成了浮士德的第二部分的描画，而《暴

① 译者注：这是《暴风雨》第五幕第一场（除此后的一首“收场诗”外，这是全剧最后一场）普洛斯彼罗洞室之前，费迪南向父亲那不勒斯王阿隆佐跪下，众人喜庆相逢，米兰达激动地说出一串近似哈姆雷特感慨人类的话，见《莎士比亚全集》（一），第 79 页。

风雨》是莎士比亚最短的剧本。直到最后，我们这位诗人的评判几乎是无过失的，他的本能过分敏感地真实，就像指针在电极上晃动一样。

他在生活中遭受的痛苦比歌德多，甚至比但丁还多，但他从这一切中吸取了比最伟大的人更高尚、更甜蜜的空气。就像我说过的，这部《暴风雨》就像温暖的阳光，满蕴暖心之爱的水果，从果皮到果核，满溢着人类友善的、甜蜜的汁液。

273 莎士比亚仍然随身带着他的个人怪癖和小毛病。尽管现在他第一次看到真实的自己——一个强大的魔术师和最强大的艺术大师，他也还是忍不住把自己扮作一个王子；也许这是有原因的，因为他有这个功绩成为一个君主，其王国不受空间或时间的边界支配。

对我来说，个人的感动是最珍贵的。在这里，他最后坦言他是如何放弃所有雄心勃勃的管理希望的，又是如何热情于一个用来秘密学习、“改善”他思想的国家。像卡莱尔（Carlyle）一样，他相信自己能比专业的政治家更明智地“引导人类”朝向更高尚的目标。谁能怀疑他的能力呢，然而遗憾的是，愚蠢的绵羊世界还没意识到这种神圣指引的必要性。这也是莎士比亚的特点，他应该把普洛斯彼罗的背叛与堕落归因于他太信任他所深爱的兄弟了。

即使在这里，莎士比亚也忘不了生活的教训。他高兴地看到费迪南和他的女儿彼此相爱；但他不相信这种“一见钟情”，并煞费苦心地谋划其真爱进程，“以免太易赢得则易被轻视”。他自己的不幸婚姻在他的脑海里，即使在这最关键时刻。

274 他警告费迪南不能给“调情嬉戏太多机会”，因为如果婚前享受乐趣，则“沉闷无趣的仇恨”就会跟来：

白眼的轻蔑和不睦
将使你们的姻缘中
长满令人嫌恶的恶草①……

他坦白说，不像他作为伟大魔术师能给自己付出强大魔力，他真的觉

① 译者注：这是《暴风雨》第四幕第一场普洛斯彼罗洞室之前，普洛斯彼罗给费迪南叮嘱跟女儿米兰达如何交往的话，见《莎士比亚全集》（一），第62页。

得自己意志很不坚定，很虚弱，而且常常走两步就得平静他的“跳个不停的头脑”。

他要告诫的教训也是他一生一直在宣扬的——悔罪与饶恕。他一次又一次地让我们相信高贵的理性，而不是愤怒或报复：

> 道德的行动
> 较之仇恨的行动是可贵得多的。要是他们已经悔过，
> 我的唯一的目的也就达到终点，
> 不再对他们更有一点怨恨。[①] ……

在生命即将消逝的尽头，他将满意自己并心怀喜悦。他会向所有陪伴他的人包括他的敌人赠予“平静的大海”和“吉祥的大风”，感谢他们陪伴的似水流年，感谢“勇敢的新世界”以及这个世界上他所喜欢的“优秀的人们”。

他也很有人情味，尽管他有勇气和热情给别人带来欢乐与和煦的日 275
子，但他知道，对他来说，末日即将来临，他一想到坟墓就不寒而栗。普洛斯彼罗的结语是令人心碎的，那种意想不到的、绝望的悲伤：

> 现在我已把我的魔法尽行抛弃，
> 剩余微弱的力量
> 都属于我自己……
> 再烦你们为我吹嘘出一口和风，
> 好让我们的船只一齐鼓满帆篷。
> 否则我的计划便落空。我再也没有
> 魔法迷人，再没有精灵为我奔走；
> 我的结局将要变成不幸的绝望，
> 除非依托着万能的祈祷的力量，
> 它能把慈悲的神明的中心刺彻，
> 赦免了可怜的下民的一切过失。
> 你们有罪过希望别人不再追究，

---

①　译者注：这是《暴风雨》第五幕第一场普洛斯彼罗洞室之前，普洛斯彼罗给缥缈精灵爱丽儿谈恶人悔过则尽释前嫌的美德之重要性，见《莎士比亚全集》（一），第 74 页。

愿你们也格外宽大，给我以自由！[①]

在这些极端条件中，我们的莎士比亚发现了自己。有那么一段时间，他微笑着，对所有人都有良好的祝愿，接下来满含热泪，人的死亡意识让他不堪重负。我们任他在此跪地祈祷，我们温柔的莎士比亚，我们种族中最聪明、最高尚的人。因为虽然我们不跪着，也几乎忘记了如何祈祷，但对我们跟对他来说是一样的：这条路是被笼罩在永无尽头的黑夜里的，无论这条路延伸向哪个方向，没有一个人是神圣的。

① 译者注：这是《暴风雨》第五幕的收场诗，弗兰克·哈里斯在引用时，删掉了原诗的第3—10行，其余全引，见《莎士比亚全集》（一），第85—86页。

第十四章　激情的朝圣者：《亨利八世》 276

莎士比亚热情的最后一个词汇：激情的朝圣者：《亨利八世》

自从我开始在《英语评论》杂志上发表这些研究成果以来，各方面向我提出了两个问题。“你能向我们证明吗?”我的通信者写道，“更确切地说，莎士比亚对赫伯特的感情仅仅是友情，你能更清楚地告诉我们为什么他不能拥有玛丽·菲顿吗?”……“你能有更多一点的证据吗?”

第一个问题不再有趣，在我看来，我已经做得很有说服力了。在讨论《皆大欢喜》的那一章里，实际上答案很明显：莎士比亚与非自然的激情之间明确是矛盾的。得考虑到这一点：他是最易受影响、最善于表达的人之一，他允许男孩们在他面前玩弄女孩达25年，尽管他身上有这种可怕的无法无天的激情，但他从来没有给他们一个模棱两可的词，也没有发明一个模棱两可的情况。

很大程度上源于他已经习惯于给他的女主角穿男孩的衣服，但评论家 277
们却忘记了：他的女主人公都是男孩，因此没有任何更衣的提示。当歌德（Goethe）花一页纸来展示他的女主人公的女装时，情色的吸引力是不可否认的。

对任何知道莎士比亚的人，以及知道他有嘲讽智慧：创造了伊阿古（Iago）、理查三世（Richard Ⅲ.）和塞尔西忒斯（Thersltes）。如果认为他隐藏了任何激情，那就是太过分了。他会抓住每一个机会，在禁区里闲逛，这个危险的示意会诱使他无意识地一次次返回来，他的作品会散发出这种臭味。他并不为自己的作品中的肉欲激情或相关表达而羞愧，相反，他为这两种因素而高兴。他在每一首诗中都坦率承认对他的吉卜赛荡妇的欲望，并以最清晰的词语展示出来。他诅咒自己太喜爱对方，而同时，他的暴虐智慧甚至又为他的好色辩护：

为什么别人偏要错误地把眼睛转向
我嬉戏娱乐的血液上以示致敬呢？
抑或关注我的弱点的，为何是有同样弱点的窥视者？
为何那些他们认为坏的，恰是我认为好的？
不管他们，我就是我，他们的水准
就是在我用过的里面恳求留点给他们：
我会径直前行，哪怕他们非要歪斜……

278 莎士比亚的帝国智慧迟早会断言：对他有益的，就是他不会受到任何个人或所有人的谴责。但没有任何迹象表明这种态度。相反，他一次又一次地谴责他和他的情人，以便顺从他们的自然热情。

而且，他同时代最知晓他的人是嫉妒他的人，他们对他的批评最为激烈——比如琼生（Jonson）享受着他的友情，却不惮陈述所有知晓的莎士比亚的全部情况——这样的恶性从无任何线索。琼生毫不犹豫地说，莎士比亚与其朋友身份间“只一个枯燥乏味”；但他从来没有说出任何更坏的。

他也把十四行诗写给那些有任何欲望热情的年轻人，他们是这样一种人，都是从抒情诗到“黑暗女王”的拷贝，可以说，他们是他对情人的黯淡的色粉笔。无法体会到这话中之义的人，就读不懂莎士比亚。让我最后举一个例子，我们一次又一次地看到：他把自己的情人的吸引力归于其个性魔力，那造就“她行为中拒绝的因素”成就了她，所以在他心目中，她的“最糟的都被所有最好的超越了”。

279 他把这一同样的赞扬也给了他的克莉奥佩特拉，在第 96 首十四行诗里，他把这种力量归功于他年轻的朋友。但此处这个表达只是优雅的、可爱的、不含激情的：

你竭力犯错，让你的优雅来解围①……

这首十四行诗紧跟的两行表明，即使在这里，他也还在想他的情人，而不是年轻人；然后语调变成了一种深情的责备；他重复了帕洛（Parolles）的谴责，说勃特拉姆－赫伯特像一条鲸鱼一样把贞操的苗种吃了，并请求他的朋友不要再继续这种邪恶的方式了：

宝座上的女王手上戴的戒指，
就是最贱的宝石也受人尊重，
同样，那在你身上出现的瑕疵
也变成真理，当作真理被推崇。
多少绵羊会受到野狼的引诱，
假如野狼戴上了绵羊的面目！
多少爱慕你的人会被你拐走，
假如你肯把你全部力量使出！
可别这样做；我既然这样爱你，
你是我的，我的光荣也属于你。②

莎士比亚智慧的卓越特质就是，它总是代表着道德——甚至是代表着传统的性道德——代表的是规则，而不是例外。他认为贞操是女孩的无价之宝。女子的贞操对他只有一个意义。即使对那些将要结婚的人而言，发生亲密关系也是一种可悲而可怕的错误。性欲是“一种浪费耻辱心的精神损失”，它诱惑一种犯罪。他是一个彻头彻尾的英国人。

事实上，他在这方面是如此传统，以至于我不得不给我自己解释他的 280
固执己见，说玛丽·菲顿在遇见他之前就被诱惑了。也许他心里想：“假

① 译者注：这句来自莎士比亚第96首十四行诗的第四行，原英文是“Thou mak’st faults graces that to thee resort.”，梁宗岱先生对这句诗的上一行（第三行）的译文是“魅力和缺点都多少受人赞赏”，本书译者认为这一行（第四行）的译文若不考虑韵角，应该是“你竭力犯错，让你的优雅来解围。”而梁宗岱先生的译文为了照顾韵角，则只好撇开原诗用词来做——“缺点变成添在魅力上的锦绣。”见《莎士比亚全集》（六），第620页。需要补充一点的是：本书作者弗兰克·哈里斯对该诗第四行的英文引用的第二个单词拼写为“makest”，而英文全本（《莎士比亚全集》，上海世界图书出版公司2010年版，第1355页）则为“mak’st”。

② 译者注：这10行诗，是第96首十四行诗的第5—14行，见《莎士比亚全集》（六），第620页。

如我是第一个跟她在一起的人，一切都会有所不同：我应该保持她的真实。”莎士比亚只在《特洛伊罗斯与克瑞西达》中不经意间触及反向的性关系，然后是极度的蔑视和厌恶。我不会再费心这一点或再进一步讨论了。这是毋庸置疑的。

莎士比亚与他的放荡情人的关系更加复杂和有趣。现在让我们再来看看整个故事，看看我们是否能读懂玛丽·菲顿不忠的谜语，莎士比亚一生激情的谜语。

在这个最终调查中，读者不仅得使用富有想象力的同情，他还得信任他的向导，就像但丁（Dante）信任维吉尔（Vergil）一样。在最后一处，我们学习的是忠实；唯有忠实，我们才会成长。我对莎士比亚和他的优秀情人之间的关系有一个非常明确的认识。只要我能证明他们是什么，我就能做到。但除证据外，还有一个激情的、充满魔力的、香气袭人的花园，它有着天鹅绒般柔软的方式，以及那些繁花如星般的堤岸，在那里，整个生命都被加速到一个更神圣的生命中，而男人和女人，在其他任何关系上都不匹配，可能会在这里赢得灵魂的陶醉[1]。

281 首先，在他情人的性格与莎士比亚的看法中，似乎存在矛盾，难以调和。从他看她的视点来看，她的谎言就像冬天跟夏天一样遥远，他们被无数的爱与恨分隔开来。事实上，从我们所知道的情况看，完美的反相结合几乎是不可能的。例如，在第 141 首十四行诗中，他告诉他的情人她根本不算完美。他注意到她有上千个错误，然后继续宣称他对她的“甜蜜身体”没欲望。以下是令人惊讶的诗行：

> 我耳朵也不觉得你嗓音好听，
> 就是我那容易受刺激的触觉，
> 或味觉，或嗅觉都不见得高兴
> 参加你身上任何官能的盛酌。
> 可是无论我五种机智和五官

---

① 译者注：弗兰克·哈里斯在这里用的英文原文是“I have a very definite idea of the relations between Shakespeare and his superb mistress; so far as I can prove what they were, I will; but beyond proof lies the magic perfumed garden of passion with its velvet – soft ways and flower – starred banks where the whole being is quickened to a diviner life, and men and women, ill – matched in every other relation, may here win to the soul's ecstasy.”（见原文 pp. 280 – 281）

都不能劝阻痴心去把你侍奉，①

另外，在第151首十四行诗中，他断言那是“背叛他高贵部分”的“粗野身躯”；正是他的身体迫使他的灵魂把她看作是他的“胜利的战利品”。

乍一看，这是一个空白的矛盾，教授们可能会把它永远咀嚼下去。然而，它其实很简单。他在早期的十四行诗中想告诉她，尽管她有缺点，但他崇拜她；虽然他从感官上认为，她并不完美，但她仍然以某种神秘的、费解的方式强烈地吸引着他。他渴望她的完美，而不是完美本身。他也认识了更狡猾的情人，女人们更精通微妙的爱情艺术；但他还是更喜欢她，第2首十四行诗在其无限制的感官享受中，重申了这一观点。 282

至于他情人作为一个被爱者的缺点，这儿只有一小点我尚未用过的证据，此处我将介绍，由此可看出对于这些显然矛盾的十四行诗，我的阅读观点是正确的。1599年，十四行诗与诗歌的合集以“W. 莎士比亚的激情朝圣”为题出版了。其中一些十四行诗和诗歌是莎士比亚的，有些肯定是属于别人的。但其中有两个不能肯定就是他的，那就是他的第7首和第12首十四行诗。第12首是关于青春与年龄的区别，我们在此并不关心；第7首似乎是一首描写他们早期谈情说爱时候他情人的情况。

这是对她的真实生活情景的抢拍照片，几乎就像《爱的徒劳》（*Love's Labour's Lost*）中罗瑟琳（Rosaline）的粗糙照片一样完整。这些韵诗的写作时间可能比剧本要稍晚，因为我们在诗中发现了玛丽·菲顿的完整的亲密相处，诱骗勾引、甜言蜜语与激动放纵，后来克莉奥佩特拉对此有透露。每个诗篇都是惊人的肖像画，最后一行是启示： 283

我的爱很美，但她更是非常轻佻；
她像鸽子一样善良，却又从无真情；
光采赛玻璃，也和玻璃一样脆弱；

① 译者注：这6行诗，是第141首十四行诗的第5—10行，见《莎士比亚全集》（六），第665页。

柔和如白蜡，却又粗鄙得可恨；
恰像装点着玫瑰花瓣的百合花，
她是无比地美丽，也无比虚假。

她常拿她的嘴唇紧贴我的嘴唇，
一边亲吻，一边对我海誓山盟！
她编造出许多故事让我开心，
怕我不爱她，唯恐失去我的恩宠！
可是，尽管她摆出极严肃的神气，
她发誓、哭泣，全不过逢场作戏。

她爱得火热，恰像着火的干草，
但也像干草一样着完便完了；
她一面挑起爱火，一面用水浇，
到最后，倒仿佛你让她为难了。
谁知这究竟是恋爱，还是瞎胡闹？
实在糟透了，怎么说也令人可恼。①

作为一个恋爱者，她很糟糕，即使是作为一个情人，也不算太好。这一区别本身就证明了莎士比亚已经有了丰富的经验。

284 但他如此强烈地爱她，为什么他不能拥有她呢？的确，她在遇到莎士比亚之前就已经放荡不羁了，而要想做到“一本正经”地保持忠贞，一个“荡妇”比一个少女要困难大得多。但只从感官享受角度不足以解释为何他爱的人不忠实于他莎士比亚。我们觉得，莎士比亚应该能够拥有任何女人，尽管他的欲望漂泊不定。

---

① 译者注：这 18 行诗，是《激情朝圣者》（*The Passionate Pilgrime*，梁宗岱译为《爱情的礼赞》）里的一首有 18 行的诗歌，在本书译者手头的英文全本中，该诗在《激情朝圣者》中是第 5 首（《莎士比亚全集》，上海世界图书出版公司 2010 年版，第 1371—1372 页），也未如其他十四行诗那样（最后两行缩进）排列。本书作者弗兰克·哈里斯则是把这首诗每 6 行为一个单元分开，6 行中的最后两行如十四行诗最后两行一样缩进，这也是梁宗岱先生的做法。因为从句意来看，这么做是很有道理的。但需要强调的是：梁宗岱译本中该诗列第 7 首。特此指出，见《莎士比亚全集》（六），第 702—703 页。

我禁不住想，她不忠的第一个原因是他自己的不忠。诚然，他总是主张他自己奉献的爱以及完美的坚定不移，就像在《特洛伊罗斯与克瑞西达》里的那样；但特洛伊的青年抗议得太过了，他让人怀疑。如果我们对莎士比亚有任何了解的话，我们就知道他总是一个放荡的人。也很奇怪，他从来没有把男人的这个第一缺点当作借口，或以此解释情人的过失。比如，克莉奥佩特拉过分嫉妒。当她轻浮对待赛琉斯（Thyreus）时，安东尼指责她，为什么她不反驳说“那你自己呢？尽管你已承诺要对我忠诚，难道你随后没有跟奥克泰维娅[①]（Octavia）结婚吗？”但我们并未得到这样的反驳，而这天然是任何女人嘴唇的第一反应。加拉哈德式的、奢侈的特洛伊人的抗议，以及对克莉奥佩特拉式的嫉妒，如果责备则既自然又合理，但此处，却是这种不自然的沉默，这证实了我的怀疑。

玛丽·菲顿的做法，可能真是莎士比亚他自己活该。如果她是第一次 285
与威廉·赫伯特勋爵玩假的，那么这是她跟莎士比亚亲密关系的最开始，此时她还不太知道很多关于莎士比亚的情况。正如我们所看到的，这个时候莎士比亚对女性的态度是很轻松、很自信的，更别提轻蔑了。可以推算的，那就是他用不可信，刺激了骄傲又富激情的女人。

让我先回答一些最主要的能够自我呈现的问题，然后再来重构故事，看看是否符合我们所知道的情况及其本身的可信度。首先，他的吉卜赛荡妇真的喜欢莎士比亚吗？我们知道，她把自己交给了他，完全抛弃一切，当然，也把嫉妒的热情的所有阶段教会了他，从而，他就在克莉奥佩特拉身上奇迹般地重现了这些。我倾向于从爱诺巴勃斯（Enobarbus）的断言中想到玛丽·菲顿（Mary Fitton）拥有的“纯洁的爱的最精美成分”要比莎士比亚拥有的多。

但如果他们都热情地爱着，燃烧的欲望为什么没有很快就枯竭呢？疯狂的热情是何以在最后持续十几年？会发现解释是：这对恋人的处境——两人相距遥远。玛丽·菲顿被困在后宫，莎士比亚忙在他的剧院。

---

① 译者注：奥克泰维娅（Octavia）是《安东尼与克莉奥佩特拉》中恺撒之妹，先有安东尼认识克莉奥佩特拉并相爱（第一幕第一场），再有报告称安东尼妻子富尔维娅死讯（第一幕第二场），再有安东尼承诺给克莉奥佩特拉（第一幕第三场），再有安东尼娶恺撒之妹奥克泰维娅（第二幕第二场）。

286 在他们的两地分离中，他们持续煎熬于诱惑、欲望的洪流被各种各样的障碍阻挠、包围和扭曲。

为什么莎士比亚会把他情人的失误铭记于心？他一定知道，女人跟男人一样，肉体是不忠的，而且变化的引诱与新奇的诱惑，几乎可以很快就令她们感到兴奋。我们觉得，他要么应该有足够的决心慢慢地征服他的情人，并用不可言喻的温柔赢得她的忠诚，要么，他应该接受她已有的一切，并感谢所有她所给予他的。

他能在任何时候都完全赢得她吗？每个人都会根据自己的经验回答这个问题。但我们这回要把这事的奥秘承担下来，扮作老天的密探，来探寻奥秘的核心。假如莎士比亚不是告诉玛丽·菲顿他多么渴望她，而是告诉她：她是多么美丽；假如他待她温柔、热情和甜言蜜语的恭维话献给她听，而不是嫉妒责备，他也许会拥有她的真心直至终了。正是他的弱点，他那可怕的、贪婪的感官使他成了睁眼瞎，并使他无法施展他自身那征服灵魂的能力。

287 这种情况曾有一次，莎士比亚跟我们其他人一样愚蠢。他《特洛伊罗斯与克瑞西达》中告诉我们：爱和智慧不能一起住在一起：

……智慧与爱情
超乎人力所为；它跟上帝住在天上。

他渴望玛丽·菲顿太疯狂放纵以致再不能掌控他的资源，也再不能那些游戏；他并未无私地爱她以赢得她的爱，也不能足够从容地接受她的不忠。

现在让我来浏览一下故事的事件。似乎莎士比亚非常随意地就踏上了愉快道路。从十几部戏剧中，我们知道他的爱情一开始就使他疏远了。里昂提斯－莎士比亚说，赫米温妮（Hermione）使他远离了“三个暴躁的月份”，这很可能就是这段时期。

他可能只有在她来剧院时才能见到她。她很容易就把自己给了他，从来没有想过他能有不灭的热情，从未想到自己与这个年长的已婚男人之间会有持久的感情。自然她没有意识到他的价值，他非凡的天才。她的无知刺激了他的虚荣心，他希望得到安慰，却被势利误导，他愚蠢地把赫伯特勋爵送给了她。

她爱上了赫伯特，他是她的社会阶层与年龄的人，我们从《情人的抱 288
怨》① 中得知，在所有宫廷侍女中，她是贵族时尚的一朵花。她赢了他，但很快就不得不承认他毫无价值。后来她再次与莎士比亚交往，一起品尝了所有爱的甜蜜。但他易怒的虚荣心因她对赫伯特的偏爱而受到伤害，他的高尚的道德良心谴责她的放荡。也许，她也未能欣赏他的真实价值，却记着他对她的某种蔑视。然后，他也很难像他所希望的那样经常见到她，他把这些困难都当作一种悲伤来敌视她。

最后，部分出于愤怒，部分出于对她的蔑视，部分是出于受伤的虚荣心，部分是因为他非常感性，他背叛了她，跟一些诸如达文特里夫人（Mrs. Daventry）、牛津旅馆老板的妻子（Oxford Innkeeper's wife）或其他美女好上了。毫无疑问，玛丽·菲顿听说了这些事。在那些日子里，伦敦是个小地方，宫廷和剧院都在私下传闻这些流言蜚语，自然她的“邪恶的骄傲”立刻刺激她去胜过他的教训。

然后，他的嫉妒点燃了仇恨的火苗，引来了轻蔑而怨恨的责骂，正如 289
他在《哈姆雷特》里给我们展示的。后来，和解发生了，所有的愤怒都淹没在愉快的、不顾一切的日子里。我们可以在奥赛罗身上、在特洛伊罗斯身上、在安东尼身上听到他猛烈的心跳声，所以，狂野的激情狂怒咆哮了十几年，时而上天堂，时而下地狱，直到玛丽·菲顿于1608年第二次结婚而离开了宫廷和莎士比亚，再没回来。

我曾说过，莎士比亚作为一个报废了的人是如何缓缓地挪回到家乡斯特拉福镇的，他又是如何沐浴在家乡的空气里被他女儿朱蒂丝照料休养，而重获新生的。他刚恢复了一点力气，他对那迷人的情人的想法又来了，他那嫉妒的怒火又开始折磨他。最后，可能是由于越来越虚弱的身体的警告，他强迫自己作最后一搏，写出了《暴风雨》。

正如我们所看到的，莎士比亚所有成熟作品的被上色、被赋予灵感，实际上都仰赖他对玛丽·菲顿的爱。他所有伟大的悲剧都浸透了他对那吉卜赛情人不自觉的激情。如果没有她，他就不会写《哈姆雷特》《奥赛罗》《麦克白》《雅典的泰门》或《李尔王》，也不会描画他的克莉奥佩特拉。

如果她不那么肆意放纵，他也许会多一些快乐；但他永远不会获得这 290

① 译者注：朱生豪译本的《莎士比亚全集》中该作被译为《情女怨》。

样的自我认知，也不会获得这样的声誉。玛丽·菲顿并未把莎士比亚引向如他的安东尼所喊的那样——“丢失了心灵”，而是把他带进了名誉圣地的圣殿里的神圣者位置。然而，莎士比亚[1]还是在《亨利八世》里重复并强调他自己对她的控诉。他的伍尔习（Woolsey）说：

291 ……就因为这一个女人，
我把我所有的光荣都输了出去，再也赢不回来了。
太阳升起，但它永远也迎接不到我的荣誉了，
它再也不会给那一大批等候我
向他们微笑的贵族们镀上一层金了。[2] ……

莎士比亚的意思是什么？这是他最亲切、最真诚的话语。他的诗作甚至从未在这个主题上达到更高的境界。我们必须权衡每一个字并保持细微平衡。

首先，为什么这里要用复数“荣耀（glories）?”我们知道，莎士比亚通过玛丽·菲顿已经失去了威廉·赫伯特勋爵，可他曾一直对赫伯特抱有很大的希望。这位年轻的贵族，无疑热情赞扬过他，允诺一掌权就会给诗人在政府谋个职位——在此岗位，他的超凡素质可能会有一个公平的发展

---

① 作者注：由丁尼生（Tennyson）和爱默生（Emerson）带头的所有批评家，把这个壮丽的篇章冠于弗莱彻名下。大师们因为在场景中看到很弱的片段，批评家们因为确实在诗的结尾经常看到有个额外的音节。他们都弄错了。他们还不如把《哈姆雷特》中的伟大独白送给弗莱彻呢。弗莱彻的所有作品中没这种质量的任何东西。它的每个字都全是莎士比亚的，它的每个字都可以与他的其他作品相匹配。在《安东尼与克莉奥佩特拉》的第四幕第十二场中可以找到类似的开端几行：

……她，爱洛斯，竟和恺撒暗中勾结，用诡计毁坏我的荣誉，使敌人得到了胜利。……

那精彩的明喻：

“太阳升起，但它永远也迎接不到我的荣誉了，”

我们已经在第132首十四行诗中有过钦佩了，莎士比亚把他情人的眼睛比作“漫天繁星闪耀在黄昏。”十四行诗的每一个读者都知道，“镀金”是大师诗人喜欢用的词汇，“那一大批等候我向他们微笑的贵族们”这样的句子我们已经在莎士比亚－麦克白所渴望的“一大批朋友”中遇到过。无论其诗歌结尾强还是弱，只有一个曾经生活在英格兰的人，他能写出这样的诗歌。

② 译者注：这是《亨利八世》第三幕第二场亨利王的首相伍尔习红衣主教与自己的亲信克伦威尔的对话，见《莎士比亚全集》（四），第204—205页。

空间。正如我们已经注意到的，莎士比亚在《暴风雨》中暗示了类似的事情，在十四行诗中向我们解释了他希望高职位而极其讨好赫伯特，这种奢侈讨好他的方式，后来刺激他在一部接一部的戏中谴责赫伯特的忘恩负义。

我需要一本书来收集我这一观点的所有原因。我的读者们千万不要以 292
为我是轻率地提出的，或者没有适当的想法。但我不能在这里或也许任何地方完全证明它。

总而言之，我认为莎士比亚的意思是说，他所有的雄心壮志都是由于失去了赫伯特的友谊而失败的，而他失去赫伯特是经由玛丽·菲顿的。

> ……就因为这一个女人，
> 我把我所有的光荣都输了出去，再也赢不回来了。……

他进一步的意思是说，他一生中最好的12年，都是在为其专横情人的世俗服务中度过的，就像爱丽儿（Ariel）一样，“他想象力的塑形精神”，在为西考拉科斯（Sycorax）这个邪恶女巫的服务中度过了12年。英国人厌恶“含情脉脉的爱”、谴责性欲，这使得莎士比亚失明了，他看不见也不会看见：正是他对情人的强烈热情，给了他最伟大作品以灵魂。换言之，他应该把自己荣耀的一半归功于被他痛斥和谴责的情人。他既看不到，也不会明白：一个男人喜欢一个女人，这种激情一定是他的理想，这个女人必须最亲密地符合他所有的欲望——有意识与无意识的——恰似硬币的两面一体，她是他的补充。于是，谴责她，也就是自我谴责。

但是，那么就可以说玛丽·菲顿与莎士比亚不相上下？几乎每张嘴巴 293
都能回答这个问题。当然，在恋爱列表上，这是唯一可能的回答。对他来说，她是一个绝妙美人，她的身材甚至比脸蛋更妩媚。他在《泰尔亲王配力克里斯》中谈到“光荣的棺材”，在《第十二夜》中承认说：

> 这是奇迹，是女王的宝石
> 大自然装扮她来吸引我的灵魂。

在他最好的时候，正如在《安东尼与克莉奥佩特拉》里，莎士比亚本人也承认他骄傲的吉卜赛女郎至少是与他同等分量的人。在那绝妙的爱情二重奏中，他一再坚称“恋爱皇后”无与伦比的素质。这就是真理的精神爱诺巴勃斯（Enobarbus），他说：

> 年龄不能使她衰老，习惯也腐蚀不了
> 她的变化无穷的伎俩，别的女人使人
> 日久生厌，她却越是给人满足，
> 越是使人饥渴；因为最丑恶的事物一到了她的身上，
> 也会变成美好①……

一次又一次，莎士比亚使她与自己不相上下：

> 世上再也不会有第二座坟墓
> 怀抱着这样一双著名的情侣。……

294 人们甚至可能进一步推想，并在科学中找到一个模糊的类比。每个化学元素都有一个原子量，依照它来与其他元素结合在一起。我们被告知，这种元素处于元素表里靠上边，它每一个都是带负电子的，带正电子的在下边。玛丽·菲顿是如此的坚强，她似乎是带正电的、男性化的元素，而莎士比亚是如此的温柔，以至于他是这个奇异联盟中的女性元素。联盟的灵魂并非总是肉体的性别。

但这可能正确地称为推测工作（guesswoork）。我们从《安东尼与克莉奥佩特拉》里面知道，莎士比亚几乎完全拥有了他那高傲、热情、机智的情人。——

> 差点儿就要世外桃源了。

他的部分失败是他生活的悲剧，他的悸动时光继承了他的快乐传统。

在结束与莎士比亚这可爱亲密的25年的相处之前，我必须把他从人们的责备中剔取出来，责备是因他亲戚对抗他而致。

295 爱默生（Emerson）找到了赞美他的崇高语词，他称他为“人类的狂

---

① 译者注：这是《安东尼与克莉奥佩特拉》第二幕第二场安东尼部下将佐爱诺巴勃斯与恺撒部下将佐茂西那斯的对话，见《莎士比亚全集》（六），第36页。

欢大师”，他承认，现在世界上最重要的人已经多年受益于“他的思想”，他们的大脑准备了“要接*受他的*偏见”。但同时，他又在遗憾地疑惑：莎士比亚应该不这样“明智地为自己……”他说：“最好的诗人用他的天才来娱乐大众，导引一种无名的、世俗的生活。”为了让最迟钝的人也能明白他的意思，爱默生补充说，“世界仍然得有它的诗人牧师，它的调停者”。

在这些研究的过程中，我已经注意到莎士比亚的活跃性，我认为这一方面未被充分意识到或未被爱默生实际理解。很难想象，您能找到英国的哪个高超天才敢想达到祭司式的艺术境界。事实上，莎士比亚比世俗的演员或剧作家更像牧师。他不仅笃信宗教，而且他在戏剧中赋予了更多的思想，并比其他世界级诗人更卖力地定义他的信仰和实践，甚至比但丁都更勤谨。

他所喜欢的结论可能都难以取悦自他三个世纪后的清教徒中的任何一 296
个人。但我相信，这些结论会在将来的三个世纪里赢得比爱默生更好的声誉，因为莎士比亚的思想旋转在更广阔的轨道上。

让我试着说明莎士比亚对人类最重要和最持久的关系的看法与感受。说来也怪，莎士比亚比爱默生更像一个基督徒。马修·阿诺德试图定义耶稣的方法和秘密，他宣称：忏悔是方法，其秘密是内心的幸福或和平。莎士比亚至少可以接受这个教学的一半内容。就像《维洛那二绅士》第五幕第四场那样的他生命的早些时候，以及他生命的晚些时候如《暴风雨》第五幕第一场那样，他宣扬忏悔。这儿有一些片段：

> 能够忏悔的人，
> 无论天上人间都可以不咎既往。
> 上帝的愤怒也会因为忏悔而平息的。①

15 年后再次出现：

> ……道德的行动
> 较之仇恨的行动是可贵得多的。要是他们已经悔过，

① 译者注：这是《维洛那二绅士》中的一位绅士凡伦丁的话，见《莎士比亚全集》（一），第 168 页。

我的唯一目的也就达到终点，
不再对他们更有一点怨恨。① ……

297 爱默生不会接受上述第一段引文的基督教信仰，因为爱默生不喜欢悔改，就像他的老师歌德一样。

但是，尽管莎士比亚像任何一个基督教徒神父一样认真地相信忏悔，但他从未继续去跟马修·阿诺德（Matthew Arnold）一起承诺：悔改会带来和平，更不用说会给你内心幸福。莎士比亚似乎把悔改看作是罪人很自然的行为，一个清教徒会说，对神敬虔的忏悔，那才是忏悔，“才会有无罪的生活”。

从另一个角度看，莎士比亚从忏悔开始，比马修·阿诺德更进一步。他一再强调，忏悔之后的宽恕是必需的，他不会用“进一步皱眉”。在他生命的最后阶段，他将这一信条推向了极致：《辛白林》的写作年份可能从1610年到1611年，就像《冬天的故事》和《暴风雨》的结尾一样，它也是以和解结尾，莎士比亚无视戏剧性的要求而有一些欲望，这显然是爱默生想要的东西——一个“更进一步的调解人!”

《辛白林》这出戏的高潮部分集中在阿埃基摩（lachimo）的忏悔中。在他晚期的日子里，莎士比亚对一个不悔改的角色是漠视的。然后，阿埃基摩（第五幕第五场）被他“沉重的良心”逼迫跪倒在地。这就是莎士比亚用后发的腐殖质来对待他的方式：

298 不要向我下跪。
我在你身上所有的权力，就是赦免你；
宽恕你是我对你唯一的报复。活着吧，
愿你再不要同样的手段对待别人。② ……

奇怪的是，莎士比亚并未以他的波塞摩斯（Posthumus）的这样的话来

① 译者注：英文全本的《暴风雨》只有四幕，而且这四行诗句是在第二场而非第一场（《莎士比亚全集》，上海世界图书出版公司2010年版，第24页）。但是朱生豪译本是在第五幕第一场。见《莎士比亚全集》（一），第74页。这几句话是普洛斯彼罗的话。

② 译者注：这是《辛白林》第五幕第五场里波塞摩斯给阿埃基摩的话，见《莎士比亚全集》（六），第263—264页。

结束他的自我改变。正如我们所见，他一次又一次地使用了辛白林国王作为他的面具，现在他让辛白林给最后评判：

辛白林：……光明正大的判决！
我要从我的子婿学得我的慷慨；
让所有的囚犯一起得到赦免。[1] ……

冒着会再次被指责为把猜想推到荒谬程度的风险，我必须承认，在我看来，这个片段显然是莎士比亚用来赞扬他的女婿霍尔博士（Dr. Hall）的，女婿的虔诚是传统的。霍尔可能在谈话中谈到了全体宽恕，而莎士比亚想要赞扬他，就为他的信仰找到了最好的词：

让所有的囚犯一起得到赦免。

我认为，在莎士比亚的最佳时刻，他的感觉很清楚，谁对他的行为负 299
责，也没有他对自己的脸面负责得好：随意的人再诡辩，也定是狭隘之人。无论如何，这是他的关于人类正义的超级话语：

让所有的囚犯一起得到赦免。

这句话的形式和想法一样具有特色：它让我想起了哈姆雷特的“剩下的，就是沉默”。

他在他那虔诚的女儿和女婿的陪伴下度过的最后那几年，看来深刻地影响了莎士比亚。虽然他写《暴风雨》时，大概在斯特拉福镇只待了一年左右的时间，但很明显，他已经受到亲戚们热情信任的影响。在《暴风雨》的结束语中，他第一次展示了对祈祷的信仰，或者至少是愿意使用它，并承认自己的神。这些话是：

我的结局将要变成不幸的绝望，
除非依托着万能的祈祷的力量，
它能把慈悲的神明的中心刺彻，

① 译者注：辛白林紧接波塞摩斯的话说的内容，见《莎士比亚全集》（六），第264页。

> 赦免了可怜的下民的一切过失。[①] ……

这些话表明，在最后，当站在阴影里的时候，莎士比亚实际上非常接近基督的态度。

但如果我们温和的诗人像虔诚的基督徒那样相信忏悔和祈祷，并承担着宽恕的责任，就像圣弗朗西斯（St. Francis）[②] 自己所做的那样，必须承认他的基督教精神的完结。

300 波塞摩斯竭力向我们保证，他不相信死后的个人生活。他对狱卒说：

> 我告诉你，朋友，除了那些生了眼睛有心闭上的人们以外，走我这一条路是不愁在暗中摸索的。[③]

第一个狱卒以莎士比亚自己的声音里肯定了他的回答：

> 可笑一个人长了眼睛，最大的用处却是去赶这条黑暗的路程！[④] ……

对莎士比亚来说，跟爱默生一样，生命的终结，就是个人身份所有关涉性的泯灭。

然而，正如莎士比亚比爱默生更像一个基督徒，更相信忏悔的效力、祈祷的必要、宽恕的喜悦，所以他更多的是一个道德上的无信仰者，或者至少更宽容一些。爱默生（Emerson）发现拉伯雷（Rabelais）的爱情描述是污秽的、令人厌恶的，他把他比作一个肮脏男孩，偷偷地在公共场所写猥亵话语，然后逃跑以逃避惩罚。

301 但莎士比亚像耶稣一样，他对肉体的罪恶有无限的宽容。这位最伟大的道德教师说："很多都应该被原谅，因为她非常爱"，莎士比亚通过罗瑟琳这位女伯爵坚持认为，欲望与青春不可分割。有人觉得，莎士比亚本可走得更远，并能很快证明什么是自然，什么是美丽。以下是我在其他地方展示的被认为是他的文字：

---

① 译者注：《莎士比亚全集》（一），第 85—86 页。

② 译者注：圣弗朗西斯（1181—1226）是中世纪时罗马天主教会的意大利主教，创立了方济会修士的秩序。

③ 译者注：《莎士比亚全集》（六），第 247 页。

④ 译者注：同上。

这种刺，
正是我们青春玫瑰所独有；
我们青春鲜血生长青春刺；
它是自然真理的封印宣示，
青年爱情的火焰刻印于斯……

现在，若有人考虑到这些片段的完美宽容，从而把耶稣的说法与其并置一排的话：

你们中间纯洁无罪的，可第一个投掷石块

莎士比亚的话是：

让所有的囚犯一起得到赦免……

很明显，莎士比亚肯定非常像耶稣。令我觉得好奇又无限感动的是，此二者都被一直被称为"温柔的"；同样令我好奇的是，接近 16 世纪末期的莎士比亚，在摆脱了对人死后之生命的迷信观念后，应该仍然实际持有类似的信仰。

属于自己那个时代最伟大人物的这两位，在信仰与实践的本质上达成 302
了完美的协议，留下了些许记录。

在我看来，那是无限的特征。乔治·艾略特们（George Eliots）与爱默生们（Emersons）以及所有的清教徒都坚守着使徒圣保罗基督教精神（Pauline Christianity）的幼稚道德，而抛弃了强烈的宗教情感，耶稣在他的福音中带给人们的宽恕、同情与怜悯——真正的虔诚，而莎士比亚以一种更美好的本能，在保留神圣情感的同时，抛弃了幼稚的道德。

让我仍旧往前推：莎士比亚的作品中有个歌唱自己的片段萦绕在我耳中——几行充满了稀有的精神美，也有带着个人情感的悸动——那是《理查二世》。莎士比亚随便说起一个死后葬在威尼斯的主教，说他把

身体带到那令人愉快的国家的土地上，
把他纯洁的灵魂交给他的首领基督。……

我们在这里看到温柔的莎士比亚正是以耶稣的口音在说话。在我看来，这一模仿本身没什么，圣弗朗西斯（St. Francis）似乎也没什么能让我如此甜蜜地呼吸到大师的这种精神，正如——

303 到那儿，到威尼斯，把
身体带到那令人愉快的国家的土地上，
把他纯洁的灵魂交给他的首领基督。……

在认为我让莎士比亚太过激情肉欲而辱骂我之后，批评家们现在开始抱怨我把他弄得太圣洁了。他天才的极端性冒犯了这些人对平庸之才的偏爱：他们最好考虑一下这种天使般的脾气与甜蜜思考的渴望，二者是否并非天然结伴，也许甚至是必然的结果，那种狂热的感官享受，他们是如此厌恶和蔑视——神圣花蜜的强壮之根与芬芳之花，它的名字就叫爱情。

译后记

弗兰克·哈里斯（1855—1931）是著名的涉性作家，他的五卷本自传《我的生活与爱情》因过于色情而在欧美被禁多年。但他研究莎士比亚作品及作家本人生活关系的这部《莎士比亚的女人们》却并非众人想当然地“不严谨”，它反而是一部紧扣文本、对原文词句仔细斟酌的、“另类”研究思路开掘下的严谨的学术著作。这种“另类”的研究思路，并非作家本人的刻意标榜或特立独行的结果，从其论著的行文思路与表述严谨性来看，它是这位学者直率随性、自然思考的结果。他阅读了，他意识到了，他反复阅读了，又强烈意识到了，于是就撰写出这样引人深思又耳目一新的著作，我用他的思路来回应读者对其观点的疑虑：爱信不信。是的，文本细读，是本书作者最可信赖的一个论证思路的起点，据实而论，言之凿凿，读者自可判断。

弗兰克·哈里斯先生不仅不忌惮世人的惊异目光，而且似乎乐享“剑走偏锋”的表达效果。这部书的题名《莎士比亚的女人们》的英文原文是 *The Women of Shakespeare*，其字面意思给读者的第一印象必然是“这部书写的是多情风流的莎士比亚这位作家跟很多女人的隐秘情史”，其实不然，这个女人“们”只有四位，实际研究的是，影响莎士比亚创作的、身边的四位女士：妻子、情人、母亲和女儿。

相信弗兰克·哈里斯的这部书能够给国内莎士比亚研究带来不一样的研究感受与反思，关键是其大胆的设想、独特的研究思路以及论者对作品原英文表述的熟稔程度，国内鲜有人企及。当然，我们权且读之，把该书当作启发思考的参考资料，是有一定价值的，这也不能否认其观点在很多方面的有待商榷。

在本书翻译过程中，邀请了一些英语水平拔尖的学生帮忙，他们从起始阶段做了很多琐碎的文字识别、校对、审核以及试译的工作，过程很辛苦，这里我要向他们的付出、他们所贡献的精力和智力表达我的谢意。这些同学是：张新、聂敏、弓敏、张芒、张曦萍、张樱、秦晨岚、扶琴、蒋恬、周仕铃、罗靖、刘子雄、贺杰、和媛媛、赵先燕、史晴、何亚婷、刘丽婷、邓金萍、刘佳敏、陈贤辉、唐雪、魏炜、刘发静、任可欣等人，他们有保送读研的、硕士毕业的以及正在跟我读博的，向所有辛苦付出的人一并致谢！

本书英文版于1912年由纽约的M. 肯纳利（M. Kennerley）公司出版，我们在本汉语译本中也列出了英文版的对应页码，便于需要查找原文的人快捷找到具体位置。对于本书英文版所引莎士比亚作品原文的，本书中有些汉译是新译，而较多的是借鉴朱生豪先生等人的译文，有时也有跟该汉译本商榷的一些注释，都是为深入思考并助益研究。

尽管历经精心翻译与仔细审校，但肯定还有不少讹误与不足，恳望学界同仁提供宝贵意见，砥砺前行。

译者：罗文敏

2018年3月19日